XINWEN DUANZAO

新闻锻造

地市报记者创优稿探析

向湘龙 ◎ 著

群言出版社
QUNYAN PRESS
·北京·

图书在版编目（CIP）数据

新闻锻造：地市报记者创优稿探析 / 向湘龙著. --
北京：群言出版社，2018.8
ISBN 978-7-5193-0460-7

Ⅰ. ①新… Ⅱ. ①向… Ⅲ. ①新闻采访—研究②新闻写作—研究 Ⅳ. ①G212

中国版本图书馆 CIP 数据核字（2018）第 185869 号

责任编辑：侯　莹　金　朝
封面设计：逸品书装设计

出版发行：群言出版社
地　　址：北京市东城区东厂胡同北巷 1 号（100006）
网　　址：www.qypublish.com（官网书城）
电子信箱：qunyancbs@126.com
联系电话：010-65267783　65263836
经　　销：全国新华书店

印　　刷：北京柏力行彩印有限公司
版　　次：2018 年 8 月第 1 版　2018 年 8 月第 1 次印刷
开　　本：710mm × 1000mm　1/16
印　　张：21.25
字　　数：314 千字
书　　号：ISBN 978-7-5193-0460-7
定　　价：45.00 元

前　言

我是2000年加入新闻队伍的，可以说，这10多年来，传媒业发生了翻天覆地的变化。媒体行业格局的变化，给传统媒体，尤其是地市级的传统纸媒和传统纸媒从业者带来了严峻的挑战。

当下，面对新媒体的冲击，很多传统媒体在积极转型，在主动尝试与新媒体接轨，走融合发展之路。但不难发现，在这种转型接轨中，一些传统媒体是迷茫的，有的甚至丢掉了“内容为王”这个根本。我始终认为，不论面对怎样的发展形势，传统媒体和传统媒体从业者都应守住“内容为王”这个根，因为公众号、客户端，增加的只是传播方式，传播方式是不能替代新闻产品这个内核的，只有将中国故事讲好，讲出特色，讲到大众的心坎上，传统媒体融合发展方能根繁叶茂。

新时代，作为一名传统媒体的新闻记者，多讲“故事”、讲好“故事”应是我们新闻职业生涯中坚持不懈的追求。多讲“故事”就是多写稿件，这是我们广大年轻记者踏上新闻工作岗位后的初步目标和追求，这个阶段我们要勤跑、勤看、勤听、勤写，这样才能多给读者讲“故事”。讲好“故事”，就是创作优秀新闻稿件，当我们积累了一定的采访经验，形成了一定的写作功底，成为各自岗位上的一名“老记”之后，我们就应当有更高的目标和追求，要讲好“故事”，要争创优稿，这是提升传统媒体影响力的需要，也是传统媒体记者适应新形势发展的需要。

何为优稿？衡量一篇新闻作品是不是优稿的标准是多方面的，包括读者的认可、业界的评价、社会的影响力，等等。而目前，大家普遍认可的就是三级新闻奖的评定，即地市级新闻奖、省级新闻奖和中国新闻奖。作为地市报记者，在创作优稿上既有我们的优势也有我们的劣势，但能否扬长避短，事在人为。因为从每年揭晓的各省新闻奖和中国新闻奖篇目来看，都不乏地市报作品的身影。

工作10多年来，我一直积极探索优稿的写作，也取得了一点小成绩。这要感谢报社的老师和前辈，正是在他们的引领下，让我从一名爱好讲“故事”的门外汉，成为一名多讲“故事”的年轻新闻工作者，现在又开始逐渐成为去讲好“故事”的新闻老兵。比如，我大学期间在报社实习时，报社的曾峰老师、储永坤老师每次都锻炼我独立写稿，当时我的作品还获得过报社的月度优稿，这对我后来做好新闻工作无疑是极大的鼓舞；比如，我刚参加工作第一次写重头稿件，当时的新闻中心主任罗晓明老师对我的拙作进行了精心修改，让我对如何写大稿、写优稿有了更深刻的认识；比如，在工作交流中，当时的副刊部主任陈春老师建议年轻的新闻记者要善于用各种文体传递生活中的真善美，正是听了他的建议，除了写好消息、评论、通讯之外，我还在散文、随笔、文艺特写、文艺评论、报告文学写作上有了一定的收获。

我写这本书的意图，就是从一名地市报记者的视野出发阐述优稿的产生过程。这个过程包括：采访前新闻背景材料的发现，采访中新闻亮点的撷取，写作时如何立意和谋篇布局，作品刊发后的社会反响，等等。

本书从内容上分为两大部分。第一部分为新闻优稿写作概要，从宏观上分析了新闻优稿的定义，新闻优稿采写应具备的素养，怎样捕捉新闻优稿线索，时政新闻优稿写作，经济新闻优稿写作，民生新闻优稿写作，文艺副刊优稿写作，消息优稿写作，评论优稿写作，通讯优稿写作。第二部分通过单篇稿件分析优稿的采写方法，我从自己的获奖作品中挑选了部分作品来逐一分析。按照新闻奖评选项目分为六章，即第一章，消息；第二章，评论；第三章，通讯；第四章，系列报道；第五章，专栏；第六章，文艺副刊。

本书中的内容，是联系当时新闻采写中存在的实际问题，对获奖作品的采写特点及经验所写，虽不像教科书那样具有系统性，但具有一定的针对性和指导性。希望能对地市报年轻记者和通讯员有所帮助。

鉴于作者学识所限，此书不当之处，敬请指正，也请读者见谅，并提出宝贵意见。

向湘龙

2018 年春于怀化

目 录

第一篇　新闻优稿写作概要

第一章　新闻优稿定义 …… 002

第二章　新闻优稿采写素养论 …… 009

第三章　新闻优稿线索论 …… 015

第四章　时政新闻优稿写作概要 …… 021

第五章　经济新闻优稿写作概要 …… 027

第六章　民生新闻优稿写作概要 …… 033

第七章　文艺副刊优稿写作概要 …… 039

第八章　消息优稿写作概要 …… 045

第九章　评论优稿写作概要 …… 052

第十章　通讯优稿写作概要 …… 059

第二篇　新闻优稿作品论

第一章　消息 …… 068

紧扣时代脉搏　传递核心价值

——新闻优稿这样挖掘新闻素材 …… 068

抓到“活鱼”　烹出“小鲜”

——新闻优稿这样精心创作 …… 074

用心挖掘　发现亮点
——新闻优稿这样捕捉新闻点 …… 079
新闻主题在提炼中深化
——新闻优稿的主题这样来 …… 084
好作品从打动自己开始
——新闻优稿这样打动读者 …… 089
第二章　评论 …… 094
小中见大　烘托主题
——配文短评优稿这样写就 …… 094
内涵深刻　感染力强
——评论员文章优稿的采写技巧 …… 099
鼓舞士气　凝聚力量
——评论员文章优稿这样增强吸引力 …… 104
观点鲜明　论述透彻
——配文短评优稿这样构思布局 …… 109
有感而发　言之成理
——时评优稿的“时、度、效” …… 114
联系实际　有的放矢
——时评优稿的“真、新、深” …… 119
新闻评论也要讲好故事
——评论优稿的素材运用 …… 124
真知灼见　真情实感
——时评优稿这样抓问题 …… 129
第三章　通讯 …… 134
深刻的主题　感人的事迹
——事件通讯优稿这样选材 …… 134
现场，通讯的点睛之笔
——现场通讯优稿的观察技巧 …… 140

一曲激昂的英雄赞歌
——人物通讯优稿这样拉近读者距离 …… 145
一篇出彩的时政报道
——领导活动报道优稿这样写成 …… 152
娓娓道来　最是动人处
——人物通讯优稿这样讲故事 …… 158
让读者触摸真实
——人物通讯优稿这样深入采访 …… 168
用心对话　以形传神
——人物通讯优稿写作技巧 …… 174
坚持“走转改”　捕捉“最美人物”
——人物通讯优稿这样抓新闻“活鱼” …… 180
第四章　系列报道 …… 187
深挖主题　精心酿造
——经济新闻系列报道优稿这样策划 …… 187
采访深入细致　客观公正见效
——舆论监督系列报道优稿这样运用事实说话 …… 204
适应新媒体要求　讲好正能量故事
——人物系列报道优稿这样创新 …… 218
第五章　专栏 …… 228
服务民生有担当
——新闻好专栏这样做好民生新闻 …… 228
做好专栏策划　唱响时代主旋律
——新闻好专栏这样挖掘故事 …… 237
为时代而歌　为人民而歌
——新闻好专栏这样践行“走转改” …… 245
聚焦基层干部　反映重大主题
——新闻好专栏这样策划选题 …… 254

第六章 文艺副刊 …… 263
情景交融 打动读者
——副刊散文优稿这样写就 …… 263
质朴平凡见精神
——副刊报告文学优稿的写作特色 …… 269
散文笔法 丹青写意
——副刊文艺特写优稿这样出彩 …… 278
一篇意境优美的书评
——副刊书评优稿的写作技巧 …… 284
构思巧妙 富有真情实感
——副刊散文优稿这样构思 …… 294
一篇内涵丰富的剧评
——副刊影视评论优稿这样选角度 …… 301
生动 传神 感人
——副刊报告文学优稿在调查研究中诞生 …… 307
一篇有品格的文艺评论
——副刊文艺评论优稿这样写就 …… 317
小题材画出大精神
——副刊随笔的写作手法 …… 323

后 记 …… 329

第一篇　新闻优稿写作概要

第一章　新闻优稿定义

2017年5月31日，中华全国新闻工作者协会通过官网发布《中国新闻事业发展报告（2016年）》。报告介绍，截至2016年底，全国共有223925名记者持有有效的新闻记者证，其中报纸记者84130人。报告指出，2016年，面对媒体格局和媒介生态环境的深刻变化，中国新闻媒体深化改革、锐意进取，传统媒体与新兴媒体深度融合，新闻媒体综合实力和影响力不断增强，新闻队伍建设扎实推进，中国的新闻事业焕发出蓬勃生机。

为推动中国的新闻事业焕发出蓬勃生机，地市报记者是一支不可或缺的力量。创作出有影响、有分量、有价值的新闻作品，成为一名名记者、名编辑，是包括地市报记者在内的每个新闻从业人员孜孜以求的目标。地市级党报如何突破地域等因素的制约，多出优稿、出佳作，创作出无愧于时代、无愧于我们神圣职责的新闻作品，将中国故事讲好，讲出特色，讲到大众的心坎上，实现传统媒体在融合发展中根繁叶茂，也是我们每个地市报新闻工作者在不断的工作实践中，认真研究、潜心探索的一个重要课题。

从事新闻工作十几年来，我主创的新闻作品80余篇获省级以上好新闻奖，其中20篇获省级以上新闻奖一等奖。回顾自己的创作经历，有几点体会与同仁交流并自勉。

对地市报记者来说，要创作新闻优稿，首先我们要清楚新闻优稿的定义，构成新闻优稿的要素。

所谓新闻优稿，意即高质量、高水准的新闻作品，也就是俗称的好新闻，包括好消息、好评论、好通讯、好栏目、好版面、好图片、好副刊等。什么样的作品才算得上优稿？评判优稿的标准是多方面的，其中被业界广泛认同的是各类新闻奖制定的标准。

从中国新闻奖到各省的全省新闻奖、市州报新闻奖，就优稿评选从内容到技术层面都做了细化的评审要求。如，2018 年 2 月中华全国新闻工作者协会印发的《中国新闻奖、长江韬奋奖评选办法》的通知，从内容层面来说主要标准为：(1) 以习近平新时代中国特色社会主义思想为指导，坚持以人民为中心，为全党全国工作大局服务，贯彻团结稳定鼓劲、正面宣传为主的方针，坚持正确舆论导向，落实“三贴近”要求。(2) 内容真实，感染力强，社会效果好。(3) 新闻性强，时效性强，主题鲜明，勇于创新，语言文字生动，制作精良。(4) 体现“走转改”精神的作品；在同等条件下，优先考虑短、实、新作品。(5) 高度重视传播手段建设和创新，鼓励媒体融合报道和应用新媒体传播的作品。(6) 对同一事件的同体裁新闻作品，在同等条件下，优先考虑首发时间在前的作品。(7) 存在导向不当、有不良社会影响、新闻要素不全，有事实性错误或事实交代不清、文不对题、表述有歧义（被采访对象口述和引用原文的除外）等情况的作品，不得获奖。

从技术层面来说：(1) 存在词序错乱、成分缺失、指代不明、语句杂糅、归类有误、意思表达不清等情况的作品，不得获一、二等奖。(2) 存在错别字、标点、符号错误、多字、落字等情况的作品（含视频作品和新闻论文）以及存在主持人、记者表述错误的音视频作品，不得获一等奖。(3) 存在使用成语不规范、词语使用或搭配不当、缩略词语不当、生造词语、指代不统一、数字单位缺失、前后表述不一致等情况，不得获一等奖。(4) 除对重大突发事件的报道外，广播作品现场音响和电视作品画面质量存在明显缺陷，不得获一等奖。(5) 同一件作品中出现 5 次以上（含 5 次）不得获一、二等奖的差错，不得获奖。(6) 标点符号的不规范应用不影响文意的，音视频作品中记者、主持人、访谈嘉宾等非原则性口误，数量在 3 个以内的，不影响获奖 。

对各项目也制定了严格的评选标准：（1）消息类作品要求新闻性强、时效性强，语言文字简明扼要，表述准确，逻辑清晰，有完整的新闻要素。文字消息作品应有规范电头。（2）评论类作品要求观点鲜明，论点正确、有新意，论据准确，论述精辟，论证有力。网络评论要求具有鲜明的网络特色。（3）通讯与深度报道类、新闻专题类作品要求主题鲜明，选材典型，事实准确，结构合理，语言生动，评议、刻画到位，感染力强。（4）报纸、广播、电视的系列（连续、组合）报道类作品要求主题鲜明，结构完整，报道全面、有深度。（5）新闻版面要求体现政治性、新闻性、思想性与艺术性的统一，标题准确生动，照片、文字与图示兼顾，编排整体协调，版式设计讲究、新颖、有特色，便于阅读。（6）新闻摄影作品要求新闻性强，现场抓拍，表现力强，标题准确，文字说明新闻要素完整，文字简洁。（7）新闻漫画作品要求能够反映国内外新闻时事，观点鲜明，构思新颖，新闻性强，思想性强，针对性强，想象力丰富，富有幽默感和艺术表现力。（8）报纸副刊作品要求时代感强，体现思想性、新闻性、艺术性的统一，格调高雅，特色鲜明，文笔生动。（9）新闻名专栏要求内容选择与栏目定位、版面位置（播出时段）相适应；形式新颖，特色鲜明；编排制作精良，社会影响较大。网络新闻专栏要求信息量大，交互性强，有鲜明的网络特色，等等。

从这些评审标准来看，创优稿要体现出“优”字，就是要坚持正确舆论导向，要落实“三贴近”要求，作品要有创新，感染力要强，社会效果要好。在实践中怎样把握这个尺度呢？我认为最重要的是稿件要体现以下几个方面：

一、舆论导向正确

在新闻界，悠悠万事，导向为大。舆论导向正确，是党和人民之福；舆论导向错误，是党和人民之祸。党的新闻舆论工作是党的一项重要工作，做好新闻舆论引导工作，关系道路和方向，关系人心和士气，关系中心和大局。判断一则新闻作品是否属于优稿，首先应当从政治的高度、大局的意识、责任的角度看问题，坚定不移地将坚持正确的舆论导向视为新闻优稿的首要价值标准。对于地市报记者来说，如何坚持正确舆论导向呢？一是坚持党性原则。坚持党性原则，最根本的是坚持党对新闻舆论工作的领导。我国是中国共产党领导的社会主义国家，无论在什么情况下，党管媒体的原则和制度都不能变。坚持党性原则是党报的立身之本。党报只有坚持党性原则，才能保持正确的政治方向，离开了党性原则，党报就会偏离正确方向，失去生命力。二是坚持正面宣传为主。坚持正面宣传为主，从根本上说是因为社会的本质是健康向上的，积极正面始终是社会的主流。坚持正面宣传为主，就是要坚持团结、稳定、鼓劲的价值取向，坚持中国特色社会主义的政治方向，坚持党性和人民性统一的立场，坚持高举中国特色社会主义的伟大旗帜，在围绕中心、服务大局中找准坐标定位，牢记社会责任。坚持正面宣传为主，才能真正解决好"我是谁、为了谁、依靠谁"这个根本问题，才能创作出优秀的新闻作品。三是把握受众需求。把握受众需求，树立以人民为中心的工作导向，这是坚持党报人民性的具体体现。今天的受众日益呈现分众化、差异化态势，不同的人有着不同的信息需求，阅读习惯和接受心理也发生了深刻变化。新闻记者只有认真研究不同群众的思想文化需求，贴近实际、贴近生活、贴近群众，才能进一步端正文风、改进作风，不断增强新闻报道的吸引力和感染力，实现对舆论的精确引导。

总体而言，新闻作品在采写中若是没有政治意识、大局意识和责任意识，在舆论导向上出了问题，哪怕是观点上的一点偏差，就无质量可言，更难以称得上新闻优稿。当然，我们在创作新闻优稿时也不能任意添加或拔高，过度强调高、大、全，使新闻与客观实际背道而驰；或是为了追求所谓的"轰动效应"，对一些新闻线索真伪不认真辨别。这些都可能会成为新闻优稿的绊脚石，是我们采写中应该特别注意的。

二、时代特色浓郁

早在1892年，马克思就明确指出，报刊应"生活在人民当中，真诚地和人民共患难、同甘苦、齐爱憎”。这对报刊新闻优稿的时代性要求仍是适用的。时代意义不同于一般先进思想，它是先进思想在特定时代的集中凝结与最高境界的升华。新闻是记录社会、传播信息、反映时代的一种文体。把握时代脉搏，是新闻优稿创作的重要环节。创作新闻优稿，究其根本，就是对时代主流的准确把握，对时代特征的形象描绘，对时代精神的真实反映，是时代发展变迁生动而客观的记录。新闻作品能否准确诠释时代意义，在于新闻记者站的角度是否高。站得高，视野才会开阔，从看似普通寻常的事物中发现其典型意义，从具有典型意义的事件当中，提炼出富有时代意义的精神内涵。比如由地市报新闻工作者创作的2016年被评为中国新闻奖一等奖的报纸连续报道作品《义务最美民工张明伟:“东家”比我更需要这笔钱》(2015年1月13日—2015年12月28日《金华日报》)，文章最突出的特点就是彰显了时代精神，弘扬了社会主义核心价值观，充分体现了新时期我国草根阶层以德报怨、知恩图报、自强不息等可贵品质。外来民工张明伟因工伤导致左眼彻底失明，艰难维权3年仍没有结果。在爱心律师的帮助下，法院判决工厂赔偿7.96万元，但他得知原来的工厂已倒闭、工厂老板患病去世、老板娘家里还有尚未成年的孩子后，主动放弃所有赔偿金。作品紧扣时代主旋律，刊发后产生了广泛的社会影响。

三、主题思想深刻

新闻优稿应全方位、多层次、多角度、多形式、立体化地表现新闻事实，使之具有一定的深度和广度，以适应和满足受众不断变化中的阅读需求。大量的新闻实践表明，出优稿，最重要的是出思想。新闻作品只有树立了思想、蕴含了精神，才有价值和意义。一篇新闻作品，如果思想缺失、精神空乏，再优美的语句、再真实的情节、再新颖的视角，也很难令人过目不忘，很难让读者沉浸其中。许多新闻报道之所以具有长久影响力，往往是因为它们传神地记录了那些重要历史瞬间，并传递出一个时代的情感和精神追求，体现出共同的价值观。

在新闻实践中，不难发现，很多时候，记者的新闻价值观决定着新闻作品的思想境界，决定着新闻作品的感染力和影响力。新闻价值观形成于记者的新闻传播实践中，贯穿于新闻采写传播全过程，是记者衡量构成新闻的客观事实和材料所具有的价值要素的总称，它决定着记者采写新闻的基本价值取向。社会主义核心价值观作为当代中国精神的集中体现、凝聚中国力量的思想道德基础，具有对国民教育、精神文明创建、精神文化产品创作生产传播的引领作用。积极弘扬社会主义核心价值观，是我们新闻优稿创作的必然要求，理应成为新闻工作者的自觉追求。

真善美，是新闻报道的永恒主题，新闻记者只有带着理想和激情投入到工作中，用责任担当和人文关怀深入生活，努力挖掘真善美，挖掘更多积极向上的正能量，新闻作品才能摆脱平庸、低俗化倾向，实现权威性、指导性、吸引力和感染力的统一，成为高水平、高质量的优稿。

四、表达灵活生动

描写生动形象，使人身临其境、如闻其声、如见其人的新闻优稿，才具很强的感染力、震撼力，这也是新闻优稿必备的特征。

让新闻报道生动形象，栩栩如生，对提升新闻影响力、受众认可度非常关键，它既受新闻素材的影响，也由记者的写作态度、文字功力和表达方式所决定。这就要求记者在新闻报道采写态度上要端正，文章表达上要“接地气”，形成鲜明的个性，令读者在情感上产生共鸣。可以说，在新闻作品表达上形成独特鲜明的个性是新闻优稿必具的品格。说到新闻报道的个性，范敬宜同志曾举例说：“同样写长城，就有各种不同的写法，要在个性上聚焦。写八达岭长城要写它的雄伟，写金山岭长城要写它的秀美，写司马台长城则要写它的险峻。”

如何才能在表达上灵活生动，形成鲜明个性，主要要做好三点：一是题材选取上要“人无我有、人有我优”，写具有较高新闻价值的独家新闻。二是采访观察角度要寻找一个“独家视角”，要善于发现新闻事实中其他记者没有发现的那部分价值的内容，不让有价值的新闻人云亦云。三是写作上要精益求精，标题制作、导语格式、结构安排、内容组合、语言运用等都要精心构思、善于创新，让读者打开报纸有一份惊喜，加深读者对新闻的记忆。

第二章　新闻优稿采写素养论

佳作年年抓，优稿年年评，地市报新闻工作者采写优稿的意识在增强，但为什么推出的优稿却不是很多？究其原因，记者的自身素养起着决定因素。随着改革开放的深入推进，新事物层出不穷，信息内容包罗万象，面对这些信息，哪些有新闻价值，哪些是新闻“活鱼”？这都考验着记者的新闻素养。

新闻舆论工作是关系党和国家工作全局，关系政权是否巩固的一项重要工作，因此，“政治强、业务精、作风正”就成了对每一个新闻工作者特别是有志于优稿创作的地市报记者的基本要求。如何不断提高自身的新闻素养，多写优稿、多创佳作，服务于这个伟大时代，是摆在每一位地市报记者面前的一个崭新的任务。我认为，地市报记者要提高新闻素养，增强写优稿的意识和能力，最根本的是要做到以下几点。

一、不断学习

宣传党和国家的大政方针、弘扬真善美、传递正能量、传播先进文化是新闻工作者的使命，也是我们工作的准则。只有加强学习，不断丰富知识，提升自己的理论水平，提高自己的业务能力，才能适应新时代新闻事业发展新要求，才能以敏锐的新闻洞察力，及时发现、准确把握、生动表现发生在我们身边有价值的新闻事件，创作出贴近实际、贴近生活、贴近群众的作品。

2016年11月7日，习近平同志在会见中华全国新闻工作者协会第九届理事会全体代表和中国新闻奖、长江韬奋奖获奖者代表时，曾经寄语广大新闻工作者："一是要坚持正确政治方向，同党中央保持高度一致，坚持马克思主义新闻观，坚守党和人民立场，坚持中国特色社会主义，做政治坚定的新闻工作者。二是要坚持正确舆论导向，深入宣传党的理论和路线方针政策，深入宣传全国各族人民为实现"两个一百年"奋斗目标、实现中华民族伟大复兴中国梦进行的奋斗和取得的成就，弘扬主旋律，释放正能量，做引领时代的新闻工作者。三是要坚持正确新闻志向，提高业务水平，勇于改进创新，不断自我提高、自我完善，做业务精湛的新闻工作者。四是要坚持正确工作取向，以人民为中心，心系人民、讴歌人民，发扬职业精神，恪守职业道德，勤奋工作、甘于奉献，做作风优良的新闻工作者。""不断自我提高、自我完善"是对每一个新闻工作者的起码要求。地市报记者要通过加强学习，不断拓宽知识面，以此来提高自己。在优稿创作上，不仅要向兄弟市州报学习，更要向省级和国家级大报学习，学习他们在把握党的路线方针政策方面，在报道一些重大新闻事件中的广度、力度、深度等。但是，在学习的时候，切忌依葫芦画瓢，而要在树立大局意识的基础上进一步强化本土特色新闻品牌意识，这样采写的新闻稿件往往是独家的、新颖的。地市报记者要不断学习，不断积累，在注重知识储备的同时，还要加强技能培训。在市场经济迅猛发展的今天，移动互联网时代的到来对地市报记者提出了更高的要求，如何在优稿创作上适应新媒体要求，如何拓展传播方式进一步增强新闻佳作的传播力和影响力，等等，这些都是对新时期地市报新闻记者的挑战，因此，地市报记者学无止境。

二、深入采访

采访是新闻写作的基础。问、听、看通常是采访的基本形式，但对创作优稿而言，却是不够的。事实上，新闻事实的产生都是有其过程的，这个过程有长有短，它取决于新闻事实本身涵盖的时间要求。记者采访时就应对新闻事实的过程进行深入细致的采访，不放过任何一个与新闻事实有关的细节。对于新闻记者来说，如果工作不扎实，采访不深入，就写不出有分量的稿件，甚至在稿件中出现浮夸虚假的现象。刘少奇同志曾经指出："你的笔，是人民的笔，你们是党和人民的耳目和喉舌。你们不能采取轻率的，哗众取宠的，'客里空'式的态度，而应当采取负责的、谨慎的、严肃的态度去工作。"这种观点，应该成为每个有志于做好党的新闻事业的新闻工作者的座右铭。因此，地市报记者尤其青年记者要深入基层、深入现场，本着既对群众负责，又对党的新闻事业负责的态度，进行深入细致的采访，这样才能使新闻报道既有针对性，又有指导性，从而克服粗糙、漂浮和主观片面等问题。笔者在采写《高考落榜生点亮你的人生》这篇稿件时，考虑到关注高考落榜生这个选题属于老生常谈，如果按常规写，既没新意，也不能对落榜生起到正确引导作用。于是笔者深入市区不同行业领域找到几位有代表性的落榜优秀青年，用他们的实例来引导落榜生不要放弃要继续努力。文章见报后，很多读者打来电话，称赞文章真实感人、有说服力，起到了正确舆论导向作用。

《扬子晚报》记者吴俊和《无锡日报》记者陈崇安深入采访创作优稿的精神更值得广大地市报新闻工作者学习。吴俊加入新闻队伍两年就连获中国新闻奖，2001 年系列报道《珍稀野生动物大解救》获中国新闻奖三等奖，2002 年系列报道《"老汉当街遭骂"引发如何消除不文明现象大讨论》又获中国新闻奖二等奖。在谈到自己的获奖体会时，吴俊将成功归于平时的采访深入。他说，他是一个地地道道的"马路记者"，他的新闻优稿是深入基层"跑"出来的。一年四季，春夏秋冬，他大部分时间都在路上捕捉新闻。因为跑基层跑得多，他结识的朋友也多，这些基层的朋友都乐意为他提供新闻线索。可以说，连续获得中国新闻奖是对吴俊走上新闻岗位后深入实际、深入生活、深入群众的回报。而《无锡日报》获奖率很高的记者陈崇安称自己是"泥路记者"。2004 年，他采写的《粮食丰收后的思考》，历时四个月，五易其稿，获得了大奖。他们的成功诠释了优稿产业和深入生活的关系。地市报记者只有坚持长期踏上深入生活之路，才不会与新闻优稿擦肩而过。

三、力戒浮躁

地市报记者要克服浮躁心态，这也是优稿创作的必备条件。所谓浮躁，是一种作风漂浮、情绪急躁的心态。可以看到，在转型时期新的观念的撞击下，这一浮躁的心态在地市报青年记者身上表现尤为突出。其主要表现：一是急于享受，认为当记者是“美差”，应该吃香的喝辣的。二是急于成名，把当记者看成是成名成家的捷径。三是急于求成，企图轻轻松松写出好作品。深入基层、深入生活，掌握第一手采访材料，这应是记者工作的常态。一段时间来，采访全凭“电话 + 网络”、写作全靠“剪刀 + 糨糊”，成了一些青年记者工作的基本模式。有的记者即便下基层采访，也是蜻蜓点水走过场，与群众隔膜疏远。现在的记者开车的多了，乘公交车的少了；泡会议的多了，搞调研的少了；坐在办公室里“策划”新闻的多了，深入基层采访的少了……这是目前社会对一些记者生活状态的描述。记者不愿用脚来“跑”新闻，导致写出来的新闻报道浮躁之气频现，缺少灵动、真实的一面。这样的新闻报道经不起实践的检验，经不起时间的推敲，经不起职业道德的考量。

浮躁心态不仅会对我们新闻事业的发展带来负面影响，更对地市报记者自身素质、自身业务能力的提高极其不利。因此，新闻工作者尤其是地市报记者应时刻力戒浮躁，要在三个方面下功夫：一是力戒对于工作的浮躁。要树立正确的人生观和价值观，增强社会责任感和历史使命感，真正地深入生活，关注民生，赞美真善美，鞭挞假恶丑。二是力戒对于利益的浮躁。刚开始新闻工作的地市报记者，最容易陶醉于“无冕之王”这一称誉，从而产生优越感、自满心理，没有饭局不采访，没有红包不发稿，新闻成了利益交换的产物。要力戒利益上的浮躁，就要从心理上调整，彻底摒弃职业的优越感，牢固树立良好的职业道德，全心全意为人民服务。三是力戒对于作品的浮躁。随着社会的发展，读者对新闻作品要求越来越高，如何写出充满生气、活力和激情的作品，对社会产生良好的教育、宣传作用。这就要求我们刻苦钻研业务，不断学习各种新知识，不断勇于探索新事物。

四、敢于竞争

地市报记者要强化竞争意识，争创优稿意识。我们所处的时代，是一个充满竞争、充满挑战的时代，竞争赋予了新闻工作者活力，赋予了新闻工作者动力。在这样一个时代，竞争是不以人的意志为转移的客观存在。新闻媒体之间的竞争愈演愈烈，为了在市场上占有一席之地，各大小媒体在内部也都设立了竞争考核制度，鼓励多出精品力作，多出名记者、名编辑。如果地市报记者不强化竞争意识，不提高自身业务能力，一味害怕、逃避竞争，被社会淘汰将是迟早的事。一个合格的新闻工作者，应当是一个敢于竞争、善于竞争的强者。这是时代的要求，更是新闻工作的规律决定的。新闻是对社会生活的报道，社会生活的节拍加快、内涵不断更新，要求我们新闻工作者必须不断更新知识，加速知识结构调整，才能适应工作和形势的要求。地市报记者要想成为竞争的强者，在工作中就要有不服输、争上游的强烈意识；就要有不干则已，干则用心，干则尽力，干则最佳的精神状态；就要有比别人多付出、多受累、多学习的心理准备。

敢于竞争，首先要有时间观念，也就是注意新闻报道的时效性。在新闻行业竞争日益激烈的今天，哪家新闻媒体的新闻发得快，就会争取到更多的受众。为此，地市报新闻记者必须提高自身的竞争意识，对各类信息要有敏锐的辨别能力，争取在第一时间向社会大众报道好的新闻内容。其次要勇于创新。一个具有强烈竞争意识的地市报记者，除了熟练地运用各种新闻体裁采访、写作以外，还要勇于创新。只有对新闻报道主题提炼、素材选择、文章语言、段落结构等另辟蹊径，让人耳目一新，才能收到出人意料的效果。三是树立新闻策划意识。地市报记者必须提高自身的新闻策划能力，这是检验地市报新闻记者竞争意识和创新意识关键所在。各类新闻报道实践证明，成功的新闻佳作离不开新闻记者的精心策划。如《怀化日报》推出的《天南地北怀化人》周刊自2010年8月30日开办以来，已出刊368期，在读者中产生了积极影响。为给广大读者提供丰富的精神食粮，《天南地北怀化人》

周刊在稿件策划上坚持拓展人物素材领域，挖掘人物精神内涵，专家学者、文艺名家、青年代表、创业精英，老年、中年、青年，做到各行各业有典型，不同年龄层次有代表，每期人物就是一个励志榜样。专家学者方面，策划推出了长年在雪山丛林里追寻滇金丝猴足迹，对滇金丝猴的保护和研究做出了突出的贡献的《崇尚科研护“精灵”——访美国大自然保护协会中国项目首席科学家龙勇诚》的报道；文艺名家方面，推出了70岁高龄还笔耕不辍，坚持诗歌创作的《挥洒笔墨抒豪情——访著名诗人、原浙江省文联文艺研究室主任龙彼德》的报道；青年代表方面，推出了曾经带着妹妹在怀化上大学，被评为感动中国年度人物的《感恩怀化　回报母校——访中国十大杰出青年、怀化学院团委干事洪战辉》的报道；创业精英方面，推出了有信念有雄心，勇于在海外创业的《海外创业谋发展——访加拿大中国之星有限公司董事长张家安》的报道。他们通过精心策划，让每一期周刊都成为一道丰富的精神大餐。怀化部分大中专院校还通过《天南地北怀化人》周刊平台将部分优秀老乡邀请到校园开展专题讲座及学术报告，激发学生树立积极、乐观、向上的精神。

第三章　新闻优稿线索论

在日常新闻采访活动中，很多地市报记者感叹没有新闻可发现，特别是为新闻优稿线索而苦恼。果真如此吗？其实不然。这主要在于考验一个记者的新闻敏感性的有无和强弱。新闻敏感性强的记者，就如罗丹在《论艺术》中说的那样“在别人司空见惯的东西上能够发现出美来”，能从看似普通的事物中采写出读者喜闻乐见的好新闻；新闻敏感性弱的记者，却会对一些蕴含着重大主题和深刻思想的好新闻题材无法感知和把握。现实生活犹如一座座新闻富矿，只有用心发现的记者，才能慧眼识取新闻优稿线索。地市报记者怎样捕捉新闻优稿线索，主要可以从以下方面入手。

一、培养发现力

获取新闻优稿线索，对记者发现力的培养尤为重要。那些具备较强发现力的记者，能从生活中看似普通的小信息中找到新闻优稿线索，进而做出采访策划；而对那些发现力较弱的记者来说，就算好新闻线索摆在眼前，也可能会视而不见。可以说，发现力是记者采访贯穿始终的能力。培养发现力，新闻记者就应该坚持“三贴近”，践行“走转改”，注意抓社会中的热点、生活中的亮点、群众关心的难点、事物发展中的新变化，等等。对于地市报记者来说，更要善于抓“小中见大”的问题。从这些方面去思考，培养记者的发现力，地市报记者经常感慨无好新闻可写的情况就会大大减少，反过来会发现其实仔细观察，是可以写出有分量、有价值的好报道。

二、脚底板下出新闻

老一辈新闻工作者曾经说过“脚底板下出新闻”，新闻是“七分采，三分写”，它反映了我们认识论中的实践出真知的道理，是对马克思主义新闻观认识与实践操作的结合。一段时期以来，在社会转型期的中国，由于受功利主义思想驱使，我们的一些记者存在比较浮躁、急功近利的工作作风，已经忘掉了或者完全没有深入实地采访，深入生活了解民情、社情的意识。如果没有深入生活的体察与感悟，何来新闻作品的原创力？如果没有对基层民众生活的深入接触与理解，何来新闻作品以“人”为中心的普世情怀与人文素养。说新闻记者是“吃百家饭，行千里路，脚底板下出新闻”，此话不假，跑得多，问得多，想得多，线索也就多。实践证明，新闻报道如果只是编材料、坐着等，就会离群众、离实际越来越远，根本不可能出优稿佳作。一年夏天，我在市区采访，发现一些宾馆门口悬挂着省城贵族学校来怀化招生的横幅，排队领取宣传资料的家长很多，他们想将小孩送到贵族学校上学，但又担心子女以后是否能真正成才。我意识到这是贴近群众、贴近生活的好题材，于是围绕高收费学校的教学条件、收费情况及学生成才的客观因素等问题展开采访，采访了学生、家长、老师、教育部门的专家，发表了深度报道《来自高收费学校的冲击波》，客观分析了上贵族学校的利与弊，对市民正确对待小孩择校起到了积极引导作用。稿件《工地围挡成“画廊”，很美！》也是我跑出来的，我在采访中发现我市部分建筑工地围挡都“穿”上了公益广告“外衣”，不仅扮靓了建筑工地，也为市民传递着正能量。我意识到这是不错的民生题材，于是通过深入采访，用饱含深情的笔写出了弘扬中国梦的新闻通讯。稿件发表后，读者称赞记者抓到了真善美的“新闻活鱼”，彰显了党报的责任和使命。

三、社交渠道获信息

地市报记者要多到基层交朋友，建立自己的社交渠道，将新闻触角延伸到社会的各个层面，才能眼观六路、耳听八方，随时从各个渠道了解最鲜活的信息。我采写的《爱心温暖落难民工》线索就是来源于社交渠道。一次，我到市慈善办采访时，慈善办的同志说：“明天，广州清远市民政局的同志和清远电视台的记者将专程来怀化回访他们曾救助过的一位怀化辰溪籍农民工路云。”我意识到这是一条很好的新闻线索。第二天，我和市慈善办的同志一道，全程参与了清远朋友的回访之行。采访结束后，我当天就写出了通讯《爱心温暖落难民工》，在《怀化日报》头版头条刊发后，《湖南日报》、新浪、搜狐等媒体进行了转载，产生了一定社会反响。

四、多到基层找亮点

中国著名记者田流说过：“记者的办公室是在社会上，群众中，不是在编辑部的大楼里。”新闻记者要想写出有分量、有价值的好新闻，必须融入社会、融入群众中去，善于从各种渠道中发现和捕捉鲜活的新闻优稿线索。近年来，各地新闻战线都在深入开展“走基层、转作风、改文风”活动，走基层让广大编辑记者受益匪浅，大家由衷感慨，最美丽的风景在基层，最感人的故事在基层，最锻炼人的舞台在基层。不难发现，只要经常深入基层、深入群众，我们就能抓到鲜活的优稿新闻线索，找到新闻亮点。我采写的获奖稿件《奋战 70 小时》《让太平溪靓丽起来》《怀化义工创新志愿者模式》《中方县孪生兄弟大学毕业齐参军》等都是通过深入基层找到的线索。

五、会议材料觅真金

会议报道是新闻记者一项十分重要的工作，作为地市报记者在做好常规性的会议报道外，还要学会从受众关注的视角出发到会议材料中寻找新闻优稿线索，写出会议以外的新闻。其实，很多时候，会议是新闻的富矿，关键在于新闻记者能否挖掘会议透露出的各种信息，而不是简单地就事论事。受众除了想知道开了什么会，更想知道会议对百姓生活影响如何。新闻记者要用通俗易懂的新闻语言做报道，就群众关心的话题从会议中找答案。一次，我参加全市工商行政管理工作会议，在翻阅会议材料时，发现了一份消费投诉情况总结，觉得里面的内容很有看点，于是在完成常规报道后，我又来到市工商局 12315 指挥中心、市消协，就我市上半年消费投诉新热点、消费者在维权上应掌握的知识进行了详细采访。新闻作品《让消费者练就一双“慧眼”》见报后，反响较好，很多读者称看了报道后增长了不少维权知识。

六、网络平台找线索

随着互联网的不断发展，网站论坛、QQ 群、微博、微信都成了丰富的信息源，因此我们传统的新闻线索搜集方式也要逐渐向现代化转变，经常浏览网络寻找线索，应该成为当代记者的重要选择。我采写的部分新闻优稿线索就是来自《怀化日报》旗下的怀化新闻网“五溪论坛”。有一年春运期间，有网友在“五溪论坛”反映怀化火车站出租车运营秩序比较混乱。接到网友反映后，我分别于几个不同时间段，对火车站出租车乱象进行了暗访，采写了内参报道《城市“门面”不容抹黑（引）火车站广场：的士运营乱象丛生！（主）》。相关部门高度重视，加大了火车站出租车运营市场整治力度，同时科学合理增添了公交站台。

七、热线电话挖资源

读者来信和新闻热线是报纸和群众加强联系、加强沟通的桥梁，地市报记者要充分利用这一信息平台，从中发现和挖掘有价值的新闻线索。我采写的《怀化到贵阳咋成了怀化到岳阳》这篇稿件的线索就是来源于新闻热线。

春运期间，几位贵州农民工兄弟致电本报说，他们从怀化转车回贵阳，售票员却将车票打成怀化去岳阳，因为火车站春运期间为了打击“黄牛”倒票而将退票时间做了严格规定，他们原本第二天可以踏上回家的路，为了退票不得不在怀化多待一天。记者当即来到火车站采访了旅客、售票员等当事人。第二天报道见报后，火车站相关负责人打来电话对火车站在购票和退票环节上存在的失误和不足表示歉意，并通过记者联系到了这几位贵州农民工，给他们退换了车票，让他们顺利踏上了回家的旅途。

八、他山之石可攻玉

很多时候，其他报刊和电视台的新闻稿件也可以成为我们的优稿线索源。因为，每一家新闻媒体本身就是一个有效的“新闻圈”，汇聚着从社会各个领域涌来的纷杂信息。关注这些新闻媒体，可以使记者及时了解当前民众最关心的问题，也可以帮助记者准确知晓一天之内的新闻热点。面对这些线索，我们可以从不同角度挖掘不同新闻点。一次，我看到本地电视台报道了一则怀化义工在城区公园开展环保志愿者活动的简讯。我意识到这是一条弘扬真善美、传递正能量的好新闻，于是来到怀化义工联合会进行深挖，采写了反映怀化义工创新志愿者服务模式的稿件《借助新媒体动员　活动融入日常生活（引）怀化义工创新志愿者服务模式（主）成员实现“老中青小”全覆盖，人数突破 600 人（副）》，收到了良好反响。

九、茶前饭后听话题

朋友相聚吃饭时聊天的内容五花八门，若认真听，在这些话题中也能发现新闻优稿线索。一次饭桌上，一位朋友说孩子成绩不理想，担心考不上大学不知怎么办。说者无意，听者有心，如何正确引导高考落榜生值得关注，于是我一方面找到部分应届高考落榜生倾听他们的心声，另一方面深入市区不同行业领域找到部分有代表性的曾经有落榜经历的优秀青年与他们畅谈，用他们的实例来引导落榜生坚持理想。通讯报道《点亮高考落榜生希望之灯》见报后，读者反映说文章真实感人、有说服力，起到了舆论导向作用。

十、街头巷尾抓“活鱼”

民生市井、日常琐事是百姓生活的组成部分，只要我们经常深入街头巷尾，走近百姓身边，善于发现，善于倾听，善于思考，就会发现很多有价值的新闻线索，抓到很多精彩生动的“新闻活鱼”。一次，我路过菜市场，听到部分市民反映蔬菜价格比往年同期上涨不少。按理说，五六月份是蔬菜产出的旺季，菜价应该会普遍下跌，可是我市菜价为何反而上涨呢？我对此展开了调查，通过走访市蔬菜办、蔬菜批发市场、经销商，了解到当年怀化城区的蔬菜反季涨价主要受前期天气影响，这只是偶然现象，菜价很快就会回跌。我及时采写了新闻报道，起到了释疑解惑、引导舆论的作用，增强了党报的影响力和引导力。

新华社著名记者徐人仲在《要善于发现新闻线索》中说：“新闻采访线索可能是一件很简单的事，一个数字、一句话、一种现象，也可能是比较复杂的事。它的来源十分广泛，记者的所见所闻，都有可能成为线索。”确实，在捕捉新闻优稿线索的时候，我们不难发现新闻优稿题材的内涵是深邃的，外延是博大的，物质、文化、精神无所不及，新闻记者只要坚持脚勤、眼勤、手勤、脑勤，不断增加知识储备，养成善于分析的习惯，处处都做有“心”人，就会使自己具备较强的新闻敏感度，善于捕捉最生动、最鲜活的新闻线索，写出有影响力和感染力的作品。

第四章 时政新闻优稿写作概要

地市报记者优稿题材主要可分为：时政稿件、经济稿件、民生稿件和副刊作品四大类。每一种类型题材怎么创作优稿，值得研究和分析。

首先我们来看时政报道。时政报道尤其是领导活动报道是新闻媒体报道内容的重要组成部分。长期以来，由于种种因素，时政报道尤其是领导活动报道形同八股、味如嚼蜡的现象较为普遍。如何改进时政报道，打造时政报道优稿，这是新闻记者经常思考的问题。我多年从事时政报道，体会最深的是：把好采访前的准备关、采访中的记录关、采访后的写作关，时政报道也能出彩。

一、采访前：磨刀不误砍柴工

采访前准备不充分，是造成时政报道难出优稿的首要因素。

凡事预则立，不预则废。毛泽东在战争年代有一句名言："不打无准备之仗。"新闻采访虽然有别于打仗，但同样需要事先做好准备，尤其是时政报道。

材料准备。当接到时政报道采访任务后，就要着手资料准备。这种资料包括直接和间接两种。直接资料，是指由相关当事人或单位所提供的现成文字资料；间接资料，是指通过网络、报刊等渠道获取的与报道内容相关的资料。比如市领导要到一个单位或者一个地方考察调研，记者不仅要搜集这个单位或地方与报道内容有直接关系的资料，还要搜集该单位、该地方过去见报的报道等，做到心中有数。如我在采写《要大手笔推进怀化城市建设——市领导考察城市建设侧记》这篇稿件时，接到市委书记、市长等市领导将考察城市建设的通知后，我在网上搜集查阅了不少我市城市建设相关的资料和其他媒体对同类报道的处理情况。虽然领导在整个考察活动中行程短、讲话少，但由于我有了充分的资料准备，又身临其境目睹了建设工地火热的建设场面，第二天见报的《要大手笔推进怀化城市建设——市领导考察城市建设侧记》围绕主要领导讲话的中心主题展开，并配之相关资料，以“起点要高，速度要快，质量要好，一鼓作气拉通天星东路”“依山傍水做好规划，建好环城路、湖天大道，打造山水特色城市”“群众参与共同搞好太平溪、舞水河治理，让它们成为城市的符号”三个小标题统领全文。文章内容丰富、形式活泼、语言凝练，得到了读者和领导的好评。

知识准备。围绕报道内容准备有关情况，是新闻采访的一个重要内容，尤其是要使时政报道出佳作，既需要材料准备，更需要一定的知识准备。这种知识准备，微观上讲，就是要了解各行各业一定的相关专业知识；宏观上讲，就是要掌握与报道内容有关的全局性情况，如上级精神、党的政策、全局范围内出现的新情况、新问题、新动态、新发展等。实践证明，知识准备充分，情况了解全面，采访时才能站得高、看得远，吃透领导讲话实质，抓住新闻报道要点。如果对情况不甚了解，视野短浅，知识贫乏，采访时无法站在全局的高度观察问题和分析事物，写出的报道也就容易就事论事，缺乏高度和深度。知识准备不同于材料准备，仅仅靠“临阵磨枪”是不够的，关键要靠平时的积累。当今世界是信息时代，各种新知识、新信息层出不穷，令人目不暇接。地市报记者要善于做有心人，经常注意收集新知识和新信息，关心国内外、省内外、市内外大事和社会上各种各样的新事物，不断丰富知识积累，增强理论功底，提高政治敏锐性。只有这样，才能出色完成时政报道。

思想准备。注重采访思想的准备，最直接的收益是能够增强报道的针对性和可读性。作为社会主义的舆论工具，我们的新闻媒体的性质和职能决定，记者采写的报道，不仅要坚持正确的舆论导向，抓那些具有指导意义和教育意义的新闻，而且要善于了解和掌握人民群众的思想脉搏，抓住群众最关心、最感兴趣的问题，反映人民群众的要求、愿望和呼声。记者在进行时政报道时，只有将这种采访思想贯穿采访活动的始终，才能保持灵敏的嗅觉和高度的敏感，随时思考、判断和捕捉哪些是群众最关心、最感兴趣的问题。注重采访思想，从长远来看，也是记者的长期投资。只有日积月累、循序渐进地不断增加自己的思想储备过程，才能培养出记者的新闻敏感度，为写好时政报道优稿奠定坚实的基础。

二、采访中：细看详听勤记录

采访时作风不深入，是造成时政报道难出优稿的重要因素。

时政报道，最忌模式化、公文化，缺乏鲜活度和现场感。只要作风深入，细看、详听、勤记录，要增强鲜活度和现场感还是不难的。

望住“貌”字。时政报道，尤其是领导调研活动，要仔细观察与活动报道有关的东西。最基本的是新闻发生时的天气特征、客观环境、场景特征。更高层次的要求是要善于观察人物举止，抓住领导的经典瞬间，经典瞬间往往是那些重大事件的深刻记录或领导风格的自然流露。在时政报道写作时，如果将这些“丰富之貌”巧妙穿插其中，无形之中就会丰富人物形象和报道内容。这些东西，看似平常，但如果不下细功，就很容易被忽视。

倾听“情”字。“感人心者，莫先乎情”，新闻要教育人，首先要感动人，尤其是时政报道。记者有这样的体会，采访中当自己心灵被感人的场面、动人的事迹、温暖的话语所拨动，在头脑里激起奔腾的感情浪潮时，写出的新闻作品也会充满激情。因此，在时政报道采访时要时刻做好聆听者，对这种首先感动自己的细节、言语、场面，要足够重视，并及时记录下来，写作时将最重要、最精彩、最温馨的细节部分挑选出来放在稿件和标题中着重体现，就能为报道增色添辉。

记牢“准”字。随着科学技术的不断发展，现代化的新闻采访设备在一定程度上给记者带来了便利，但要时政报道做到准确、及时、出彩，仅仅依靠录音笔等采访设备是远远不够的，这就要求我们发挥主观能动性，勤动手，做好笔记。要快，要形成自己熟悉的简化语言，如“科学发展观”简写为“科__”，“富民强市、后发赶超”简写为“富、后”等。要准，要尽可能多记原话。在新闻稿件中，引用被报道对象重要的、关键时刻的原话，往往能够使人物性格更加鲜明，使报道更具说服力。所谓重要的、关键时刻的原话，一般是指最能表现和反映被报道对象真实思想情感、性格特征的话。比如人们普遍关心的重大事件发生时，重要的政策出台时，主要领导的重要言语。例如，有一年，面对冰冻灾害，市委市政府一班人积极采取措施部署应对，在接连两次的领导活动报道中，我的标题都直接引用市委主要领导的原话。《刘莲玉就做好冰雪灾害防御工作要求（引）决不能让群众因冰雪灾害受冻挨饿（主）》《把加快发展的大事抓在手上　把困难群众的冷暖装在心上　把维护稳定的责任担在肩上（主）刘莲玉主持召开市委常委会议部署当前工作（副）》，标题既有激情，又很温暖，起到了凝聚人心、鼓舞士气的作用，收到了良好效果。

三、采访后：谋篇布局勇创新

写作时态度不端正，无过便是功，是造成时政报道难出优稿的关键因素。

随着人们生活节奏的加快，标题虚浮、内容枯燥、形式单一的领导活动报道，正在拉远与读者的距离，削弱党报的阅读率和影响力。因此，记者在写作时要强化政治意识、竞争意识、精品意识，勇于开拓、勇于改革、勇于创新，让标题更精、内容更实、形式更活，时政报道才能让读者喜闻乐见。

标题求精。既要精确，又要精彩。这就要求，标题要言之有物。这也是新闻写作基本规律的客观要求，尤其是时政报道的标题，更要“用事实说话”。这个事实必须是最具新闻价值、最能说明主题的事实。对这一点，毛泽东同志曾多次强调。比如，在 1948 年秋，华北解放区召开了一次中等教育会议，9 月 10 日新华社播发了一条消息，消息的原题是《华北召开中等教育会议》，毛泽东同志改为《华北中等教育会议决定改善中等教育的诸项制度》，并批示说："凡新闻，标题必须有内容。原题并无内容，不能引人注目。"标题要提炼精当。标题是新闻的缩影，是事实的投影，在时政报道标题制作时要学会概括提炼，要用凝练的短句或短语勾勒出新闻事实的经纬，让读者一眼看完标题便可知全文大意。遇到时政报道包含的新闻点不止一个时，可以借鉴网络新闻标题以点带面吸引眼球的做法，将新闻中最重要、最受关注的内容信息精当提炼、突出放大。标题要生动形象。写新闻，尤其是时政报道的标题，要让人望文生欢，而不是望文生厌。虽然时政报道是应该严肃、庄重、正规，但从语言角度来看，严肃，不是板着面孔；庄重，不是呆板木讷；正规，不是墨守成规。在时政报道标题制作时，也可以生动形象，通过选好富有表现力的词语和恰当运用修辞手法，把最重要的新闻事实具体鲜明地凸现出来，让读者如临其境，如闻其声，受到感染。

内容求实。过去，读者之所以对有些领导活动报道产生信任危机，主要的一点就在于领导活动报道跟实际贴得不紧，离生活太远，报道假、大、空。要让时政报道尤其是领导活动报道远离呆板乏味而活泼充实起来，其关键之处还是在于在报道内容上努力做到"三贴近"。贴近实际，就是要从实际出发，贴近中心，贴近大局，说实话，鼓实劲，求实效，突出政策性和新闻性，不走马观花，不蜻蜓点水，对涉及改革发展和民生方面的政策内容多摘录采用，对其他部分适当简化、淡化；贴近群众，就是要站在群众立场，满怀对群众的深厚感情，想群众之所想，急群众之所急，充分体现群众意愿，把握群众脉搏，以真情动人，以真心感人；贴近生活，就是要和社会生活对接，抓住生活本质，反映客观现实，把握社会主流，解决具体矛盾，避免简单说教、居高临下，使报道内容充满生活色彩、富有现实气息。

形式求活。报道形式上，不仅仅局限于消息的体裁，而要根据掌握的资料、现场的感受、活动的内容、文章的主题采用特写、通讯等活泼多样的形式，让时政报道耳目一新。比如，我采写的现场特写《市长救火》一文，新闻事件发生在领导考察工作途中，对这一偶然事件，是放在领导整个考察工作稿件中一笔带过，还是单独行文？我选择了后者，以特写的形式予以报道。文章见报后，读者称赞新闻报道树立了人民公仆一心为民的良好形象，相关领导也充分肯定新闻报道形式活写法新，该文还先后被《湖南日报》《中国消防报》全文选载，并获得省市好新闻奖。

在通讯《大师邂逅古商城》的处理上，面对市委书记陪同画家黄永玉到怀化市洪江区古商城考察这一报道内容，我在写作时没有匆匆下笔，而是根据现场的情况，以特写的形式，描述了黄永玉在古商城几个片段，同时穿插市委书记的几段讲话，生动形象地展示了古商城的历史底蕴、黄永玉的谦虚幽默、市委书记对文化建设的重视。文章见报后先后被《潇湘晨报》、湖南旅游网等媒体选载，并获得湖南省报纸系统好新闻奖。正是坚持在报道形式上创新求活，我采写的领导活动报道《关爱送农家》《特殊的午餐》等作品也都广受好评。

第五章　经济新闻优稿写作概要

经济报道一直以来都是地市报报道的“重头戏”，既是热点，也是难点。说其是热点，不少地市报的头版头条位置很多时候都是以经济报道为主，很多专题报道的选题也多以经济题材为主。说其是难点，一方面是业内人士觉得记者写的经济报道不够专业，另一方面普通读者又觉得经济报道太生涩，缺乏可读性。随着改革开放不断深入和社会主义市场经济迅速发展，对经济报道提出了新的更高的要求，工作总结式的经济报道已难以适应时代的发展和广大受众的需要。

作为地市报记者，在经济报道的采写过程中，如何才能写出有特色的经济优稿，如何才能让经济报道既准确权威又具有可读性，是我们需要不断研究的一个问题。

一、经济新闻的特征及写作误区

经济新闻是与群众生产生活息息相关的，新近发生在经济生活领域的事实报道。同其他新闻报道相比，经济新闻具有以下特征：一是经济新闻不像突发事件那样引人注目，很难在较短时间内成为众人瞩目的热点。二是经济新闻不像典型人物那样具有很强的感染力，它很少有生动感人的故事，多以数据、举措和成效说话，记者写作功底不深厚，写出来的经济报道确实枯燥无味、缺乏吸引力。三是经济新闻不像社会新闻那样具有可读性，因为它的内容没有丰富的人生百态，世间万象，更缺少跌宕起伏的情节描写。四是经济新闻不像时政新闻那样传递着显而易见的重要信息，它所表达的新闻价值往往要经过一段时间才能被读者所认知。不少人将经济新闻写得空洞无物，主要是由以下几方面因素造成的：一是缺乏创新思维。事物的变化是日新月异的，有的记者还习惯于原地踏步，创作思维陈旧，缺少与时俱进的精神，采写范围局限于围绕会议和活动转，不能真正深入基层，结果写出来的新闻既不“接地气”，也没有新意。二是写作内容雷同。在经济新闻报道中，有的新闻工作者喜欢套用固有模式，照葫芦画瓢，今年的报道与往年相比，内容一样，只是时间、地点、数字、人物稍做修改。三是过分夸大。有的新闻记者在写经济新闻时，喜欢将原本很普通的经济现象或新闻事实人为塑造、夸大、拔高，为了新闻而创作新闻，违背了新闻求真原则。

二、把握全局

地市报记者要写好经济新闻，首要的是要有大局意识。所谓大局是指事物的整体或事物发展变化的基本规律。或者说，大局就是全局，就是发展趋势。

地市报记者能否从宏观上把握好经济报道的主方向，大局意识非常关键。如果缺乏大局意识，不能把握全局，就很难辨别经济活动或经济现象是否具有好的经验、好的理念值得推广和借鉴，也更谈不上有针对性地对一些经济现象进行剖析，采写出全局性、前沿性的经济深度报道。作为地市报记者，只有在思想上充分认识到这一点，才能够敏锐地捕捉到本地区经济发展的新气象、新举措、新亮点，写出有特色、有温度、有厚度，客观公正、贴近实际的经济优稿。

三、拓展题材

著名记者艾丰在《经济述评自析集》一书中说：“很长时间有一个说法：

经济是基础，新闻是上层建筑。这里的‘新闻’，是指整个‘新闻事业’而言的。最基本意义上的那个新闻，并不仅仅在上层建筑之中才有。它是整个人类社会中的一种现象，经济中有新闻，政治中有新闻，文化中有新闻，教育中有新闻，科技中有新闻，日常生活中也有新闻。我们现在是从后一种意义上来研究新闻在经济这个领域中存在和反映的特点。”

可以说，经济新闻报道的题材是广泛而丰富多彩的。然而，从目前地市报的现状来说，经济新闻还是很多地市报新闻报道的短板。因为缺乏经济方面的专业知识，地市报记者在写经济新闻时，总认为只有那些和经济工作联系密切的部门才有经济新闻素材，从而依赖于从这些部门找新闻，而不能真正深入实际、深入生活、深入群众，最后写出的经济报道往往像工作报告，毫无新闻性和可读性可言。其实，真正受群众欢迎的经济新闻应该是与群众的生产生活息息相关的，并且对群众的衣食住行乃至经济生活的方方面面具有贴近性、指导性和针对性的。这就要求我们在采写经济新闻时应更多地面向群众，从消费者的角度和立场捕捉素材、提出观点，这样写出的新闻报道才能绘声绘色。

四、挖掘价值

不难发现，地市报在经济新闻报道中，也经常做策划，报道频率和篇幅也不少，报道也看似红红火火、热热闹闹，但收到的效果却不是很理想，群众关注度也不高。这其中最大的一个原因，还是记者对经济新闻的内在价值挖掘不够。很多经济报道只局限于对表面经济现象的泛泛而谈，缺乏深度的分析，指导意义不强，缺乏一定的实用价值，从而让读者产生距离感。因此，地市报要走出经济报道的尴尬局面就必须办出自己的特色，在内容上彰显本土特色、在实用价值上做到最大化、在报道内涵上实现专业化，努力做到写作上有深度、有力度、有广度。

如获得 2017 年中国新闻奖的通讯作品《一个智能马桶就有 35 项国家专利》(《泉州晚报》2016-03-10)。该篇经济报道紧扣社会热点，采访及时，从单个企业小处切入，立足行业，揭示民营企业特别是制造业企业在供给侧结构性改革大背景下倡导“工匠精神”，寻求创新发展取得的明显成效，具有较强的现实性和借鉴意义。2015年，中国游客在日本抢购马桶盖成为热点新闻，引发“中国制造能否做出打动人心的产品”社会话题。当年11月10日，中央财经领导小组会议上，习近平总书记首次提出供给侧结构性改革。紧接着，中央经济工作会议把2016年定位为推进结构性改革攻坚之年。2016年全国两会期间，供给侧结构性改革和大力倡导的“工匠精神”引发代表委员们的热议。2016年3月6日上午，在十二届全国人大四次会议福建代表团媒体开放日上，全国人大代表、福建省委书记尤权为民族知名品牌九牧的马桶盖“做广告”。该文作者第一时间实地走访多家企业、行业协会和相关部门，迅速成稿，并于3月10日在党报《泉州晚报》第8版头条刊发报道，同时配发评论，成为最早解读尤权书记点赞九牧的深度报道。该报道从九牧智能马桶有35项国家专利切入，立足企业创新驱动、智能制造，剖析整个区域的水暖厨卫行业供给侧结构性改革的实践探索，引发关注。

从这篇经济报道可以看出，把大政方针和深奥的道理用当地经济生活中的事件或现象贴切地表述出来，让人们从身边的经济现象中能看到宏观政策的缩影，这种硬新闻的软着陆实现了可读性与实用性的统一，让读者更容易理解和接受。

五、贴近生活

一篇经济报道要吸引读者，关键在于要抓住大众普遍关心的问题。经济报道最忌数字、举措、效益三合一式的纯工作总结，好的经济报道大多来源于生活。因此，要写出生活气息浓厚的鲜活经济报道，就必须到现场去、到生活中去、到群众中去，捕捉生活中的亮点和看点，并以平民化的视角报道生活中的经济现象和经济事件，这样写出来的经济报道才是具有极大吸引力的新闻优稿。

如获得2015年中国新闻奖的消息报道《马德里迎来首趟“义新欧”货

运班列》(《金华日报》2014-12-9)，就是一篇深入现场、深入生活、深入群众的经济报道精品佳作。该作品是全国乃至全球媒体中，第一篇关于首趟“义新欧”(义乌—马德里)中欧班列顺利抵达西班牙首都马德里的新闻报道。“义新欧”班列是在中国国家主席习近平、西班牙首相拉霍伊的关心下开行，当时是世界上线路最长、途经国家最多的国际铁路货运班列。2014 年 12 月 9 日，首趟“义新欧”班列抵达马德里，中西两国联合举行了隆重的欢迎仪式，这既是中国与西班牙、中国与欧洲经贸合作的重要进展，也是“一带一路”倡议的重要成果。为了报道好首趟“义新欧”班列抵达马德里这一重要新闻事件，在金华日报报业传媒集团领导的大力支持下，《金华日报》记者克服重重困难，以年休假的方式自费前往西班牙实地采访。作为国内唯一特派记者，《金华日报》记者现场见证了首趟“义新欧”班列抵达马德里的重要历史时刻。在首趟班列抵达马德里当天，《金华日报》第一时间在头版位置刊发这篇消息，在全国乃至全球媒体中率先报道了首趟“义新欧”班列顺利抵达马德里的重要消息。该作品语言精练，层次分明，在不足 900 字的篇幅里，既交代了“义新欧”班列的时代背景、开行经过、重要意义，又独家采访到了与“义新欧”班列密切相关的重量级新闻对象，在丰富作品内涵的同时，进一步增强了作品的时效性和权威性。

正如该获奖作品的推荐语所言：首趟“义新欧”班列抵达马德里是一件受到国内外诸多媒体广泛关注的重要国际新闻。作为地市级媒体的《金华日报》，能在激烈的国际新闻大战中获得全国乃至全球首发的绝对优势，非常难得！多年来，出国采访重大国际新闻一直是地市级媒体的“盲区”和“短板”。该作品的出现，打破了延续多年的“惯例”，让人眼睛一亮。该文作者对新闻事件执着追求的精神，值得点赞。

六、语言准确、生动、通俗

作为以信息传播、舆论引导为己任的地市报，经济新闻报道坚持“准确、生动、通俗易懂”原则，既是报纸为最广大人民群众服务的办报方针的要求，也是市场经济条件下报纸自身发展的要求。因为准确、生动、通俗易懂，才能被更多的读者所接受，才能把党和国家的方针政策及时有效地宣传出去，从而达到信息传播、舆论引导的目的。经济报道要生动、通俗易懂，主要是指新闻写作要“接地气”，但不是无原则、一味地迎合读者，这也是我们强调经济报道语言追求生动、通俗易懂的前提是语言准确。经济新闻工作业务性强、专业术语多、数字数据多，这些术语、数字在外行人读来，不免枯燥无味，只有将深奥的道理用准确而又直白的语言表述出来，才能更好地达到新闻宣传的效果。

如获得 2017 年中国新闻奖的消息作品《研究生在陇县当羊倌　瞄的是世界市场空白》(《宝鸡日报》2016-12-27）一文中写道:“在牧场里，像这样打破常规的科学养殖尝试随处可见，比如羊喝水有监控分析，羊吃草有营养套餐，羊怀孕还要做 B 超孕检，高效、准确的第一手资料，保证了羊群的科学养殖、精细管理和规模效应。经过努力，目前，该牧场奶羊养殖规模已达到 1.2 万只，产奶量每月稳定，奶粉企业冬季里不再停产。之前专家担心的奶羊高死亡率问题，该牧场稳定控制到了 1% 以下。”文章用准确而又通俗生动的语言将一个个抽象专业用语表达得一清二楚。当然，经济新闻报道要真正做到既准确又通俗易懂，并非易事。这就要求记者要掌握一定的经济知识，要对经济全局有一个总体的认识，还要明白群众的真实想法，然后才能将专业性极强的经济知识，用准确生动通俗的形式表现出来，否则走马观花采访，照本宣科写作，很难写出有看点有深度的经济报道优稿。

第六章　民生新闻优稿写作概要

关注民生、聚焦民生、报道民生，是地市报的重要职责，也是提高地市报影响力的关键。地市报记者如何采写更多更好的民生新闻，我结合多年工作实践，认为必须首先在采写上做到“实”。实就是真实、实在，真实性是新闻的生命，对民生新闻来说，更应如此。正如唐朝诗人刘禹锡《浪淘沙》所言：“千淘万漉虽辛苦，吹尽狂沙始到金。”新闻记者只有时刻保持严谨踏实的作风，恪守客观公正，带着激情、带着责任对待每一次采访，写出的民生稿件才能不出现浮夸虚假的现象，才能鲜活生动，真实可靠，引人入胜。

一、带着激情采访，用细节打动人

新华社原社长、著名记者穆青在谈到他的成功体会时说：“我一直主张记者应该拥有激情。我完成一些新闻作品的过程往往也是一个激动的过程。”激情，是记者的不懈动力。

民生新闻是“平民视角、民生内容、民本取向”。作为民生记者，只有带着激情，带着感情去采访，才不会错过民生新闻中那些感人的细节、美丽的瞬间，我们的新闻报道才会有血有肉、感染力强。我在采写深度报道《点燃失学女童希望之灯》时，先后深入到新晃侗族自治县扶罗镇、通道侗族自治县双江镇、芷江侗族自治县杨公庙乡采访。每年开学时节，乡村中学就会有大量贫困学生特别是贫困女生因种种原因而流失，深入村、组、户进行劝学就成了基层教育工作者教学之外的重头工作。在新晃扶罗镇，我和镇里的老师一起进村入户劝学，早餐一个油饼、中餐一碗红薯粉、晚餐萝卜白菜饭，崎岖的山路、微薄的工资、辛苦的奔波，农村教师用他们的责任和爱心劝说着一个个失学女童重返校园。在通道侗族自治县双江镇，我们来到受“春蕾”计划资助重返课堂的失学女童杨采霞家时，她正扛着一大捆柴从山上下来，她说每个周末她都会回家帮家里砍柴。回校时，我看见她从家里带了两大瓶又酸又咸的腌菜，黑黑的，见不着一丁点油星，这是她一个星期的下饭菜。我问她：“学校没有食堂吗？”她说在食堂打一份小菜要五毛钱，太贵了。采访中，从杨彩霞这个比城里同龄孩子瘦小很多，这个年年考全年级第一、被评为“全国百佳春蕾女童”身上，我深深体会到了坚韧不屈的内涵。正是带着激情采访，我捕捉了大量的感人细节，深度报道《点燃失学女童希望之灯》见报后，很多读者来电来信说报道让他们深受感动，一些热心人士还表示要牵手贫困学子，帮他们重圆上学梦。

二、带着责任采访，弘扬真善美

著名新闻工作者郭超人说过：“选择做记者，就是选择了奔走和忙碌，选择了勇敢和责任，选择了为他人作嫁衣，为历史做记录。”责任，是记者的立身之本。

对经常和老百姓打交道的民生记者来说，我们的责任就是要把握好正确的舆论导向，就是要向读者提供良好的精神食粮。通过我们每一次踏实采访，让我们采写的每一篇新闻作品都内容翔实、主题突出、深入人心，让老百姓喜读爱看，受到教育。如我采写的《让太平溪靓丽起来》这篇稿件就是一篇彰显记者责任的稿件。这是一篇关注河流环保的稿件，作品以三个小标题“今天——河道里日均清理垃圾 4000 斤”“昨天——这里碧波荡漾、鱼虾欢畅”“明天——如果你爱它，请别伤害它”统领全文，使文章主题更鲜明，可读性更强，更具感染力。记者在接到群众反映城区太平溪水质被污染的线索后，深入现场采访，了解了太平溪水质变化情况。在写作上通过环卫工人的话语描述了太平溪的昨天、今天和明天的景象，呼吁广大市民要从自身做起，爱护环境，保护环境。稿件发表后引起较大反响，怀化义工联合会、怀化城区中学相继开展共同清理太平溪垃圾活动；环卫部门在太平溪沿岸增设了“保护太平溪，共创生态家园”的告示牌；怀化新闻网、红网论坛等网站对报道进行了转载。

三、恪守客观公正，用事实说话

从新闻真实性与客观性出发，真实、客观、公正地向公众报道新闻，是新闻工作者的义务，也是我国新闻界一直以来秉承的准则。客观，是记者的基本素质。

在民生新闻中，反映群众诉求和舆论监督的稿件比较多，在采写这类稿件时，记者一定要恪守客观公正，以事实说话，这样才能使新闻报道既有针对性，又有指导性，从而克服粗糙、漂浮和主观片面等问题。一次，河西农副产品交易中心的业主致电本报，反映他们交了卫生清理费，但交易中心内的垃圾却没人清理。为使报道客观公正，采访中，我不仅采访了业主、物业公司等当事方，还采访了市环卫处、市物业管理公司、社区管委会等部门，对业主反映的垃圾没人清理的问题及妥善解决的办法都进行了全方面翔实的了解，整篇新闻报道以事实说话，新闻见报后，积极推动了问题的圆满解决。在采写《“露天 KTV”夜夜高歌何时了？》时，我连续几个晚上对露天 KTV 扰民现象进行蹲点暗访，第一手掌握了准确无误的新闻事实，报道见报后，在相关部门联合整顿下，“露天 KTV”扰民现象得到了有效治理。

在采访方面，和范长江、巍巍、穆青等新闻前辈相比，我们做得还远远不够。范长江西部之行，历时 10 个月，行程 6000 余里；巍巍三次赴朝，在前沿阵地亲眼看见战士们杀敌的无畏，亲身感受敌人大炮的轰鸣；穆青六访兰考，用自己的脚步丈量民众的疾苦，用自己的心挖掘民众的闪光点。至今阅读《中国西北角》《谁是最可爱的人》《县委书记的好榜样——焦裕禄》这些新闻名篇时，我们仍会心潮澎湃，仍会感动不已。不论时代如何变迁，新闻前辈们这种严谨认真的作风都值得我们认真学习，尤其是地市报年轻记者，必须在踏实上下功夫，才能让新闻作品出彩，让新闻作品真正贴近群众。

四、勇于探索创新，精心写作

关注民生，做好民生新闻，是地方党报义不容辞的职责，做好民生新闻，必须牢固树立优稿意识。符合新闻写作基本要求、能见报的稿件并非就是优稿，新闻优稿应是思想性、艺术性的高度统一，就如同厨师，有了食材怎样烹饪是门大学问，高水平的厨师不仅仅是将菜烹熟，还得色香味俱全。因此，新闻工作者在写作时必须以高度的责任心和事业心，勇于创新，勇于探索，才能出优稿，出佳作。

（一）标题传神

鲁迅说过：记人，最好记他的眼睛。看人先看眼，看文先看题。一篇新闻作品是否出彩，首先要从做精标题开始，尤其是民生稿件，只有让标题更传神达意，才能吸引、打动读者。我在每次写稿时，对标题都是多次推敲打磨，以达到最好效果。

抒发真情实感。民生新闻标题制作固然要告之以事、晓之以理，但还得动之以情。如果文辞平淡无奇，感情不丰富浓郁，即使新闻题材再好，也难以出彩。比如，我制作的标题《非法小作坊，查！》《工地围挡成“画廊”，很美！》，这两则标题都是对新闻事实的浓缩，精练的语言，再配上感叹号，充分表达了作者的情感，读来很有感染力。

巧用修辞手法。对于讲究准确性、可读性的民生新闻标题来说，注重修辞，是十分重要的。通过丰富的修辞手法，让新闻标题新颖生动、富有文采，从而吸引读者、赢得读者。像《人行道被压坏，市民出行常踩“地雷”》《“电保姆”进区入户啦！》《为何这里垃圾成山无人管》，我分别采用了比喻、比拟、夸张等修辞手法，使标题更加鲜明、吸引人。

标题题型突破。我采写的反映圆失学女童就学梦的通讯标题：“在结束为期近一个月的采访，汽车从山里颠簸向山外行驶时，记者的脑海中不停地跳跃着山里女童那一张张纯真朴实的面孔，那一双双渴望知识的眼眸，她们在眺望着山外的校园、好心的老师，以及校园里那高高飘扬的五星红旗！（肩）点燃失学女童的希望（主）”则是在标题题型上求突破，活用导语式标题，将肩题与导语融为一体，对新闻中最重要、最打动人的事实和思想进行精心提炼，勾勒出引人深思的画面，吸引读者、打动读者。

（二）形式多样

新闻体裁切忌千篇一律。在民生新闻写作上，如果我们习惯按部就班，仅仅局限于单一的新闻体裁，容易让读者产生审美疲劳。因此，我们在谋篇布局时要善于思考，要根据掌握的素材和文章的主题采用消息、通讯、新闻特写、调查报告等活泼多样的形式，才能让民生新闻耳目一新。如我在采写义诊活动进农村、农民发展水上养殖的稿件时，现场画面感很强，我就写了特写新闻《关爱送农家》《清浪乡里听渔歌》。在采写反映医患关系的稿件《孩子的微笑，让我们的青春更美丽》时，我发现采访中反映的很多问题值得我们思考，就用了调查报告的形式。

文章结构追求灵活多变。结构是新闻作品的框架，是对新闻材料的组织，结构合理，有利于受众的阅读；结构不合理，则会影响新闻传播的效果。在文章结构上，我们也要追求创新，使新闻作品更方便阅读，更突出主题，更易于受众理解。比如在通讯《让太平溪靓丽起来》的写作上，我巧妙提炼清理太平溪垃圾的环卫工人所说的三句话为三个小标题“昨天——这里碧波荡漾、鱼虾欢畅”“今天——河道里日均清理垃圾 4000 斤”“明天——如果你爱它，请别伤害它”统领全文，使文章主题更鲜明，可读性更强。

报道形式做到丰富多彩。对一些弘扬大爱大美的民生题材，我们还可配发新闻短评，以引领人们的思想，加强社会舆论引导，使新闻报道锦上添花。如我采写的义工稿件《那些年，那些人，那些事——走近怀化义工》，反映建筑工地围挡变化的稿件《工地围挡成画廊，很美！》，分别配发了新闻短评《向怀化义工致敬》《小细节彰显大文明》，都起到了画龙点睛的作用，深化了新闻主题，活跃了版面，吸引了读者。

（三）语言生动

民生新闻报道的是老百姓的生活，是普通群众唱主角，我们在新闻写作上要坚持“平民视角、民生内容、民本取向”，新闻的语言上，也应该是群众的语言。因此，要多一些生动贴切，少一些晦涩难懂；多一些人文关怀，少一些轻薄刺激；多一些平易近人，少一些居高临下。

我发现，在新闻中灵活运用生动的群众语言，不仅使新闻显得真实可信、亲切随和，具有浓郁的生活气息，还拉近了和读者的距离。在《敬老院的笑声》这篇特写中，我大量运用生动的群众语言，让整篇报道清晰动人、过目难忘。我写义工刚到敬老院的场景：“清晨的敬老院显得十分宁静，一条黄狗蹲在大门口，好奇地端详着远道而来的义工，汪汪叫了两声就闪到院子里去了。”用“蹲、好奇”这些词烘托出敬老院平时鲜有人来。写义工陪老人们娱乐休闲的片段：“义工的到访，让老人们兴致特别高。平时喜欢下象棋的老人要和义工中的高手切磋棋艺，几盘棋下来，还要下；几位爱打麻将的老人搬出了好久没用的麻将桌，要义工陪他们搓上几圈。”用“切磋棋艺、搓上几圈”这些生活化的词语衬托出老人们心灵的孤独。

第七章　文艺副刊优稿写作概要

“新闻招客，副刊留客”，这是报界的一句名言。大意是说，好看的新闻能吸引读者购买报纸，内容丰富、轻松活泼的副刊则有利于培养读者的持久兴趣。这句话形象地阐明了报纸副刊对于报纸本身的重要意义。

作为地市报来说，加快报纸副刊的创新与发展，提升报纸副刊的内容质量，是关系报纸品位与内涵的大问题。地市报新闻记者要积极加入副刊作品的创作队伍中来，多写副刊优稿，为提升报纸副刊质量贡献自己的力量。地市报新闻记者如何写出副刊优稿，主要从以下几个方面入手。

一、坚定理想信念

我曾采访过一群长年累月吸吮泥土芬芳的基层戏曲工作者，为了实现一个地方剧种到一种文化产业的蝶变，为了让古老的戏曲焕发出新的生命力，演员们舍弃了照顾老人、看护孩子、与家人共享天伦之乐的人生内容，他们励精图治主动走向市场，他们紧扣时代脉搏改编老戏创作新戏，让地方剧种不仅唱红三湘大地，还唱到了大洋彼岸。文章见报后得到了很多读者的称赞。后来，这篇题为《梨园春秋追梦人》的作品获得了中国城市党报新闻奖副刊作品二等奖、全国少数民族地区报纸好新闻副刊作品二等奖。现在重读这篇作品，最打动读者的不是语言文字有多优美，也不是文章结构有多新颖，而是整篇文章所洋溢的信仰力量。

习主席曾精辟指出：“坚定理想信念，坚守共产党人精神追求，始终是共产党人安身立命的根本。对马克思主义的信仰，对社会主义和共产主义的信念，是共产党人的政治灵魂，是共产党人经受住任何考验的精神支柱。”不难发现，近些年，部分报纸副刊的内容厚重感不足，时代感不强的问题还比较突出，与报纸整体的宣传格调还不够协调。对党报副刊来说，它的一个重要的功能就是与新闻形成互补，以副刊作品的形式来宣传先进文化、传播知识、启迪思想。这就要求我们的副刊编辑和作者必须进一步坚定理想信念，坚守艺术理想，把准思想定位。当前，作为党报副刊的创作者，坚定理想信念，最关键的就是坚定中国特色社会主义文化自信。文化自信是一个国家和一个民族发展中更基本、更深沉、更持久的力量。坚定文化自信，必须坚持马克思主义，牢固树立共产主义远大理想和中国特色社会主义共同理想，培育和践行社会主义核心价值观，不断增强意识形态领域主导权和话语权，推动中华优秀传统文化创造性转化、创新性发展，继承革命文化，发展社会主义先进文化。党的十九大报告指出，社会主义文艺是人民的文艺，必须坚持以人民为中心的创作导向，在深入生活、扎根人民中进行无愧于时代的文艺创造。要繁荣文艺创作，坚持思想精深、艺术精湛、制作精良相统一，加强现实题材创作，不断推出讴歌党、讴歌祖国、讴歌人民、讴歌英雄的精品力作。

这就要求我们在日常工作中坚持不懈地用科学理论武装头脑，树立正确的世界观、人生观、价值观。只有这样，我们创作的副刊作品才会有内涵，才会打动读者，才能称得上是时代的佳作。

二、弘扬时代精神

地市报文艺副刊作品要服从服务于党报整体和全局，就必须反映出强烈的时代特色和时代精神。同时，副刊作品在体裁、语言、风格等方面要别具一格，要能对读者产生吸引力和感染力，这样，副刊作品才能达到教育人、鼓舞人的效果。否则，读者不爱看、不买账，再具亮色的时代精神，也无从传递给读者。地市报文艺副刊优秀作品的标准，应是鲜明的时代特色与生动的创作文风的完美结合。

如获得2014年中国新闻奖的副刊作品《信仰的力量》(《石河子日报》2013-12-31)。文章写的是全国模范检察官张飚的事迹。2013年3月间，轰动全国的张高平叔侄冤案得到平反，石河子人民检察院的一名普普通通的检察官张飚，既是这起冤案得以平反的关键人物，也是这一热点新闻背后的重要人物。正是因为他的不断奔走、努力，才有了张高平叔侄一案的平反昭雪。正如作者所言："对全国模范检察官张飚的关注，正是基于我们对社会人生的一种认识及情怀，这就是司法公正是司法为民、司法实践的最高境界。它不仅成为我们写作《信仰的力量》这篇文章的原生动力，也是我们走近张飚的最大支撑。"

文章开门见山写道：

"一个人虽然竭尽全力地坚守着公平正义，然而，当来自外界的种种阻力让其一次次地陷入无望甚至绝望之中时，是毅然前行还是选择放弃?

一个人虽然一直怀揣着不灭的理想执着地奋斗，然而，当曙光始终遥不可及时，是咬牙坚持还是选择后退?

退休已经3年的63岁的石河子市人民检察院监所检察科驻监检察官张飚，曾无数次地在心里这样问自己。

每一次拷问，都是一次激烈的内心斗争。

每一次追寻，都是对这个有着30多年党龄的老共产党员的一次考验。

每一次求索，都是对这个老检察官的信仰的检验。

对法律的信仰，对公平正义的追求，化为一种强大的内心力量，让他义无反顾地三十年如一日，坚守在检察官这一崇高而平凡的工作岗位上。

正是这种默默的坚守和超乎寻常的付出，让这个已经退休的老检察官再度出现在公众的视野里。2013年7月4日，最高人民检察院打破常规，特批他这个退休的老检察官为全国模范检察官。7月11日，石河子市人民检察院收到最高检察院《关于授予张飚同志"全国模范检察官"荣誉称号的决定》。”

……

这种朴实生动的文风，这种对时代特色的反映，对时代精神的讴歌，让读者颇感亲切并为之感动、思考和难忘，从而潜移默化地提高着读者的素质和品格，提升着社会的文明程度。因为，真善美是大众最朴实的情感追求；而时代的脉搏，又是每个个体都需要认识和感知的。

三、践行群众路线

新闻是用事实来说话的，报纸副刊作品作为新闻的一种补充和延伸，也要有一定的真实性，富有新闻价值。从这个意义上说，副刊作品在创作上要坚持贴近生活、贴近实际、贴近群众，展示读者关心的问题和现象，这样才能在读者心中掀起波澜，给人知识与收获。

如今是一个传播速度和信息量成倍增长的时代，我们接触各类新信息、新事物的渠道已从报纸、电视、广播等传统媒体向网络媒体、手机媒体等新媒体拓展，传播速度更快捷高效；从信息内容来说，更是庞杂丰富，各类信息应有尽有。然而，面对传播途径的拓展和让人眼花缭乱的信息，贴近生活、贴近实际、贴近心灵的信息不增反减。海南大学人文传播学院教授、北京大学新诗研究所研究员耿占春在《话语和回忆之乡》中曾这样说过：“在大规模组织化的公众生活中，个人生活所具有的意义在减弱，在这个传媒的时代里，个体经验的可叙述性也就不足了，公众热心的是制造事件，而非发现生存的隐秘的意义。”地市报副刊就像是人们寻找的一个葱茏、宁静的山林，它沉静了一颗颗被功利追逼浮躁的内心，它不仅要成为报纸“最温柔的部分”，更要“挑起大梁”从配角走向主角。我们所创作的副刊作品就要围绕这个明晰的定位，以平民化的视角及朴素温馨的语言风格，让报纸副刊逐渐成为广大读者喜爱的聚集地。在这个快节奏的年代，多少人迷失在辗转奔波中，渐渐地遗忘了初始的一切。我曾在《守望城市》这篇散文中写道：“在时间流逝中打拼，一些外来者也融入了城市，成了所谓的城市人，习惯了城市快节奏的生活。然而城市人对金钱、名利、情欲、成功的追求，使他们变得浮躁、功利和现实。他们一方面积极进取，努力把握一切机会，另一方面则是顾此失彼。寂寞而缺乏关怀的城市人渴望爱情，然而在他们追求成功、获取名利的时候最先放弃的也是爱情。”在岁月的长河中，我们品尝过了多少的酸甜苦辣，经历过了多少的悲欢离合。副刊作品要以人文关怀的视角来解读普通人。在人生驿站中，报纸副刊作品就是那一簇葱茏的绿色，静默无言地抹掉了生活中那苍白的底色，给即将迷失心灵的人们以温暖的抚慰。正像《怀化日报》“雪峰”副刊刊发的散文《难以述说的乡愁》里诉说的那样：“尽管老家是一处没有一幢有马头墙窨子屋的古村落，它在我的心里却是永远可爱、可亲的样子。此刻，我心中又在眷念着老家和想念起过去的老人来了，我还能说什么呢？故乡啊！我牵挂的故乡，我那难以归去的故乡。”

这样贴近群众而温情弥漫的副刊作品，让读它的人们在回忆的风景中放牧情感，天宽地阔。

四、坚守文化品位

坚守文化品位应是报纸副刊作品创作的根本所在。近些年来，我创作的每一篇副刊作品，虽说不上是精品佳作，但每篇作品都能触动人心。这得益于我创作的每一篇文章都是对生活的一种沉淀和体会，都是真情实感的流露，彰显着真善美。

如我在《我们迷失了什么》这篇影评中写道：“工作之余，能找到一本好书、一部好电视剧看看，是很惬意的事。然而，或许是时风的浮躁，书店的书每天都在更新，电视里的电视剧也是层出不穷，但真正能打动人的却是少之又少。前些日子，偶尔在央视八套的海外剧场看了韩剧《你笑了》，意犹未尽，总想说点什么。这是一部值得静下心来看的电视剧，剧中的爱情、亲情、友情都自然而然如山涧清泉，清新纯净，动人心弦，不难看出电视剧制作者的坦诚匠心。或许正是这份坦诚，才成就了韩流今日的气候。”

向读者推介好的文艺作品是副刊作者的职责所在。在这篇影评中，我优美、生动地向读者传达了我观看一部影视剧作后最朴实细腻的感受，这些真挚的感受如奔腾在江河中一朵朵美丽的浪花，打动读者、感染读者、启发读者。正是这一篇篇抓住生活中带有温度的真情实感的文章使副刊不“副”。

一篇好的副刊作品既要有丰富的内容，又要有别具匠心的形式，并达到二者的完美结合，才会受到读者喜爱，从而增强副刊的吸引力，彰显副刊的价值。如果作品主题不清、结构模糊、叙述平淡，就无法表现作品的内涵，而对作品过于精雕细琢，单纯追求辞藻花俏，也会流于形式主义。同时，一篇好的副刊作品还要写出真情实感，并在此基础上力求精短。

随着新媒体的蓬勃发展，媒体之间的竞争日趋激烈。为了适应这种发展形势，传统媒体的新闻传播形态包括内容、体裁、风格等方方面面都发生了巨大变化，这种变化也影响了副刊的发展。这就要求副刊作品要充分采用各种文学手段，来展现生活中真实的人物和事件，通过将真实生活与文学艺术充分结合，达到作品新闻性与文学性的完美统一，从而带给读者强大的艺术感染力。这种发展趋势让报纸副刊作品在坚守文化品位的基础上更贴近实际、贴近生活、贴近群众，从而为报纸创新发展带来新的活力。

坚守文化品位，还需采编积极互动。记者在采写副刊作品时，要经常和文艺副刊的编辑互动，要及时了解编辑在文艺副刊策划上的重点，与编辑建立起公平、信任、欣赏的互动关系，充分尊重编辑的意见和建议，因为编辑不仅具备较强的文艺修养和较为广博的学科知识，还是副刊作品的“第一读者”。记者在进行副刊作品创作时，要在编辑的指导帮助下，开阔创作思路，以独到的生活体验配以深刻的人生哲理，跳出个人狭隘的情感小圈子，使作品真正贴近实际、贴近生活，以触动读者情感，激起读者的阅读兴奋点，让副刊作品不仅给人精神的愉悦，更给奔波跋涉的人勇气与希望。

第八章　消息优稿写作概要

消息是各种新闻体裁中使用最多、表现最活跃的一种文体，是新闻工作者帮助人们快速认识现实世界发展变化的一种独特工具。

作为地市报新闻记者，在创作新闻优稿上，首先要从写好新闻消息开始，在消息写作上坚持创新，坚持与时俱进，这既是党的新闻舆论工作的迫切需要，也是新闻工作者的职责使命要求。

一、坚持写作创新

消息的写作创新是时代发展的需要，是满足受众阅读的需要，也是提升媒体竞争力的需要。新闻工作者在消息写作上要积极主动地适应新形势、新要求，力求写出的消息别具一格、充满新意，赢得广大读者的喜爱和称赞。

（一）新闻主题创新

很多年轻记者在写消息时，拿到材料就动笔，很少去思考自己报道的这件事意义何在，从哪个角度说更有新意，更能给人提供新鲜的思考。新闻主题如何出新，这就涉及一个提炼的问题。在新闻写作中，主题的提炼是一项十分重要的工作。有了前期采访的素材，还要经过不断反复地提炼，才能使新闻主题更明确更新颖。鲁迅先生说："文章选材要严，开掘要深。"严，指的是要有代表性的材料；深，是指透过材料的表象揭示事物本质。那么怎样严选、深掘呢？这就要求我们在写作时，要对生活材料进行甄别细选，舍弃那些琐屑的、没有价值的素材，选用那些具有真实性和代表性的生活素材，来表达积极的、有社会意义的主题思想。

（二）报道内容创新

消息写作在确定了主题后，接下来就是内容的写作。同样的题材，同样的主题，同样的新闻实事，有的记者可以写得津津有味、跌宕起伏，有的记者却写成了流水账式的实事记录、平淡无奇。为何会产生截然不同的效果，其中一个重要的因素在于记者是否能做好内容的创新。要实现内容创新，就要围绕确定的主题，选择素材，挖掘素材，找到重大、鲜活、时代感强的、具有较高新闻价值的可用素材，并通过鲜活的素材充分、生动、深刻地反映出新闻主题。

（三）结构形式创新

我们知道，新闻消息的结构形式一般分为倒金字塔式结构、时间顺序式结构、悬念式结构、并列式结构，但在实际写作上，我们要根据掌握的新闻素材，大胆创新，不拘一格选择结构形式，以达到更简洁、更明快地反映出鲜活的新闻主题的效果。例如，获得 2017 年中国新闻奖的报纸消息《我市公布首批 11 个“蜗牛奖”事项》(《泰州日报》2016-04-14）就是采取时间顺序式的结构形式，消息通篇采用口语化写作，“硬着子”、争做“快牛”、不做“蜗牛”、“拒做蜗牛、争做黄牛”这些文字既不落俗套，又抓住了新鲜的“活鱼”，读起来朗朗上口，新闻点、新闻性突出，让人耳目一新。总之，只要新闻记者不拘形式，善于创新，就会写出具有新意的作品来。

二、注重细节描写

在新闻写作上，很多记者存在一个认识误区，认为文学作品和通讯类作品才需要细节的铺垫和渲染，而以“短、小、精”为特点的消息用不上细节。其实不然，在读报时，我们可以发现缺少鲜活细节描写的消息读来总感觉枯燥乏味，这也是难以吸引读者的一个重要原因。仔细研究一些运用细节成功的消息，不难发现细节在消息中的重要性作用。

（一）增强思想性

请看获得2016年中国新闻奖的消息作品《榆林860万亩流沙全部得到治理》(《榆林日报》2015-01-27)。报道叙述了榆林几代人特别是“十二五”以来的治沙举措以及取得的巨大成果，榆林860万亩流沙全部得到治理，宣告陕西告别流沙时代，对榆林、对陕西甚至对全国的生态环境改善都具有重要意义。作者在第三自然段中就描写了全市生态治理状况：“2012年起，榆林市开展‘三年植绿大行动’和‘全面治理荒沙三年行动’，植树造林300多万亩，残留的50万亩流沙得到有效治理，再也‘流’不起来了。目前，榆林从城区到乡村的绿色主框架已形成，在黄河沿岸形成以红枣为主的红色经济林，在中部黄土丘陵区形成‘两杏’为主的黄色经济林，在北部沙区形成以樟子松为主的绿色防护林带，全市林木覆盖率由2011年的30.7%提高到33%，植被覆盖度达53.43%。”这则消息正是有了大量的生动细节，突出了主题，反映了榆林人敢为人先、以人为本、顽强拼搏的“榆林治沙精神”，使报道的思想性明显增强。

（二）增强可信度

如获得2016年中国新闻奖的消息作品《伊宁市推动建立各民族互相嵌入式居住结构》(《伊犁日报》2015-10-12)。导语就直接写细节：“‘朋友们，来吃羊肉，现宰现吃。’伴随着爽朗的笑声，维吾尔族大叔阿布都热依木向邻居们发出邀请。10月7日，居住在伊宁市锦绣家园的阿布都热依木赶着羊来到小区宰牲亭，宰羊招待客人，为女儿出嫁做准备。‘小区建了民族生活用房，办红白喜事方便又卫生。’他说。”记者开门见山地把所见所闻摆出来，令人信服。在接下来的第二自然段，记者又进行了细节描述：“前年，锦绣家园建成后，便把几间空房改建为民族生活用房，各族住户集资搭建了彩钢茶亭、宰牲亭，添置了锅碗瓢盆、圆桌等餐饮用具。业主可无偿使用宰牲亭，生活用房租赁使用。阿布都热依木说，以前小区没有宰牲亭，居民都在草坪上、树底下宰牛羊，现在定点屠宰好处多。”正是这样的细节，反映出消息的主题：习近平总书记在2014年中央民族工作会议上强调，要推动建立互相嵌入式的社会结构和社区环境。新疆伊宁市是一个有35个民族的边陲小城，从小处着手，改造老旧小区，建设民族生活房、宰牲亭，引导推动各族群众居住在一起，交往、交流、交融，了解相处、增进感情、和谐发展，进一步巩固和发展安定团结的大好局面。生动的细节，使记者要表达的思想跃然纸上，文章也更具真实性和可信度。

（三）增强可读性

如获2016年中国新闻奖的消息作品《政府买保险为甬城装上“安全阀”》（《宁波日报》2015-12-06）就是一个运用细节非常成功的例子。这篇作品是跑民政线和保险线的记者跨界合作，多角度看待新事物，使稿件更加全面、严谨，兼顾了保险的社会作用和经济效益，很多细节描写生动展现了宁波金融创新的成果，为宁波创建国家级保险创新综合试验区赢得了人气。如其中有一段：“‘以前台风过后，常有家里进水的村民要求补助，而政府又没有专项资金。有了巨灾保险，家中进水深度超过20厘米就可获赔，这在很大程度上促进了社会稳定。’北仑区小港街道姚墅村党支部书记朱海丰说，今年9月底，‘杜鹃’台风刚离境，保险查勘员就入户查看。一周后，符合条件的受灾户都拿到了赔偿。”通过这些细节，体现了将保险这一市场化的风险管理机制引入社会治理体系的积极意义。试想，如果缺少了这些细节描写，那消息定然枯燥无味，很难给读者留下深刻印象。

三、找准报道角度

找准报道角度有一个方法问题，只有掌握有效方法，才能从一般的事物中提炼出与众不同的角度。

（一）从同中求异

在实际工作中，新闻媒体不可避免地要报道相同的人或事，要想避免报道给读者“似曾相识”的感觉，就要抓特点，只有抓住了事物的个性特征，读者才会欢迎。比如获2015年中国新闻奖消息类三等奖作品《工商登记排长龙　持续半年未解决（引）天河工商分局注册大厅“一号难求”拷问深化改革举措如何落地（主）》（《南方日报》2014-7-18）。文章开门见山地描述：“17日上午10时许，台风‘威马逊’到来前的广州高温闷热，珠江新城行人不多。记者又一次来到位于海月路的广州市工商局天河分局注册大厅，见到排队拿号‘长龙’从大厅排到了街边，足足几十米长。”通过现场真实形象的场景描述抓住了工商登记需要排长队这个看似寻常实际不寻常的事物个性本质。2014年是“深改元年”，商事制度改革则是全面深化改革的先锋。2014年六七月份，南方日报记者在接到读者投诉后多次走访现场，发现广州天河工商注册大厅大排长龙现象已持续了半年多。随即，报社调动人力深入调查，广泛求证，由广州一“点”观察到全省各地的“面”，由线下排队问题这个“表”追到改革瓶颈这个“里”。在确定题材具有重大意义和广泛性之后，南方日报启动了正式的报道。7月18日《南方日报》头版“头版曝光”栏目，重点推出了这则消息《工商登记排长龙　持续半年未解决》。消息不足千字，从烈日炎炎下群众苦苦排队的场景描写起势，简洁深入地概述了现象，提出根本问题，有血有肉，发人深思。从寻常事物中抓特点，让这篇报道从同类题材报道中脱颖而出，达到了极佳的宣传效果。

（二）从不同角度找亮点

莎士比亚有一句名言：一千个读者就有一千个哈姆雷特。意思是每个人读一本书都会有自己不同的理解，所以一千个人读，就会有一千种不同的理解，以此来形容人们对相同的一个问题会因自己人生观、价值观的不同，看问题的角度不一样，得到的理解也不一样。对新闻记者来说，也同样如此，对新闻处理的角度不同，新闻报道的宣传效果也会不一样。只有找到突出主题，凸显新闻事件和新闻人物，使新闻事件变得更丰富，更有血有肉，有侧重点，新闻报道就会亮点频现。

（三）从比较中找价值

比较，是通过分析比较，分辨事物好与坏、优与劣的一种手段。多和少、胖和瘦、深和浅、轻和重、冷和暖都是比较而言的。新闻报道中也常常运用到对比的方法，通过对比找到增强新闻性，提高新闻价值的最佳报道角度。

四、写好动态新闻

动态新闻是报纸的基础，动态新闻短、新、快的特点，决定它的取材必须是及时报道现实生活中的热点、难点问题，以适应广大读者对于信息的需求。如获得 2017 年中国新闻奖的报纸消息《“亲清八条”构建新型政商关系》（《佛山日报》2016-04-26）就是一篇优秀的动态新闻。该报道是一篇体现地方政府贯彻落实习近平总书记系列重要讲话精神的新闻报道。2016 年 3 月全国两会期间，习近平总书记看望出席全国政协十二届四次会议的民建、工商联界委员并参加联组讨论时，首次用“亲”“清”两个字阐述新型政商关系。获悉佛山政商交往守则及行为指引出台，记者敏锐地认识到这一举措在全省乃至全国的创新性和首创意义，以及其诠释法治社会为政、为商的纪律规矩，对构建新型政商关系的典型意义。为了实现“硬”政策报道的“软”落地，记者一方面查阅大量背景资料，消化吸收佛山推出这一政策与中央精神的深层次关系；另一方面深入基层，提前采访企业家、市纪委领导、负责招商的镇街干部，试图摸清佛山政商关系的现状和需要解决的困难。作品见报后，引起公务人员、企业界的关注，社会反响热烈。

现实生活中类似这种可写成动态新闻的新闻事实，只要善于观察，善于发现，还是不少的。比如重大工程项目建设、重要体育赛事、文化下乡活动，等等，只要记者、通讯员经常深入一线，慧眼识珠，就能够捕捉到新闻价值高的新闻线索，可以写成有看点、有亮点的动态新闻优稿。写好动态新闻是记者、通讯员要具备的基本功，在新闻优稿创作中，我们要改变“动态新闻是‘豆腐干’‘火柴盒’，出不了优稿”等不正确的看法，下功夫把它写好。

第九章　评论优稿写作概要

评论，是一种政论性的新闻体裁。它是针对新近发生的、具有普遍意义的新闻事件和迫切需要解决的问题，直接发议论、讲道理的文章，是最能体现一张报纸舆论方向的新闻报道方式。

作为地市报新闻记者，要学写评论，写好评论，这也是开展好舆论宣传工作的职责所在。

一、素质要求

地市报新闻记者要写出评论佳作，首先要提高自身的素质修养。

（一）知识储备

著名记者郭梅尼说过："我不图万贯家财，也不图高官厚禄，只想积累思想，积累知识，积累生活，成为一个富有的记者，热情歌颂我们时代的新人。记者之路是一条没有终点的跑道，只有顽强拼搏，才能成为一个出色的记者。"

随着行业竞争的加剧，现在媒体越来越强调评论的专业性和针对性，那就是评论要有的放矢，不能泛泛而谈。这就对新闻工作者的政治素养和知识素养提出了新的更高的要求，新闻工作者只有不断加强学习，不断提高自身的政治素养和知识素养，及时了解掌握新政策、新知识，才能针对现实生活中出现的各种现象有话可说，并能说出其所以然。评论，就是观点的表达。这样的观点，能不能站住脚，对现实生活和工作是否具有指导意义，读者是否能接受，这不仅仅是写作技巧的问题，更考验着作者是否能够站在讲政治、讲大局、讲责任的高度上进行思考和解读。新闻记者只有认真学习各种文件和政策，并能在写作时很好地理解和把握这些文件和政策，日积月累，才能创作出观点正确、鲜明、新颖的好评论。

（二）勤于思考

评论是写作者深入思考的结果，不是一时冲动的产物。写评论的新闻记者的思维要比一般人更缜密，面对新事物、新现象，思维能够不受外界干扰。现在，很多新闻记者手机上都装载了不少微信公众号和新闻客户端，一早醒来，各种信息就会扑面而来，对这些信息，评论作者不能仅仅停留在普通浏览的层面，而要有意识地去研究，去思考辨析。这种深入研究的结论，就是一篇好评论。

（三）善于说理

新闻叙述客观事实，力量在于记者摆出事实；评论发表主观意见，力量在于评论作者讲出道理；新闻的生命是真实，评论的生命是真理。有些评论作者不善于说理，通篇文章都是“务必”“不能”“禁止”，以说教式的语言表达自己的观念和思想，这样的评论是不能赢得读者好感的。评论要阐明的道理，有事实可摆时则需摆最有说服力的事实，达到事实胜于雄辩的效果；缺乏事实，就需要旁征博引，比喻说理；对大众暂时还不能理解和接受的道理，评论作者就需要说清、说透，让读者能够看清楚弄明白。

（四）技巧运用

与其他新闻体裁写作一样，评论稿件写作也是有技巧的，包括标题的制作、结构的安排、论据的选择、语言的运用等。这些道理看似简单，但要真正恰当而灵活地在评论中使用，则需要平日里多下功夫。我们要经常向一些评论佳作学习，研究其写作技巧，学习其在标题制作、观点提炼、论据运用上的处理方式，这样通过一点一滴地积累，日子久了，也就能够熟练运用了。

二、增强针对性

判断一篇评论的优劣，一个重要的标准就是它的针对性。报纸作为重要的新闻媒介，与现实生活保持着最为紧密的联系，因此也成了受众了解身边事和天下事的最直接平台之一。报纸评论同报纸新闻一样，一经推出，就会受到读者的广泛关注。那些针对性强、导向性突出的新闻评论，能够及时抓住现实生活中新近发生的、具有普遍意义的新闻事件和迫切需要解决的问题发表议论，帮助人们解疑释惑，让读者豁然开朗。而一些论点不鲜明、内容空洞的新闻评论，整篇文章看似言辞凿凿，但实际上都是漫无边际地泛泛而谈，只能让读者云里雾里，无所适从。要增强新闻评论的针对性，首先，要有鲜明性。要通过新闻评论旗帜鲜明，立场坚定地告诉人们：什么是对，什么是错，什么事该做，什么事不该做等。通过鲜明的针对性，充分发挥舆论的导向作用，从而帮助群众明辨是非，区分先进和落后、正确和错误；为群众解疑释惑；使人们正确认识当前的形势，指明方向。其次，要有地方性。地市报新闻评论的读者群主要集中在本地，如果照着外地报纸的论点依葫芦画瓢创作，脱离了地方实际，没有了自己的个性特点，这样的评论也就失去了针对性，达不到新闻宣传的效果。

三、善于选题

新闻评论写什么？这是选题所要解决的问题。每天，我们都要亲身经历或通过各种渠道接触到各类事情、各种问题，面对这些事情和问题，哪些可以用来立论，就需要我们正确判断和选择。所以，我们在开始写作前，必须首先考虑选题。新闻评论选题概括起来主要有：

（一）从工作重点中选题

各级党委、政府每年都会确定其年度工作目标和工作重点，这些目标和重点涉及内容广泛，大多都是当前需要集中力量解决好的问题，也是当地群众普遍关心关注的热点，一般而言，也会列入各地媒介报道的重要议程，评论写作者只要善于留心，可以从这方面找到很多选题。

（二）从社会实践中找选题

抓新闻评论的选题，就其实质来讲，就是抓现实生活中的矛盾和问题。社会实践多姿多彩、瞬息万变，里面蕴含的选题包罗万象。写作者从中选题，要特别注意选题反映的问题是否具有典型性和紧迫性，选择的问题如果能够反映普遍意义，而且影响面比较广泛，新闻评论就能起到有的放矢、正确引导社会舆论的作用。例如，获 2016 年中国新闻奖的报纸评论作品《漠视生命是最可怕的沉沦》(《衡阳晚报》2015-12-11）就是从社会热点事件展开评论。当时“邵东 18 岁少年杀师案”震惊全国，杀师少年“我从来没有把他的命放在心上”的言论令人震惊。这不是个案，就在这一事件发生的一个半月前，邵东还发生过三个未满 14 岁的少年入室抢劫杀害一名女教师的惨案。作者由这一系列校园悲剧展开论述，呼唤社会、学校和家庭，在加强青少年的文化素质教育之外，更应加强对生命珍惜的教育，让他们了解生命的真正意义和担当。文章没有泛泛而谈，而是建设性地提出在学生中开展生命教育已刻不容缓的观点，从而引发读者共鸣，而且极具现实意义和操作空间。因此，深入实践，了解实际，对于我们找到好的评论选题是十分重要的。

四、立意新颖

立意是作者对所评论的事实或问题提出自己的看法，表达自己的见解，也就是文章的论点。对于“意”，我国“唐宋八大家”之一的苏轼有过很好的解释，他说："儋州虽然百家之聚，州人之所须，取之市而足，然不可徒得也。必以一物以摄之，然后为已用，所谓一物者，钱是也。作文亦然。天下之事，散在经、子、史中，不可徒使，必得一物以摄之，然后为已用，所谓一物者，意是也。不得钱，不可以取物，不得意，不可以用事，此作文之要也。""意"，就是文章中统摄"事"即材料的中心思想，是全文的总基调，也是评论写作全过程中的一个具有决定意义的中心环节。新闻评论在选定题目后，最重要的就是立意。在立意上要防止空、虚、旧、偏。空，即立意空洞；虚，即立意虚浅；旧，即立意陈旧；偏，即立意偏颇。要通过广泛调查研究、全面掌握素材、认真比较分析选准立意角度，努力做到立意准确、新颖、有深度。

五、论证严密

所谓论证就是运用论据来证明作者论点的逻辑推理过程，也就是摆事实、讲道理，分析问题的过程。论证是新闻评论写作的重要环节之一，严密充分的论证是实现评论有序展开、论点精彩阐释、结构合理安排、观点论述令人信服的有效途径。总之，论证就是使论据能够有效地证明评论的论点，帮助读者正确理解和相信这个论点的过程。思辨科学、论证严密、逻辑合理，新闻评论才有说服力和号召力。如著名时事评论员姜春康在他的评论文章《如何破"假摔帝"老人这黑色幽默》中写道："老人也是一个弱者，想必除了其本身的固执和道德缺失外，他同样需要更多的社会关注和帮扶，其样本意义更值得探讨。在此，呼吁公众在批评其行为的同时，多关注这个上演'黑色幽默'老人背后的故事，给予其正确的心理疏导和必要的生活资助，一方面劝告其停止'假摔'，另一方面也不能将其推向社会不管不问。"该评论具有科学的思辨和严密的论证，在道出老人"假摔"这一社会现象的同时又阐述了这一现象产生背后可能存在的原因，从而达到了评论的效果。

六、语言到位

毛泽东在《同新闻出版界代表的谈话》中提到，新闻报道写作不要太硬，可以把软和硬统一起来；文章要写得通俗亲切，由小讲到大，由近讲到远，引人入胜。

新闻评论的目的，就是让受众理解和接受，因此要运用通俗易懂的语言，让受众了解并接受作者的观念。地市报记者能否灵活运用评论文章的语言，是评论优稿创作的重要环节。目前，一些地市党报的评论文章还存有可读性不强、读者兴趣不高的问题。造成上述问题的原因虽然很多，但不能正确掌握评论文章的语言特点，是影响报纸宣传效果的重要因素之一。要解决这一问题，一是语言要有特色。每个作者在写文章时都有自己的语言风格，这也是作者长期文字积累的结果，用具有自我风格的语言创作，文章才会新颖、可读性强，读者阅读时才不会有千篇一律的感觉。二是语言要接地气。写新闻评论的目的是给广大群众阅读的，并让他们接受新闻评论的正确观点，因此语言运用上一定要是大众化的语言，让群众读得懂，看得明白，容易接受，拉近与读者的距离。三是语言要精练。一篇好的新闻评论，语言必须是精练的，没有套话、废话、空话和大话，作者在写作时要反复推敲，使每一句话、每一个词都能达到它的效果。

许多优秀评论的章节段落都给人留下了深刻印象，不少句子更是生动灵活，论理透彻。如获 2017 年中国新闻奖报纸评论作品《为敢担当的干部担当》(《宝鸡日报》2016-03-14）中写道："事业是干出来的。干事创业，离不开敢打头阵的开路先锋、少不了攻城拔寨的勇士。这些敢蹚'地雷阵'的人，因为专注于工作，势必会出现失误或差错，只要不违纪不违法、顾全大局一心为公，组织上就应当采取包容、宽厚的态度，勉励他们吸取教训，越走越稳；不惧艰辛的创业者，极有可能会因棱角太分明得罪人，并因此受到非议，组织上就应当毫不迟疑地竭力支持，让他们有底气，能够豁出去做事，而不必缩手缩脚；埋头苦干的人，往往不事张扬，甚至不懂人情世故，不会润滑关系，对他们更要高看一眼、厚爱一分。只要各级组织都能建立为敢于担当者担当的正确导向，用关爱为他们遮风挡雨，用行动为他们提供后援，就能使探路者专心谋事、开拓者奋勇前行，有助于形成争先创优的良好局面。”品读着铿锵有力的语言，体会着字里行间的厚重情感，这些映射闪光思想的文字，令人折服，令人感动，令人震撼。综上所述，只要正确掌握评论文章的语言特点，扬长避短，就会不断提高评论文章的质量，增强报纸的宣传效果。

第十章　通讯优稿写作概要

新闻通讯作为“比消息更详尽的新闻”，是一种运用叙述、描写、抒情、议论等多种表达方式，具体、生动、形象地反映新闻事件或典型人物的一种新闻写作体裁。通讯从内容上主要分为人物通讯、事件通讯、工作通讯、风貌通讯。熟练地掌握各类通讯的写作方法和技巧是作为一名地市报记者创作新闻优稿必须具备的基本功之一，也是新闻采编一线工作的实际需要。那么，怎样才能写出通讯的优秀之作呢？

一、人物通讯

人物通讯是用来报道特定人物的一种新闻体裁，包括特写、速写、侧记、专访等表现形式，能生动而细致地报道新人、新事、新风尚、新经验。人物通讯作为报刊、通讯社、广播电台、电视上最为常见的通讯形式之一，是一种重要的应用文体，也是实用文写作学科研究的重要文体之一。写好人物通讯要把握以下几点。

（一）用心采访

人物通讯报道中的主角一般都是具有典型意义的人物。在写作中，人物只是报道的载体，写出这些人物身上的先进事迹所反映的时代风貌和精神追求才是目的。衡量一篇人物通讯报道是否成功的要素很多，但最关键的应是作者对生动的典型事例捕捉是否到位、人物形象刻画得是否鲜活、思想内涵挖掘得是否丰富、新闻作品是否给读者带去正能量。要实现以上要素，首先就需要记者将真实的情感融入采访工作中，做好自己同采访对象的交流，只有用心采访，记者才能捕捉到人物的典型事例，这样采写出来的人物通讯往往是最打动人的。

（二）选材恰当

要使人物通讯熠熠生辉，文章别具一格，材料的选择不可轻视。我们在选材时一定要把握两点，首先是所选素材要能反映文章主旨，所谓文章的“主旨”，也叫文章的主题，我们一定要依据文章的主旨去选取恰当的材料，这样人物通讯报道的主题才突出。其次是所选素材能够反映出人物的真正品质，我们要选择那些能够体现人物特点的典型事例和情节，要通过典型事例的描写，丰富人物的形象，展现人物的个性和灵魂，从而提升人物通讯的感染力。

（三）写好人物特质

人物通讯在报刊上经常出现，在众多的人物形象中，真正能吸引读者、打动读者的人物形象都具备明显的个性特质。写好人物特质，是一篇人物通讯报道取得成功的基本要求。写好人物特质，首先要把握人物特点，人物通讯报道对象成百上千，但每个人物的特点个性迥然有别，只有真正了解采访对象，并通过生动的细节和故事性描述来展现人物的个性特点，人物形象才鲜活生动，让读者不会有千人一面、似曾相识的感觉。其次是突出时代背景，人物通讯报道对象的所言所行都有鲜明的时代性，人物通讯报道在叙述相关具体事例时要注重与时代背景相结合，这样就能更好地突出人物的特质。

（四）丰富叙事手法

一是通过人物的言行来表现人物。黑格尔在《美学》里说道：“能把个人的性格、思想和目的最清楚地表现出来的是动作，人的最深刻方面只有通过动作才见诸现实。”这就告诉我们，要使人物有血有肉、形象丰满，就要通过其言行举止的刻画来体现人物性格特征。一个人鲜明独特的言行举止构成其性格，我们写一个人的个性，不能记者自己站出来说这个人怎样，比如写一个人怎么勇敢、怎么坚强，不能是记者来贴标签，而应该通过人物自身的行为和语言来表现。二是通过故事来刻画人物。人物刻画离不开生动的故事和具有典型性的事例，只有把人物置于具体的事例和故事中，才能吸引读者的关注，也才能让所写人物的性格特征更鲜明，这个典型事例，可以是一件，也可以是几件。三是通过旁人之口描述人物。通过直接引用报道人物身边的同事、朋友、熟人的言语来介绍、评价所写人物，能让人物形象更丰满，让读者感觉更真实。

二、事件通讯

事件通讯是通过某一事件的发生、发展和结束的记述，反映我们时代精神的通讯。事件通讯题材来源广泛，既包括我们政治生活、经济生活、文化生活每天的新变化，又可以是我们身边经常发生的大小新鲜事。要想写好一篇事件通讯，要抓住几个重点。

（一）鲜明的主题提炼

事件通讯不仅仅是向读者介绍事情的发生、发展过程，更重要的是向读者阐明事情的来龙去脉和时代意义，这就离不开一个鲜明主题的提炼。主题的重要性主要是起到纲举目张的作用，能让作者写作时抓住主要环节，并通过主要环节带动次要环节，从而使文章思路清晰、脉络分明、情感充沛，让读者心灵上受到震撼，精神上得到激励。如何提炼一个好的主题，最基本的就是做到政治上坚定，思想上进步。具体来说，就是事件通讯主题应符合党的路线方针政策，符合时代精神，有利于弘扬社会正气，有利于安定团结，有利于推进社会主义精神文明建设，有利于推动经济社会高质量发展。我们一些新闻记者写出的事件通讯没有特色，成为平庸乏味之作，一个重要原因就是主题提炼不够鲜明、不够准确。

（二）精心安排结构

事件通讯写作因为涉及的内容多，结构安排就需特别用心。就事件通讯来说，既要交代清楚事件发生的前因后果，让读者明白缘由，又要让文章生动有趣，让读者享受阅读愉悦，这很大程度上都取决于结构的安排，素材的运用。结构安排得当，素材就能充分发挥其价值，文章也会条理清晰，详略得当，既有故事性又有逻辑性；结构安排不合理，素材就会成为累赘，文章也会逻辑混乱，杂乱无章。结构安排时，还要处理好写人与写事的关系，人物通讯和事件通讯都离不开写人和写事，因为社会生活的主体是人，人是做事的，事是由人做的，写人不可能回避写事，写事也必然涉及写人，关键是侧重点的问题。人物通讯的结构安排、素材选择的侧重点在于人，以人来带事，精雕细刻写人，言简意赅写事；而事件通讯的结构安排、素材选择的侧重点在于事，以事来带人，浓墨重彩写事，简笔勾勒写人。

（三）生动的细节描写

新闻作品中的细节是指那些来源于新闻事实中的具有新闻典型意义的细小情节，它是构成人物性格特点、故事情节发展和外部环境特征的最小组成单位。一篇让人过目难忘的新闻作品，往往得益于作者通过很多生动的细节描写，让读者如临其境，如见其人，如闻其声，如感其情。一篇新闻作品，如果只有大量新闻事实的罗列，而没有精彩生动的细节穿插，内容再好，也难以吸引、触动读者。对事件通讯报道更是如此，有了形象生动的细节描写，就能让事件通讯中场景、人物、氛围等形象再现，达到逼真传神的现场“同期声”报道效果，让读者有身临其境之感，这也是读者喜闻乐见的。

三、工作通讯

工作通讯是媒体常用的一种新闻文体。它的特点是工作性和业务性较强，因此，很容易被写成工作总结和情况汇报，读来如流水账，枯燥乏味，导致读者的关注度普遍弱化，起不到应有的宣传作用。因此，如何增强工作通讯的可读性，值得我们下功夫认真研究。

（一）捕捉亮点

工作通讯主要是向读者推荐某个领域、某个行业中的先进工作、先进经验。在实际采访中，我们经常会遇到这样一个现状，在接受采访时，被采访人或被采访单位习惯于材料式汇报，汇报材料虽然字数不少，但往往都是罗列条条框框式的大道理，让读者感兴趣的鲜活例子却少之又少。如果我们的记者在采访时，不能真正地静下心来，主动地挖掘工作中的亮点素材，而仅仅是走马观花地采访，或只盯住汇报材料，所写文章也就只能是材料的简单堆砌，要想受到读者欢迎是很难的。采访中，如何捕捉亮点素材，关键在于记者是否能够真正深入采访对象的内心、触及他的灵魂。只有深入采访对象的内心，获得采访对象的充分信任，采访对象才会敞开心扉，畅谈他们开展这项工作的真实想法，记者才能掌握大量生动真实的第一手素材，并从中挑选出能恰当表现主题的精彩故事。

（二）搭好框架

建房子讲究先做设计，再根据设计做好房屋的基本混凝土结构，然后再一砖一砖地往上添加。写工作通讯如同建房一样，首先也要构思设计，列好文章的基本框架也就是通常所说的文章提纲。确定了文章提纲，写作时从哪个角度入手，围绕什么主题，哪些地方是重点，作者就会心如明镜，写起来得心应手。

（三）写好故事

工作通讯经常要涉及工作汇报、经验总结等材料，如果单纯地摆思路、谈经验、抄材料，行文不加修饰，没有起伏，重点不突出，整篇文章就会没有生气，对读者也没有吸引力。在工作通讯写作上，我们还存在一个认识误区，认为只有人物通讯和事件通讯才能写情节和故事。其实不然，工作通讯也完全可以用适当的故事来代替枯燥的叙述。因为，工作是人做的，工作通讯的主角还是人。要让人物故事为文章添彩，就要多挖掘关注工作中"人"的故事，通过一个个贴近生活、贴近实际的真实感人的人物故事，反映和凸现文章的主题。

四、风貌通讯

风貌通讯，是着重描写事物发展中的新变化、新面貌的通讯。风貌通讯往往从现实生活中抓住新鲜的迹象，加以突出的描绘，勾画出事物的发展变化，以帮助读者开阔眼界、增长知识。

（一）深入现场

风貌通讯的内容主要以反映自然风貌、习俗风貌、社会风貌等为主，写作上主要都是来自作者自身的所见所闻所思所感，富有现场感，具有强烈的真实性，让读者如见其人、如闻其声、如临其境。没有深入现场的实地观察、细致采访，仅凭材料展开想象是无法形成直观感受的，也很难写出精彩的风貌通讯。

（二）求新求变

风貌通讯是着重描写事物发展中的新变化、新面貌的通讯。因此在写作时，无论是素材选取还是结构组织，都要紧紧围绕一个"新"字，注重从现实生活中选取最典型的、最有特色的素材，通过今昔对比，勾画出事物发展过程中日新月异的新面貌。

（三）融进情感

风貌通讯最大的特色是反映风土人情，要使它真正吸引和触动读者，作者在写作时应当尽量融入所写的景物中，带着感情去写作。因为，风貌通讯所介绍的风貌，都是作者自己感兴趣的并经过实地采访创作的，所以文章中自然而然会带上作者的主观感受。同时，在风貌通讯写作情感运用上，作者还要充分地认识到自己不仅仅是客观景物的记录者，更应是新时代、新生活和新风貌的讴歌者。在采写时，要善于将历史事实、现场见闻、群众评价等巧妙地串联起来，形成一幅幅情景交融的生动画面，从而引起受众共鸣，激发广大读者建设美好家园的创造热情。

（四）传播知识

为什么读者喜欢风貌通讯，是因为风貌通讯能让他们收获丰富的知识。在现实生活中，读者的阅历是有限的，要让自己见多识广，通过阅读报刊获得各种知识，是一条很好的途径。而风貌通讯在介绍各地风土人情和发展变化时，本身就是介绍历史、文化、地理等知识。因此，记者在叙述各地风土人情及发展变化时，应适时地穿插有关知识，让文章的内容更加丰富多彩，让读者在享受阅读快乐的同时又能增长见识。正因为风貌通讯受到读者喜欢和关注，风貌通讯在写作时一定要处理好知识性、趣味性、真实性和科学性之间的关系，不能人云亦云，别人说最好就写最好，别人说最美就写最美，要坚持实事求是。在运用一些神话、传说及逸闻趣事的时候，更要慎重处理，不炒作、不跟风、不媚俗，不迎合低级趣味，始终坚持正确的舆论导向。

第二篇　新闻优稿作品论

第一章　消息

紧扣时代脉搏　传递核心价值

——新闻优稿这样挖掘新闻素材

很多有志于在新闻行业做出一番事业的人都喜欢科学家巴斯德的名言："在观察的领域，机遇只偏爱那种有准备的头脑。"还有爱因斯坦的名言："只有你的眼睛看见东西，那是不会发现什么的，还要你的心能思考才行。"对新闻工作者来说，"有准备的头脑"和"能思考的心"，是通过一次次采访，一件件作品磨砺出来的。

《一则微信写大爱　众人相帮传真情（引）怀化市民情暖山西七旬自强老伯（主）》这篇稿件能够获奖，就是我用心思考、认真准备、深入采访和精心写作的结果。

一、善抓题材，素材准备

2015 年 11 月初，一则微信《红星路迎丰路七旬残疾老人卖香蕉抚养久病卧床儿子日子艰难，但老人说：生活要继续就得自食其力》在怀化市民中掀起情感波澜，短短几天被转发十万人次，很多市民加入关心"香蕉爷爷"

的队伍中。对“香蕉爷爷”，其实我并不陌生，在微信朋友圈，经常会看见有人发他推着板车在街头卖香蕉的图片。有时候上下班，我路过锦溪桥时也在他那里买过香蕉。他话不多，人很普通，普通到很多时候，他推着板车来往于城市的人群中，很难让人瞩目。当再一次看到网友转发的这则微信，“香蕉爷爷”卖香蕉抚养久病卧床的儿子，“香蕉爷爷”说生活要继续就得自食其力，市民自发加入关心“香蕉爷爷”的行列中，等等，这些画面，这些言语，这些内容让香蕉爷爷的形象更立体，也映衬出怀化这座城市的温暖和友爱。我意识到这是弘扬正能量的好新闻，于是开始通过网络、微信朋友圈和街道办社区，了解“香蕉爷爷”的更多情况。在网上有关“香蕉爷爷”的众多信息中，一位叫“越前木木夕”的新浪博客的博文引起了我的注意。帖子里写道：“大家还记得‘香蕉爷爷’吗？那位坚强又真诚的老爷爷，他用行动与经历感动了整个怀化。‘香蕉爷爷’说，老伴死得早，自己眼睛也不好，又当爹又当妈，把两个孩子拉扯大。女儿嫁在四川，儿子 40 多岁，身患多病已丧失了劳动力，和自己相依为命。生活很是艰难，但‘香蕉爷爷’还是用他年迈的身体挑起了生活的重担。后来，‘香蕉爷爷’的辛苦被怀化学院大三学生兰磊知道，这位热心的学生决定帮助爷爷。就在 11 月 7 日上午，兰磊把‘香蕉爷爷’接到怀化学院东校区，3 个小时就卖光了几十件香蕉。当天，爷爷开心地说：‘今天上午卖的香蕉抵得上我一个月的收入呢。’事情传开以后，很多人前来买爷爷的香蕉，尽一点微薄之力。小爱成就大爱，一次小小的帮助传递的是满满的正能量。行动起来，让正能量充满社会。”看完“越前木木夕”的博文，我被当代大学生敢于担当、富有爱心的精神风貌所打动，更加意识到这是紧扣时代主题的好题材。

二、捕捉细节，深入采访

通过社区的同志了解到“香蕉爷爷”的住址后，我就怀化市民如何关心帮助“香蕉爷爷”，“香蕉爷爷”自强不息的故事展开深入采访。“香蕉爷爷”彭福令虽不善言辞，但聊起怀化市民的爱心善举，他满脸微笑，不停说好。

他告诉我，有些市民来他这里买香蕉，一买就是一大袋，他知道这些人其实是见他年纪大又残疾照顾他的生意。住在“香蕉爷爷”附近的邻居告诉我，有的市民随便挑一点香蕉，留下 50 元或 100 元转身就走，但老人都坚持把钱找回去。通过和“香蕉爷爷”的接触，通过熟悉“香蕉爷爷”的左邻右舍介绍，老人来怀化多年，一直靠推板车卖香蕉维持父子俩生计，老人的善良、坚韧、诚信深深打动着我。随后几天的采访，我又被怀化这座城市的温暖所打动，从彭福令老人板车前长长的购买香蕉的队伍，到爱心人士为老人送去棉衣、米和油。我用镜头和笔记录下一个个感人的瞬间。最打动我的是怀化学院的学生利用周末时间再次为彭福令老人组织的香蕉义卖。为捕捉到这感人的画面，11 月 15 日一大早，我就来到“香蕉爷爷”住所，全程参与这次由大学生组织的义卖活动。这次义卖活动不仅打动了我，也打动了更多的大学生。一位叫“浅安 sound-safe”的博客博主在博文中写道：“这是发生在自己身边的事情，以前总觉得有些事离自己很遥远，其实并不是，而是自己并未用心做过。当日早上 7 点，兰磊帮‘香蕉爷爷’运来 40 箱香蕉，准备在怀化学院东校区门口销售。当时货还没完全卸下来，就有学生赶过来买香蕉。两小时后，40 箱香蕉被一抢而空，兰磊便和爷爷商量再进 20 箱。据悉，兰磊在偶然得知‘香蕉爷爷’与儿子相依为命的故事后便开始筹划帮助爷爷来学校门口卖香蕉的活动，并在学校做了大量宣传工作，号召学生帮助‘香蕉爷爷’。兰磊学长为我们做了很好的榜样，我们应该向他学习，力所能及帮助身边需要帮助的人。”

大学生帮助“香蕉爷爷”活动中的一言一行，成了城市中的靓丽风景线。

三、吸引读者，精心写作

采访结束，翻开笔记本，重温一个个感人的细节；打开照相机，浏览一张张动人的画面。一种情绪在心中升华，这种情绪中有温暖、有美好，亦有上进。这种情绪激励着我要将文章写好、写生动，要让这种美好、温暖、上进感染每一位读者，感动每一位读者，让大家在这种美好的氛围中有所行动，并因为大家的行动，让城市更温暖、更美丽。用什么样的体裁，标题怎么制作，导语怎么开头，段落结构怎么安排，一个个采访的细节、一张张拍摄的画面在脑海里一一闪过。只要是真情实感的故事，只要是情真意切的情感，只要是充满人文关怀的文字，哪怕是短短的几句话，几行文字，照样能够打动人、触动人。经过认真思考，我选择了消息体裁，在写作上多用短句，多用画面感强的细节，用细节衬托画面，用画面叙述故事，用故事吸引读者眼光。这种细节画面化，画面故事化的行文方式，从开头到结尾贯穿始终："11月15日，周日，早上6时，家住鹤城区红星路的'香蕉爷爷'彭福令与往常一样起了个大早，为卧病在床的儿子下了碗面条，自己热了两个馒头，边吃边推起板车出门开始一天的营生。""11月4日，迎丰路锦溪桥路口，彭福令的板车前排起了长长的队伍，很多市民在微信圈里知道老人的故事后专门赶来买香蕉。""11月7日，怀化学院，在兰磊等同学的帮助下，彭福令3个小时就卖光400多公斤香蕉。""11月8日，湖南医药学院的六位同学来到彭福令家，了解彭福令儿子的病情，希望能尽力帮助他们。""11月13日，十多位爱心人士为彭福令送去了棉衣、米和油。"

900多字的篇幅，我用一连串生动细节，向读者展现了一副弘扬真善美、传递人间大爱的温馨画面。从主人公"香蕉爷爷"到大学生、热心市民，以微信为纽带传递着诚信、自强、爱心正能量，读后让人动容。

四、提升影响，多渠道传播

随着新媒体蓬勃发展，好的故事、好的新闻作品，可以通过更多的传播方式传播，发挥更大的新闻价值。《一则微信写大爱　众人相帮传真情（引）怀化市民情暖山西七旬自强老伯（主）》11月16日率先在《怀化日报》推出后，又通过《怀化日报》旗下的怀化新闻网微信公众号、"掌上怀化"手机客户端推送，引起了较大发响。微信、微博、QQ，很多社交软件转载了文章，怀化电视台、怀化广播电台也相继做了报道，"香蕉爷爷"自立自强的故事感动了更多人，他也得到了更多市民的关心和帮助。

很多网友通过网络留言点赞。如网友“路过看过”留言说：希望这位大爷身体健健康康。网友“骑驴找马”留言说：好感动，希望这个香蕉爷爷身体健康，平安长寿，有机会，我得抽空去买一点他的香蕉，毕竟，香蕉真的有利于肠胃。网友“渐行渐远”留言说：传递正能量！点赞！

◆ 附作品

一则微信写大爱　众人相帮传真情

怀化市民情暖山西七旬自强老伯

本报讯　11月15日，周日，早上6时，家住鹤城区红星路的“香蕉爷爷”彭福令与往常一样起了个大早，为卧病在床的儿子下了碗面条，自己热了两个馒头，边吃边拖起板车出门开始一天的营生。

当天，在城市的另一头，怀化学院的大学生兰磊、伍琰、曾琳也起得很早。又逢周末，他们没有忘记和彭福令爷爷的约定，要去接彭爷爷来学校卖香蕉。

“香蕉爷爷”彭福令，今年73岁，山西平遥人，20年前带着患有脑血栓的儿子来到怀化投奔弟弟。彭福令左眼失明，来怀化后以卖香蕉为生，迄今已有17年。

彭福令说，在怀化卖香蕉这些年，怀化市民的爱心善举一直让他很感动。见老人年纪大又残疾，一些好心市民有时一买就是好几公斤，有的随便挑一点香蕉，留下50元或100元转身就走，但老人都坚持把钱找回去。

让这种爱进一步升华的是今年11月初，一则转发的微信《红星路迎丰路七旬残疾老人卖香蕉抚养久病卧床儿子日子艰难，但老人说：生活要继续就得自食其力》。微信介绍了彭福令来怀化多年，一直靠推板车卖香蕉维持父子俩生计的故事。字里行间，老人的善良、坚韧、诚信触动人心。

微信的作者已无从考证，但这位好心的作者可能自己都没想到，一则小小的微信会在怀化市民中掀起如此大的波澜。微信、微博、QQ，在各类社交软件里，这则书写大爱的微信短短几天内被转发十万人次。

彭福令自强不息的故事感动着怀化市民，越来越多的怀化市民也自发加入关爱彭福令的行列中。一场爱的行动，在寒冷的冬季温暖着这座城市。

11 月 4 日，迎丰路锦溪桥路口，彭福令的板车前排起了长长的队伍，很多市民在微信圈里知道老人的故事后专门赶来买香蕉。

11 月 7 日，怀化学院，在兰磊等同学的帮助下，彭福令 3 个小时就卖光 400 多公斤香蕉。

11 月 8 日，湖南医药学院的 6 位同学来到彭福令家，了解彭福令儿子的病情，希望能尽力帮助他们。

11 月 13 日，10 多位爱心人士为彭福令送去了棉衣、米和油。

“彭福令老伯虽遭遇不幸，但他的生活态度乐观坚强。老人身上这种自强不息的正能量正是我们社会所需要的。”连日来，不断有市民在微信、QQ 上留言点赞。

“我们和彭爷爷约定好了，今后周末只要学业不忙，我们就会接彭爷爷来学校卖香蕉。”兰磊同学告诉记者。

这种约定也正在湖南医药学院上演，在城市中更多的场所上演。

关爱还在继续，相信在这温暖的氛围里，自强不息的“香蕉爷爷”彭福令的明天会更好。

（原载 2015 年 11 月 16 日《怀化日报》，
2015 年度湖南新闻奖一等奖）

抓到“活鱼” 烹出“小鲜”
——新闻优稿这样精心创作

发现有新闻价值的报道线索，是记者创作新闻优稿的第一步。新闻线索的来源十分广泛，记者所见、所闻、所思、所感，都可以成为线索。什么样的线索有价值，读者感兴趣，传播效果好，必须经过记者的思考和判断。采访工作同样需要动脑筋，运用怎样的采访方式，采访的着重点和切入点在哪里，采访对象的范围和采访时间的长短，等等方面，都需要记者进行细致的考虑。采访工作完成后，在作品创作阶段，从标题制作、结构组织、导语设计都需要精心构思。

我在获奖消息《会同学生给总理写信提建议引关注》采写上主要把握好了以下几点：

一、紧扣时代，提炼主题

著名记者郭梅尼说过，作为记者，首先心中要有一杆时代的秤。要把自己发现的线索放到时代的大背景下来衡量，放到时代的天平上，才能比较准确地判断出它的新闻价值。社会是发展的，时代特点在不断变化，人们的思想和追求也在不断变化。不同的时代，要善于发现不同的代表人物。这就要求记者不断学习新事物，研究新问题，站在时代的前列，去捕捉时代最新的事物和人物。郭梅尼的采访经验告诉我们，一篇成功的新闻报道只有紧扣时代脉搏，提炼主题，才能彰显出新闻报道应有的价值。

2016 年 6 月 13 日，我在下县出差途中，从微信朋友圈看到了一则信息，内容说，会同三中学生写信给李克强总理反映快递包装废弃物浪费大的问题，受到了关注，并收到了商务部的复函。记者意识到这是弘扬当代青年学生精神风貌的好新闻，很有时代意义，值得深入挖掘，于是展开采访，精心写作，于 6 月 15 日，率先在纸媒上推出报道。

二、抢抓时效，灵活采访

新闻采访中，记者常用的采访方式为：直面采访，即记者直接面对采访对象进行采访，或称面对面采访。书面采访，即记者在同采访对象不能面对面交谈的情况下，通过书面提问的形式进行采访，得到书面答复。体验式采访，即记者参与被报道对象的生产实践和工作实践，亲身体验他们劳动的酸甜苦辣，并在体验中进一步采访，也称亲历式采访。调查暗访，即记者采访时，不公开自己的身份，让采访对象不知道记者身份，也不知道记者的采访意图。电话采访，即记者通过电话同采访对象对话，了解情况，采访新闻，电话采访的最大优势是快捷。网络采访，即记者通过 QQ、微信等进行采访。运用哪一种采访方式，在于记者根据采访环境、采访内容要求等要素确定，但不论运用哪种采访方式，采访内容的客观、真实是首要前提。我获知“会同学生给总理写信提建议引关注”的新闻线索时正在县里出差，当时已是 6 月 13 日下午，我意识到这是一条很有新闻价值的线索，但若临时辗转去会同采访，时效性肯定要受影响。于是，我根据这条朋友圈信息，构思采访提纲，需要采访哪些人、采访哪些内容，我都进行了深入细致的思考，在各个新闻要素都考虑齐全的基础上，我决定采用电话采访的方式来完成这次采访。通过联系当地的通讯员，我获知了采访对象的联系方式，从 13 日下午到 14 日上午，经过多次电话采访，我基本掌握了充分的素材。为了确保新闻真实、客观，我在电话采访结束后，又联系当地的通讯员对相关采访对象和部门进行了面对面采访，采访素材更充实准确。

三、精心构思，写作创新

首先是标题抢眼。人们常说，“看书看皮，看报看题。”一篇不足千字的消息能否让读者眼前一亮并产生阅读欲望，与标题制作有着很大的关系。新闻的标题要言之有物，对新闻事实做出最本质的概括，对新闻内核进行提炼和表述。因此，在制作新闻标题时，记者对通篇稿件的段落层次、新闻事实、情节故事，仔细思量，把稿件中最核心的新闻点“提”出来，用准确精练的文字进行概括，制作成标题，成为吸引、打动读者的基本要素。

在确定《会同学生给总理写信提建议引关注》这篇消息的标题时，我对内容进行了精准的提炼，这篇消息的标题从引题“快递包装废弃物如何科学处理”到主题“会同学生给总理写信提建议引关注”再到副题“商务部复函表示，国家邮政局正在协调环保部，修订快递包装绿色环保的相关标准和政策”都是新闻素材中最重要的鲜货、新闻点，很容易吸引读者关注。

其次是导语新颖。抢眼的标题抓住了读者，一般说来，读者接着便会看导语。说到导语之重要，曾有人这样描述：一段精彩的开头，就像在风景名胜路口竖起一块路标，路标吸引人，游人就会继续往前走；反之，他们则会掉头而回。这话说得很有道理，我们读文章，常常是先看开头，开头几句吸引人，便会不由自主地往下看；开头不精彩，索然无味，便连再读下去的兴致也全然丧失了。我这篇报道导语就从新颖角度出发，通过学生的话语引出新闻故事，达到了吸引人、打动人的效果。

最后是结构紧凑。900 多字的篇幅，我用白描手法向读者展现了一幅当代青年学生既注重理论知识学习又重视社会实践的积极健康向上的画面。从会同三中高二学生围绕“快递包装废弃物如何科学处理”这个日益突出的环保大课题，利用课余时间开展调研，形成《快递包装废弃物调查研究报告》，随后集体给李克强总理写信反映调查中发现的问题并提出建议，到建议受到上级重视，商务部专门复函。读后让人为之振奋。文章见报后，引起了较大反响，微信、微博、QQ，很多社交软件转载了文章，会同三中学生的科技实践故事感动了很多读者，也激发更多青年学生热爱学习，重于实践，勇于担当。

附作品

快递包装废弃物如何科学处理

会同学生给总理写信提建议引关注

商务部复函表示，国家邮政局正在协调环保部，修订快递包装绿色环保的相关标准和政策

本报讯　“激动！开心！没想到我们写信给李克强总理反映快递包装废弃物浪费大的问题，受到了李总理的关注，并收到了商务部的复函。今后，我们将利用课余时间开展更多有意义的实践活动。”6月14日，会同三中高二198班学生王银利开心地对记者说。

故事还得从2015年9月说起，在198班的一次科技实践活动中，当聊到学校垃圾场堆满快递废弃包装物很难清理的话题时，大家觉得，在蓬勃发展的快递业务背后，堆积如山的快递包装如何处理，已成为一个环保新问题，于是将“快递包装废弃物的处理”定为科技实践活动班级课题。

在接下来的三个月，学生们在朱朝义、向亚萍等科技辅导老师的指导下，利用课余时间开展街头采访、问卷调查、社区走访。通过收回的266份有效问卷分析显示：10岁至30岁的人群是网购主力军，对于快递包装废弃物的处理，56.76%的人选择直接扔掉。

随后，学生们在《快递包装废弃物调查研究报告》中写道：国家邮政局消息显示，2014年全国快递业务量完成140亿件，居世界第一。海量的快递带来了巨量的包装废弃物，有专家估算，按照每个包裹0.2公斤计算，140亿个包裹会产生包装垃圾280万吨，可摆满近20万个足球场。

2015年12月，该班学生集体给李克强总理写信，分析阐述了调查中发现的问题并提出三条建议：一、将快递包装资源回收纳入公益事业领域，国家出台相应扶持政策；二、对快递包装的使用标准和包装废弃物处理问题立法，规定快递包装必须使用简约、绿色环保的包装；三、督促媒体加大引导公民正确处理快递包装的力度，以此保护环境和实现资源最大化利用。

今年6月13日，会同三中收到商务部流通业发展司《关于快递包装有关事宜的复函》。复函中，商务部就会同三中高二198班学生给李克强总理信中提到的“快递包装的使用标准和包装废弃物处理立法”等三个问题进行回复。复函表示，商务部2016年已将怀化市纳入物流标准化试点，鼓励通过政策创新、制度创新、模式创新，促进物流包装的标准化、减量化和循环利用；国家邮政局正在协调环保部对快递包装绿色环保问题，研究修订相关标准，制定有关政策；今年6月，在全国节能宣传周期间，商务部将开展流通领域节能宣传活动，充分调动各方面积极性，促进再生资源回收工作。

（原载2016年6月15日《怀化日报》，
2016年度湖南新闻奖市州好新闻二等奖）

用心挖掘　发现亮点

——新闻优稿这样捕捉新闻点

进入报社工作后，我每年都坚持深入一线采写稿件，每年报社的月度优稿评比我的获奖作品都多。报社一些年轻的同志经常问我，为何总有那么多题材可写，而且经常会捕捉到有新闻价值的新闻“活鱼”。其实要认真回答这个问题，还真的说不出很多的门道，但我觉得最基本的一条还是在于“三贴近”，即贴近实际、贴近生活、贴近群众。坐在办公室是发现不了鲜活的新闻素材的，只有真正深入实际、深入生活、深入群众，才能有所收获。当发现一个好的新闻线索后，只要用心挖掘，就会发现亮点。而一篇成功稿件里面的每一个亮点，都体现出新闻记者采访中所下的功夫。

就《坚强小伙李叶多用核心价值观点亮人生路》这篇稿件是如何用心挖掘找到亮点的，我谈一下体会和感悟：

一、深入挖掘新闻素材

认识李叶多，还是 2015 年 11 月份，《怀化日报》旗下的边城晚报记者易达告诉我，他采访了一个很坚强也很有礼貌的摆地摊的脑瘫小伙，希望我有空也去看看。

在易达的指引下，我认识了在迎丰中路刘霖第一街同心网吧门口摆地摊的残疾小伙李叶多。因为从小脑瘫，李叶多走路都是一摇一摆很费力，说话也是如此，一句话要好久才吐出几个含糊不清的词。采访中，自强不息和懂得感恩是李叶多最打动我的地方。因为残疾做不了农活，李叶多不愿待在家里成为家里的累赘。18 岁那年，他从辰溪大水田老家出来闯荡。从辰溪县城到怀化城区，李叶多在餐馆打过工、守过象棋摊、捡过垃圾。一路走来，吃过多少苦、受过多少累，也只有他自己清楚。但再苦再累，他从不因自己身体残疾而吃“嗟来之食”。

或许在李叶多心中，报纸是很神圣的也有着一定的影响力。当我和易达写他的《坚强小伙，好样的》《脑瘫小伙摆个地摊闯江湖》系列报道分别在《怀化日报》《边城晚报》刊发后，李叶多将地摊生意一天天好转归功于我们。其实，我知道现在随着移动新媒体的快速发展，大众看手机的多了，看报纸的少了，报纸的影响力和以往相比已有很大区别。

我想，李叶多地摊生意的好转，应该是与怀化这座城市的包容与善良相关。这些热心市民或许看了我们的报道，或许并没有看到我们的报道，但心怀善意让他们加入关心李叶多的队伍中。

2015 年认识李叶多并发了不少关于他的报道后，我也成了李叶多的朋友。平时路过李叶多的报刊亭，我会去坐一坐，和李叶多聊一聊。每一次和李叶多交谈，在他身上总会发现打动我的亮点。采访李叶多，我总会想起那个娇小玲珑的女孩张韶涵曾经唱过的一首很好听的歌曲《隐形的翅膀》：“每一次 / 都在徘徊孤单中坚强 / 每一次 / 就算很受伤 / 也不闪泪光 / 我知道 / 我一直有双隐形的翅膀 / 带我飞 / 飞过绝望……”是的，在我们每个人心中都有一双隐形的翅膀，给我们希望。

总有朋友问我，为何那么喜欢将笔墨聚焦于普通老百姓身上，记录他们的酸甜苦辣？在浮躁的时下，很多时候，不经意间，一些纯真、善良、美好或被内心掩藏，或被世俗的风吹着，离我们渐行渐远。若因为笔下的人物，因为他们的故事，能够在某个时候打动你，能够唤起你记忆深处的纯真，能够帮助到需要帮助的人，那是多么的美好。

二、侧面发现亮点

我了解到脑瘫小伙李叶多自强自立的故事后，进行了两年多的跟踪采访。从城管工作人员、经营业主到义工，他们对李叶多都称赞有加。2015

年，我推出一组李叶多自强不息的报道后，总感觉意犹未尽，李叶多身上应该有更深邃的精神层面的内涵值得去挖掘。于是，2016年，我又多次走近李叶多和他身边的朋友，对他身上的闪光点和精神内涵进行进一步挖掘捕捉。采访中，有几个关于李叶多的故事深深打动了我，在后来的稿件创作中，我将这些故事都放进了文章中。我的一个同事，《边城晚报》的会计陆云萍，她是一个很文静的女孩，平时话不多。但有一次坐在去报社的班车上，聊起李叶多。她打开了话匣子说了很多。她说，一次李叶多来报社，她以为李叶多是来找我的，因为我经常做李叶多的报道。李叶多却说是来结报款的，他的报刊亭零售《怀化日报》和《边城晚报》。陆云萍说，因为李叶多行动不方便，当初告诉过他会安排人上门办理，但他还是坚持自己步行了一个多小时来单位结了账。市人力资源服务中心副主任姜丽丽也告诉我，李叶多在最困难时，服务中心帮他找了一份工作。现在每到服务中心最忙碌的时候，李叶多都会来帮忙，两年多了，风雨无阻。怀化义工杨慧告诉我，她是受李叶多的感染加入义工的，李叶多行动不便还坚持经常参加义工活动帮助他人，他用行动诠释着“懂得感恩”“与人为善”这些中华民族传统美德在任何时代都不会过时。

在写作中，我巧妙构思，整篇文章由“李叶多讲大局、爱岗敬业、诚信经营、与人为善”四部分组成，用一连串生动故事，向读者展现了一幅弘扬真善美、传递正能量的温馨画面，报道有铺垫、有现场、有细节，具有较强的感染力。文章见报后，《新湖南》《华声论坛》等多家网站转载了该报道，许多网友在网络论坛跟帖此文，称李叶多用核心价值观不仅点亮了自己的人生之路，也传承着真善美，弘扬着社会正能量，感染人、激励人。

◆ 附作品

这座城市用爱心温暖他　他用善行感动这座城市

坚强小伙李叶多用核心价值观点亮人生路

本报讯　12月19日早上7时，城市还笼罩在茫茫冬雾中，家住鹤城区锦溪路的“坚强小伙”李叶多已拖着不太灵便的双腿出门，这两天，他正在参加义工组织的环保宣传活动。

李叶多，今年23岁，辰溪大水田人。因先天性脑瘫，干不了农活，18岁那年，李叶多不愿成为家里的累赘，只身出门闯荡。从辰溪到怀化，一路走来，再苦再累，他乐观自信，坚强面对。

李叶多说，在怀化这些年，他感觉很温馨。摆摊，总有好心的市民照顾他的生意；卖菜，迎丰市场服务部积极为他安排摊位；开报亭，市残联和城管部门又联手相助……

这座城市用爱心温暖着李叶多，李叶多也用自己的善行感动着这座城市。

说起李叶多，怀化市迎丰执法大队的薛昌权称赞有加：“小伙子识大体、明事理。”薛昌权至今记得，去年，怀化启动省级文明城市创建工作，李叶多的地摊属于集中整顿范围。薛昌权担心工作不好做，没想到，去送撤摊通知时，李叶多说，创建文明城市是利国利民的大好事，没有理由不支持配合，当即就收了地摊另谋生计。

在锦溪北路，临街门面的店主最敬佩李叶多的敬业精神。经营服装店的张梅说，锦溪北路不是城市主干道，平时他们的营业时间比较随意，但李叶多来了后，改变了这种现状。早上七时开张营业，晚上九时才下班，李叶多的报亭像闹钟一样准时。在李叶多的感召下，店主们做事的积极性高了，生意日趋兴隆。

对《边城晚报》的会计陆云萍来说，李叶多的诚信最让她感怀。陆云萍清楚记得，上周五，她们刚通知城区报亭这两周报款结账，李叶多就步行了一个多小时来单位结了账。陆云萍说，因为李叶多行动不方便，当初告诉过他会安排人上门办理，但他还是坚持自己跑一趟。

同样，李叶多平时的友善之举也打动着很多人。市人力资源服务中心副主任姜丽丽告诉记者，李叶多在最困难时，服务中心帮他找到了工作。现在每到服务中心最忙碌的时候，李叶多都会来帮忙，两年多了，风雨无阻。

怀化微光公益联盟的杨凡不会忘记，在佳惠超市门口举办“关爱留守儿童”义演时，收到的第一份爱心捐款就是来自当时在路边摆地摊的李叶多。

义工队伍的新成员杨慧感慨地说，她是受李叶多的感染加入义工的，李叶多用自己的行动诠释着“懂得感恩”“与人为善”这些中华民族传统美德在任何时代都不会过时。

在义工活动现场，李叶多面带微笑，忙上忙下。他的身影是那么特殊，又是那么亲切，如一道美丽的风景扮靓着这座城市。

（原载 2016 年 12 月 20 日《怀化日报》，
2016 年度湖南新闻奖市州好新闻二等奖）

新闻主题在提炼中深化
——新闻优稿的主题这样来

我的获奖消息《辰溪向延柳捐资千万建学校和老年公寓》以饱满的热情、丰富的情节、动人的旋律，刻画了一个普通农民传承尊师重教家风，倾其多年创业积蓄，用实际行动为乡亲建学校和老年公寓的感人故事，具有极强的现实意义。

人总是要有所追求的，但追求什么却是大不相同的。这篇消息就是要告诉读者：越来越多像向延柳一样的创业人士在追求物质财富的同时，更加注重关心支持公益事业，更加注重精神财富的追求，并在这种追求中获得了更大的幸福感。通过向延柳的故事，进一步深化了“传承中华美德、弘扬时代新风”的主题思想。

选材、提炼和深化新闻主题，是一篇新闻作品是否能出彩的重要因素。

一、用心选材、提炼主题

在采访现场，经常可以听到一些年轻记者感慨：“搜集素材也不少，就是搞不清楚到底哪些才是新闻点，不知如何着笔。”而在编辑部门，也经常可以听到编辑对一些稿件的评价：“写得面面俱到，就是主题不够清晰，新闻点挖掘得不够深，打动不了人。”两种议论都道出了选材、提炼和深化新闻主题的重要性。

什么是新闻主题呢？所谓新闻主题，是指一篇新闻的中心思想，它是记者对客观事实的看法、态度和通过事实的报道所表达的主观意图。一篇新闻主题选择、提炼和深化得如何，将直接影响着新闻的质量高低和价值大小。

新闻主题犹如一条红线，贯穿通篇，决定着一篇新闻的段落结构、故事情节、素材选取以及文字表达等。明末清初的思想家王夫之说："意犹帅也；无帅之兵，谓之乌合之众。"这里的"意"，就是指文章的中心思想或主题。这句话的意思是说：中心思想好比是统帅，材料、词句好比是士兵，没有统帅的士兵是乌合之众，是打不了胜仗的。王夫之的话说明一篇文章如果没有明确的中心，无论材料多么充足，遣词造句多么讲究，都算不上好文章。采写新闻亦是如此，只有在主题选择、提炼和深化上认真琢磨，才能写出打动人、感染人的新闻作品。

2016 年国庆期间，我接到通讯员的电话说，10 月 9 日，重阳节，辰溪县苏木溪瑶族乡田坳村的老年公寓、幼儿园和小学将建成使用。在村里建老年公寓、幼儿园和小学，这原本就是一个新鲜事物，有一定的新闻性。后来，通讯员又告诉我，老年公寓和幼儿园投资 630 多万元，小学教学楼和综合楼投资 480 万元，除县财政投入 100 万元，余下的 1000 多万元全部由当地的村民向延柳捐出。一个村民捐款建学校和老年公寓，我觉得里面肯定有故事。于是进行了进一步了解，清楚了向延柳父子两代人心系农村教育故事的来龙去脉，我意识到这是传承中华美德、弘扬时代新风的好题材，随后展开深入采访。

二、巧用背景材料深化主题

俗话说："红花虽好，还要绿叶扶持。"消息中如果只注重单纯的新闻事实报道，缺乏一定的背景材料交代，要充分体现其新闻价值和主题思想是很难的。在消息写作中，我们既要用笔墨去描写"红花"，也需要用"绿叶"之笔来点缀，不能顾此失彼。在阅读新闻优稿作品时，我们经常会发现一些优稿作品最大的亮点就是通过巧妙运用背景材料来衬托新闻主干，使新闻作品的主题更加深刻、更加鲜明，实现新闻价值进一步增值的目的。

在写作《辰溪向延柳捐资千万建学校和老年公寓》这篇消息中，受众对文章中主人公并不了解，因此就需要运用背景材料来交代他的出身经历、身份特点、社会关系等来帮助说明新闻事实。如我在文中写道：

今年 48 岁的向延柳是田坳村人。他当过教师，20 世纪 90 年代末辞职下海。田坳村小学设施落后，留不住教师，而瑶乡山大沟深，学生到外面读书花费大。向延柳的父亲、老教师向长仰看在眼里，急在心里。

田坳村小学地处山坳里，前面是田垅，地方受限，要建周转房、幼儿园和老年公寓，必须征地劈山。施工方初步估算，没有 300 万元拿不下来。“为了孩子和老人，花再多的钱也要干！”面对没有回报的巨额投入，向延柳没有丝毫犹豫。

这些内容，无疑对增强新闻的主题价值和感染力起到了催化剂的作用。

三、用细节支撑主题

细节是指新闻作品中那些能有效地增强新闻事件和新闻人物表现力的细枝末节。没有细节的新闻报道是无法打动人心的，也不会给人留下什么印象，细节犹如珍珠，镶嵌到新闻里能产生不一样的色彩，有利于支撑起文章主题，使人物更丰富，使事件更生动，使新闻更具真实性和感染力。受众之所以能够因新闻作品而动情，关键在于新闻事件中的情节、细节能够在新闻作品中得到重现，让读者有身临其境之感。如果一篇新闻作品只有事实的平铺直叙而没有生动的细节描写，难以触动读者。

《辰溪向延柳捐资千万建学校和老年公寓》一文中，我就用了一些小细节反映大主题的描写：

2015 年春节，他跟向延柳谈及此事，还谈到村里留守老人、留守儿童多，一些老人生活有困难，儿童没有幼儿园。向延柳当即决定，捐资 100 万元，建村小教师周转房、幼儿园和老年公寓。向长仰高兴地对儿子说：“村小有住房就好了，教师就会进得来、留得住。我知道你很孝顺，但孝顺父母为小孝，支持公益事业才是大孝，也是大忠。”

“这可不只是增加一层土建开支，因为增加层数，征地和地基开支成倍增加，两栋楼仅场地平整、打地基就投入 180 万元。”田坳村党支部书记简宗其说。

上述细节描写，将父子情、责任、孝道、大爱，展示得一览无余。向延柳父子两代人心系农村教育的公益情怀，使受众受到感动。

文章见报后，引起了一定反响，部分网友在网上跟帖留言称该报道是传承中华美德、弘扬时代新风的佳作，新闻工作者就是要传承真善美、弘扬主流价值观。向延柳父子还被央视 2016 年感动中国人物提名。

◆ 附作品

传承中华美德　弘扬时代新风

辰溪向延柳捐资千万建学校和老年公寓

本报讯　10 月 9 日，重阳节，辰溪县苏木溪瑶族乡田坳村，淳朴的瑶家汉子用高亢的茶山号子，庆祝该村老年公寓建成使用。苏木溪瑶族乡党委书记曹后齐介绍："老年公寓和幼儿园投资 630 多万元，小学教学楼和综合楼投资 480 万元，除县财政投入 100 万元，余下的 1000 多万元全部由向延柳捐出。"

今年 48 岁的向延柳是田坳村人。他当过教师，20 世纪 90 年代末辞职下海。

田坳村小学设施落后，留不住教师，而瑶乡山大沟深，学生到外面读书花费大。向延柳的父亲、老教师向长仰看在眼里，急在心里。

2015 年春节，他跟向延柳谈及此事，还谈到村里留守老人、留守儿童多，一些老人生活有困难，儿童没有幼儿园。向延柳当即决定，捐资 100 万元，建村小教师周转房、幼儿园和老年公寓。向长仰高兴地对儿子说："村小有住房就好了，教师就会进得来、留得住。我知道你很孝顺，但孝顺父母为小孝，支持公益事业才是大孝，也是大忠。"

经过与乡、村干部沟通，2015 年 10 月 1 日，向延柳捐资建设的"孝心工程"开工了。

田坳村小学地处山坳里，前面是田垅，地方受限，要建周转房、幼儿园和老年公寓，必须征地劈山。施工方初步估算，没有300万元拿不下来。“为了孩子和老人，花再多的钱也要干！”面对没有回报的巨额投入，向延柳没有丝毫犹豫。

得知向延柳的义举，辰溪县委书记杨一中多次带领县教育、交通、扶贫等部门负责人，到田坳村现场办公，拍板由县财政出资100万元，将村小择址新建。

新建的田坳村小学规划修建教学楼、综合楼各一栋，均为两层。向延柳与乡、村干部商议，决定都建3层，增加的资金由他承担。

“这可不只是增加一层土建开支，因为增加层数，征地和地基开支成倍增加，两栋楼仅场地平整、打地基就投入180万元。”田坳村党支部书记简宗其说。

建老年公寓、幼儿园的投入也大大超出预算。随着工程推进，因地质条件导致设计方案多次变更，投入总计达到1100多万元。除财政拿出100万元外，向延柳把其余的钱都承担下来。他说：“我不会把钱留给儿孙的，钱要用在公益事业上。”

（原载2016年10月12日《怀化日报》，
2016年度湖南新闻奖市州好新闻二等奖）

好作品从打动自己开始
——新闻优稿这样打动读者

《暴雨中，10 岁男孩为摔倒老人撑起一方晴空》刊发后，引起了一定反响。《湖南日报》《新湖南》、中国青年网、凤凰网等数十家媒体先后转载，部分新闻媒体和新闻论坛还就此新闻事件展开了热烈的评论。

现在又来重读这篇报道，我觉得稿件之所以能够引起反响，受到读者欢迎，最关键的原因源于这个新闻题材。这个新闻人物、新闻事件以及我围绕这个题材、人物、事件创作的稿件首先感动了自己。当新闻记者采写一篇新闻报道时，只有首先感动自己，才能感动读者。如果新闻记者采写一篇新闻报道时，对新闻线索没有感觉，对新闻素材没有触动，作品刊发后自己也没有深刻印象，这样的新闻作品是很难打动读者的。

一、以高度的新闻敏感，捕捉打动自己的题材

著名记者安岗说：“记者应当对一切问题都感兴趣。记者不应该只在笔记上记上几个写文章的题目，他应该有几十个、几百个从群众中来的有普遍兴趣、有指导意义的问题。观察问题越具体、深刻，题目就越多。”

新闻记者的职业要求，决定了记者要能“眼观六路，耳听八方”，随时随地做一个有心人，留心周围的事物，从看似普通的事物中看到不寻常，找到打动自己的东西。记者要随时带着新闻的敏锐思维，对所听、所看的事物进行分辨挑拣，善于在各种情况下，敏锐地发现新闻、捕捉新闻、挖掘新闻。

《暴雨中，10 岁男孩为摔倒老人撑起一方晴空》这一条消息能够迅速呈现给读者，首先是在于对这条新闻线索价值的准确把握。5 月 12 日上午，

像往常一样，我用一定的时间浏览了《怀化日报》旗下的怀化新闻网及各县市区新闻版块，看有没有好的新闻线索。没有发现好的线索后，我又点开怀化新闻网的“五溪论坛”版块，这里每天网民的发帖量也挺多。无意中，我看到了一位网友发的“靖州 10 岁男孩照顾暴雨中摔倒受伤老人”的帖子。帖子虽然只有一百多字，但它很直接地就打动了我，让我意识到这是弘扬社会正能量的好新闻，尤其是当下，关于“遇到有人摔倒，到底扶与不扶”的社会课题一直在很多人内心中徘徊着、模糊着。一个 10 岁男孩用自己的担当回答了社会关于“扶与不扶”的命题，在被这个新闻事件、新闻人物感动的同时，我立马投入到采写中，因为，我觉得作为新闻记者有责任有义务将这种正能量和感动在第一时间传递给更多的人。

二、以逼真的现场描写，还原打动自己的情节

经验丰富的记者，在写人物事件报道时，不是给读者记述新闻，而是向读者再现新闻。通过生动的场景再现，让读者看到画面、听到声音、感受到现场，产生使人如临其境、如闻其声、如见其人的效果，从而增强报道的说服力和感染力。

形象逼真的现场描述，既能还原打动自己的情节，又是确保新闻真实的重要因素。没有现场感的新闻，就如缺少了故事情节的电影，再精美绝伦的画面，也难以很快赢得读者的好感和认可。当然，记者描述现场，首要的前提是忠于新闻事实，不能为了赢得读者而凭空虚构现场。有了现场素材，也不能记流水账般照搬复制，要让现场生动传神，就需要对现场素材进行选择，突出最能体现新闻价值的现场，尤其是目击性新闻、突发性新闻、动态性新闻，要通过对现场细节精彩细致地描述，让读者有身临其境之感。

“当时雨很大，老人坐在地上，身旁一辆摩托车翻倒在地，一个背着书包的小男孩，用力撑着一把蓝色的大伞，狂风暴雨中默默守护在老人身边。我让小男孩先回去，但是他不肯走，直到 120 救护车来了，他才离开。”

“我赶到后，看见小男孩一直为我丈夫撑着雨伞，小男孩的衣服都打湿了。”

在《暴雨中，10 岁男孩为摔倒老人撑起一方晴空》写作中，我通过现场目击者的真实叙述，向读者传递着激动人心的正能量。暴雨中，10 岁男孩张镇麟撑伞照顾受伤老人，自己衣服淋湿了也顾不上，路过的好心市民爱心接力，让他先回家，他仍旧坚持留下，直到救护车接走摔伤老人，他才悄然离开。这些逼真的现场描述让人动容。

三、以朴实的语言叙述，倾注打动自己的情感

新闻报道是采访和写作的产品，采访完成后，就如同备齐了建筑原材料，接下来就进入了写作阶段。作为记者，这时的重要职责，就是要把新闻事实全面、客观、公正地报道出去，不仅如此，还要说明白、说清楚。说明白，就是让读者看了新闻报道后了解是怎么回事。说清楚，就是对新闻事实进行准确而完整的交代，让读者了解事情发生的来龙去脉。而对于打动自己的素材，在说明白、说清楚的基础上，还要通过生动朴实的语言叙述，打动受众，让新闻作品和群众更贴近。

新闻语言朴实易懂，不仅仅是个写作方法问题，更是个有没有为读者服务的意识问题。一心想着读者，写作时就会站在读者的角度，每写一篇报道，都会考虑读者能不能理解。这个思想基础牢固了，自然就要讲究写作方法和技巧。讲究写作方法和技巧，就是为了把新闻报道写好，而写好的标准中最基本的就是让读者看得更清楚、更明白，因此，不论运用怎样的写作方法和技巧，首要的前提还是要回归于新闻报道是写给读者看，要让读者能看懂。

在《暴雨中，10 岁男孩为摔倒老人撑起一方晴空》一文中，我就直接引用了几段人物讲话，如引用学生的话：“他平时就是一个很爱帮助同学的人。我觉得他做得很对，是我们学习的好榜样。遇到这样的事，我也会像他那样去帮助别人，因为老师教过我们要乐于助人。”引用老师的话：“听说这个事后，我非常激动，为有张镇麟这样的学生感到骄傲和自豪。学生的品德

重于一切，所以平时教学我们会特别注重学生品德修养的培养。”这些朴实的语言让读者读来既真实又贴切，从而受到感触。

◆ 附作品

暴雨中，10岁男孩为摔倒老人撑起一方晴空

本报讯　5月11日下午，靖州苗族侗族自治县暴雨如注，在该县鑫汇中央广场附近，发生了暖心的一幕。一位老人摔倒在地，10岁的小男孩张镇麟在雨中默默地为老人撑伞遮雨，直到120急救车赶到，他才悄悄离开。撑伞男孩的故事在朋友圈传递开后，迅速成刷屏之势，网友们纷纷留言点赞。

“当时雨很大，老人坐在地上，身旁一辆摩托车翻倒在地，一个背着书包的小男孩，用力撑着一把蓝色的大伞，狂风暴雨中默默守护在老人身边。我让小男孩先回去，但是他不肯走，直到120救护车来了，他才离开。”目击者丁婕妤告诉记者，她是附近医院的一名职工，恰巧路过，随即拨打了120急救电话，并从老人身上找到手机，通知了老人家属。

“我赶到后，看见小男孩一直为我丈夫撑着雨伞，小男孩的衣服都打湿了。”老人的妻子李桂香说，当时她完全慌了神，都没有好好感谢好心人，希望能借助媒体，找到那个小朋友和其他帮忙的市民，向他们表示感谢。

“我们到达现场时，老人已经昏迷，如果不是小朋友一直帮着撑伞，老人淋了雨很容易受凉感染，对手术和日后治疗都会有影响。”怀化市二医院靖州医院主治医师龚晴勇说。

随后，记者来到飞山小学四年级七班找到了这位撑伞男孩张镇麟。“你当时为什么想到要去帮助他？”“因为他是老人啊，摔倒了，我肯定要去帮他。”“当时有没有害怕呢？”“没有，我是在做好事，不害怕。”张镇麟告诉记者，因为当时下大雨，路上行人很少，他只能在一旁帮老人

撑了20多分钟的伞，直到有过路的叔叔阿姨过来帮忙。

“他平时就是一个很爱帮助同学的人。我觉得他做得很对，是我们学习的好榜样。遇到这样的事，我也会像他那样去帮助别人，因为老师教过我们要乐于助人。”同学潘馨怡向我们描述她心目中的张镇麟。

“听说这个事后，我非常激动，为有张镇麟这样的学生感到骄傲和自豪。学生的品德重于一切，所以平时教学我们会特别注重学生品德修养的培养。”老师储春兰说。

（原载2017年5月13日《怀化日报》，
2017年度湖南新闻奖市州好新闻一等奖，
2017年度中国地市报新闻奖二等奖）

第二章　评论

小中见大　烘托主题

——配文短评优稿这样写就

为重要稿件配发短评，是对记者的理论功底、文字水平和新闻敏感的综合考验。新闻短评主要是指论题比较单一、篇幅精简短小、分析简明扼要、语言灵活生动的小型评论，有人又称之为微型评论、袖珍评论。新闻短评以其思想新颖、选材广泛、语言精练、观点精到等特点而独树一帜。写好新闻评论，不仅是记者加强政策理论学习、提升逻辑分析能力的需要，也是报纸增强思想性、指导性和可读性的重要途径。

那么，怎样才能写好新闻短评呢？我以《向怀化义工致敬！》这篇配文新闻短评，谈谈自己的体会。

一、标题吸引人

当下，随着新媒体蓬勃发展，读者阅读需求日益提升，对标题的要求也越来越高，一些呆板平庸的标题，是很难引起读者关注的。英国汤姆森基金会编著的《新闻写作基础知识》写道：“你可以把马牵到水边，但你无法强迫它饮水。当你把你的报纸送到读者手中的时候，你会遇到类似的问题，无法强迫他阅读。不过，有一个办法可以使他阅读你的报道，那就是运用精彩的标题。”无疑，精彩的标题对整篇文章可以起到画龙点睛的作用。但我们在强调标题重要性的同时，也要坚守职业操守，杜绝以无原则、无底线吸引眼球为目的的“标题党”行为。要始终坚持用有思想内涵、贴近群众生活的标题来打动读者。一篇好的新闻短评包括配文短评如何做到“以题抓人”，最基本的一条，在于标题的思想性。一篇优秀新闻短评的标题只有思想有深度、情感有温度、选题有新度，才能有效提升新闻短评的关注度。如我为通讯《那些人，那些事，那些感动——走近怀化义工》配发的新闻短评标题《向怀化义工致敬！》，旗帜鲜明地表明作者的观点，向怀化义工的精神点赞，向他们的所作所为致敬，标题引人注目。

二、要有针对性和贴近性

针对性，就是要有感而发，有的放矢。面对各种社会现象，人们不但自己有话要说，更希望能听到分析透彻的真知灼见，在判断是非上得到正确指导。报纸有责任和义务为群众解疑释惑，满足广大读者这种要求，而新闻短评正好是能够满足这种要求的最好手段。对一些歌颂真善美、弘扬正能量的重头报道，则可以通过配文新闻短评来有针对性地阐明作者观点，使报道更有深度和厚度。《向怀化义工致敬！》就是为通讯《那些人，那些事，那些感动——走近怀化义工》配发的新闻短评。记者写完怀化义工的长篇通讯后，对义工精神烘托总觉意犹未尽，于是专门加写配文新闻短评，抒发心中敬意，弘扬义工精神。配文新闻短评观点客观、理性、平和，使义工形象更鲜明感人。文章刊发后引起较大反响，团市委领导、部分离退休老干部和社区群众致电致信本报，向怀化义工表示敬意，向作者表示感谢。贴近性，就是新闻短评要贴近实际、贴近生活、贴近群众，这就要求记者要经常深入实际、深入生活、深入到群众中去，了解群众的所思所想所盼，用群众听得懂、看得明、感觉亲切的文风去写作。除作者笔尖要带着感情有的放矢外，生动的议论、形象的修辞、些许风趣幽默和适当的典故逸闻等，都可以增加言论的可读性、说服力和感染力。比如，我在这篇文章中写道："一路走来，酸痛苦辣这几个字，或许只有他们自己最清楚。无钱无物，连几十平方米的办公场所都得大家凑钱租用。或许，努力、汗水、时间和精力，这些词已经不能成为他们一直坚持下来的原因，或许只有'执着'这两个字才能真正诠释他们的一路风尘。"这些语言贴切而生动，让读者能接受，能感知，能产生共鸣。

三、要短小精练

新闻短评之所以深受读者青睐的重要原因之一是文章短小精练、言简意赅，微型化，三五百字的文章读者几分钟就能读完，是评论中的"短平快"。短文难写，写短小精练的新闻短评更是不易。在短短的几百字里要做到论点明确、论据充足、论证有力、表达准确，这需要作者加强各方面的修养和练就一定的文字功底。在《向怀化义工致敬！》这篇配文新闻短评中，我在开头就直入主题，用三句话简明扼要地论述了怀化义工的精神："6 年来，在不同场合，时而能听到义工阿福、沙漠和怀化义工联的故事。6 年来，在城市，在乡村，总能看到那些红马甲的身影。6 年来，他们用自己的爱心和微笑，为我们的家园涂抹上温暖的亮色。"在接下来的文字中，我用义工的言语阐明了志愿者"奉献精神"的内涵。我在文中这样写道："'奉献爱心并不难，关键是愿做与不愿做的问题。'义工海浪说。做一次交通协管、去一趟敬老院、当一回环保卫士，这些小事，或许在我们看来微乎其微，不足言道。然而，也正是这些小事，正是义工们的默默奉献、执着坚持，让我们这个城市变得更加温馨美丽，爱心之火延绵不断。"

可以说，在《向怀化义工致敬！》这篇配文新闻评论中，整篇文字从事实出发，用事实说话，文笔形象灵活，文章饱含深情，字里行间无不流露着精神的力量，点睛之笔让义工精神"行胜于言"力透纸背。

新闻短评的微型化除了体现在文章短小精悍外，更重要的是它在选题和选材上往往是大局着眼，“小处”入手，大中取小，小中见大。很多纸媒那些使读者过目不忘的新闻短评，就是用我们身边的小事情作为发表议论的由头，从个别体现一般，由滴水见太阳，透过这些“小”的事情，阐述出一些颇有深度的论点，引人深思、给人启发。

◆ **附作品**

向怀化义工致敬！

6年来，在不同场合，时而能听到义工阿福、沙漠和怀化义工联的故事。6年来，在城市，在乡村，总能看到那些红马甲的身影。6年来，他们用自己的爱心和微笑，为我们的家园涂抹上温暖的亮色。

一个人做一次好事容易，难的是一直坚持将好事做下去。从不理解到理解、从不熟悉到熟悉，从十几个人到几十个人再到几百个人，每年都有人离开，每年也有新面孔参与进来。为了将怀化义工这面大旗坚实地扛稳、扛牢，阿福、沙漠、幽幽、王姐……一路走来，酸痛苦辣这几个字，或许只有他们自己最清楚。无钱无物，连几十平方米的办公场所都得大家凑钱租用。或许，努力、汗水、时间和精力，这些词已经不能成为他们一直坚持下来的原因，或许只有“执着”这两个字才能真正诠释他们的一路风尘。

很多时候，我们为了工作，为了生活，习惯了随波逐流，适应了浮躁气息。很多时候，我们不知道自己错过了什么又得到了什么，在来去匆匆中，日复一日，年复一年。很多时候，当我们谈到奉献，说到精神这些字眼时，会有恍惚之感，在恍惚间，很多美好的风景，正离我们渐行渐远。

“奉献爱心并不难，关键是愿做与不愿做的问题。”义工海浪说。做一次交通协管、去一趟敬老院、当一回环保卫士，这些小事，或许在我们看来微乎其微，不足言道。然而，也正是这些小事，正是义工们的默默奉献、执着坚持，让我们这个城市变得更加温馨美丽，爱心之火延绵不断。

……

感谢怀化义工联、怀化义工网、怀化义工新人群、怀化义工交流群对本文的支持。“行胜于言”，是这些义工共同的写照，他们平凡、低调而务实。记得刚刚拿到这个采访话题去联系怀化的志愿者和义工时，大多都被婉拒了。当采访无法继续下去时，记者无意中发现了怀化义工联合网站，以新义工的面貌出现在义工QQ群里，听大家聊，和大家一起分享参加义工活动的心得体会，正是浣溪沙、清秋红叶、冬天的冰激凌、歆、七七、海浪、问题找麻烦，等等，他们对义工事业的热爱和维护，让我完成了本文的写作。这也是记者首次尝试完全以参与者的身份，以网络平台的形式完成的采访，虽不能完全勾勒出我们义工可爱、可敬的形象，但每一次活动的真实，每一个义工的真实，让我深深感动。谢谢并祝福他们。

（原载2012年11月4日《怀化日报》，
2012年度湖南新闻奖市州好新闻二等奖）

内涵深刻　感染力强

——评论员文章优稿的采写技巧

评论员文章也是新闻评论中的一种重要文体，包括本报评论员文章和署名、不署名的特约评论员文章两种。就报纸而言，评论员文章在重要性和指导性上仅次于社论，具有很强的舆论引导功能，有些时候，它甚至比一些重大新闻还要重要，因此，评论员文章一般都刊登在要闻版的醒目位置。评论员文章在选题上大多是围绕国家、行业、社会新近发生的重要事件、举行的重要会议、出台的最新政策或领导的重要指示等展开评论。评论员文章在思维逻辑、语言运用、结构组织等方面要求更高。在逻辑性方面，强调层次分明，逻辑清晰，观点鲜明；在语言方面，强调语言精练，因为这样更能准确地表达思想；在结构方面，偏向于采取类似议论文的写作方式，即先阐明观点，再展开论述。

下面，我就以《平凡亦英雄》这篇评论员文章为例，谈谈地市报记者怎样把握好评论员文章的写作。

一、坚持贴近性

当前，社会正处于转型时期，群众对涉及切身利益的问题更加关切，这就需要通过创新舆论宣传载体，用群众喜闻乐见的表达形式，做好解疑释惑工作，达到凝心聚力的效果。因此，评论员文章的选题应该是贴近实际、贴近群众、贴近生活的，论题选得确凿，评论就有了中心，就能吸引广大读者。文章传播的范围越广，评论的社会价值就越大，作用就发挥得越充分。具体来说，地市报评论员文章的选题可从三个方面着手，一是聚焦党委、政府重心工作，对重心工作的深刻意义和实现途径进行全面阐释，统一干部群众思想认识，为推进重心工作凝聚力量。二是围绕群众关心的问题，一方面从改革发展稳定大局出发，对党委、政府的政策进行细致的解读；另一方面从推动社会进步出发，表达和反映当地人民群众的期盼呼声，搭建起政府与民生的沟通桥梁。三是从新闻报道中选题，以新闻所报道的新闻事实为评论的由头和依据，立论会更具体自然，更具说服力。这就要求新闻评论员要随时注意掌握新闻动态，增强新闻敏感性，能准确地从繁多的新闻事件中挑选出读者最关心的事件，经过深思熟虑后，在恰当的时机及时作评，有效引导舆论。

《平凡亦英雄》就是一篇坚持选题贴近性的成功之作。文章的主人公张险峰生前系怀化市纪委案件审理室副主任，因长期超负荷工作突发脑出血不幸去世，年仅 38 岁。2013 年 8 月 12 日，中共怀化市委在《怀化日报》一版刊发追授张险峰同志为“全市优秀共产党员”的决定，怀化日报社社委会决定同时配发本报评论员文章。我接到报道任务后，立即深入细致展开采访，带着激情写了这篇评论员文章，引起了一定的社会反响。读者在网上留言说：“这是一篇打动人、鼓舞人、激励人的作品。整篇评论富有激情，逻辑性强，从多方面细节入手，歌颂了像张险峰这样的平凡英雄，他们用平凡撑起社会进步的步伐，他们用平凡绘就着美丽中国梦，他们是我们这个民族的脊梁、社会的脊梁。”

二、思想有深度

随着全媒体时代的到来，纸质媒体的发展受到一定程度的挤压，无论是在信息传播的速度上，还是声音与画面的形象生动上很难与网络新媒体竞争。因此，提升纸媒舆论引导力，在新闻传播中抢占制高点势在必行。纸媒文章要积极发挥舆论引导作用，就需要注重思想性、艺术性、可读性，不断提高说服力、吸引力、感染力。文章的高度，取决于思想的高度。思想深邃，则高屋建瓴，令人信服。思想贫乏，则观念老化，平淡无味。对评论员文章来说，思想性的要求应该更高一些，采写上要在胸怀大局的前提下，找准切入点，深入挖掘，讲究深度。在《平凡亦英雄》这篇评论员文章的写作中，我首先确定了文章的中心思想就是讴歌像张险峰那样的平凡英雄，他们用平凡的行为谱写着不平凡。就如，此文结尾处一段话就体现了这种思想的深邃：“实际上，如果细心观察，我们可以从很多岗位，很多地方，特别是身边发现张险峰这样的‘平凡人’。这些人常常既是‘技术骨干’‘业务能手’‘优秀员工’，又是好父亲、好丈夫、好儿子……他们用担当、责任和热爱，将工作做得精益求精，将家庭打理得和谐美满。他们用平凡撑起社会进步的步伐，他们用平凡绘就着美丽中国梦。他们是我们这个民族的脊梁，是社会的脊梁。当我们在心里向险峰的家人道一声‘保重’时，我们也向所有那些平凡的英雄，献上我们最真诚的敬礼和祝福！”这段富有深刻寓意的话语，容易引起人们深深的遐想。

正是因为文章思想有深度，评论见报后，产生较大影响。市纪委专门组织学习张险峰事迹座谈会并在纪委网站转载了评论；部分市领导和老干部在相关会议、相关活动中对评论进行了表扬；很多读者致电本报称赞《怀化日报》推出的评论员文章生动感人，催人奋进。

◆ 附作品

平凡亦英雄

38 岁，正是干事创业的好时机，他却匆匆地走了，离开了他的家人，离开了他的战友，离开了我们。以平凡的岗位铸就不平凡的精神，他的一缕英魂会在生者心中永存。

在我们的生活中，英雄无处不在。他们有的轰轰烈烈，有的叱咤风云。而有一种英雄是平凡的，怀化市纪委审理室原副主任张险峰就是一个这样的英雄。他是千千万万基层干部中普通的一员，在他 38 年的生命轨迹中，没有惊天动地的豪言壮语，没有轰轰烈烈的事迹壮举，有的只是平凡岗位上的默默奉献，危难关头的冲锋向前，对工作、对生活、对群众、对亲人、对同事、对朋友的火热赤诚、无怨无悔。正如省委常委、省纪委书记黄建国从媒体了解到张险锋同志的先进事迹后，做出的重要批示所言：“媒体登载了纪检干部张险峰的事迹，值得一读，值得学习。没有惊天动地的故事情节，没有跌宕起伏的曲折经历，没有铿锵华丽的豪言壮语，却同样感人至深。在险峰同志身上，党性与人性、铁面与柔情得到了统一，敬业与事业、公正与无私得到了彰显。‘无限风光在险峰。’忠诚履职、坚持原则、甘于奉献，才能无愧于党风卫士的光荣称号，才能创造出党和人民满意的不凡业绩。这是我们从张险峰同志事迹中得到的启迪。”

英雄亦凡人，生活赋予了他们同样的酸甜苦辣、喜乐哀愁；凡人亦英雄，正是因为有了对工作的忠诚、对生活的热爱，在许多人生的关节点上，平凡亦能用英雄的标尺去丈量。这就是张险峰这位平凡英雄给我们的启示。

在亲朋好友眼中，张险峰再平凡不过了，但他的平凡让人感到温暖，让人感到力量。由于妻子、小孩留在沅陵，张险峰6年里一直租住在单位附近一间仅10多平方米的旧房子里，没有电视、冰箱、洗衣机，唯一的电器是一台电风扇。这还是妻子前来探望时，发现屋子夏天不通风、太热，趁他上班独自跑到商店里买来的。不唱歌，不打牌……在同学和朋友眼中，张险峰很“无趣”，常常在聚会时弄得大家很“扫兴”。但张险峰却坦言：“正人先要正己。我所处的岗位特殊，一不小心弄湿了‘鞋’，就没法开展工作了。”在16年的纪检案件审理岗位上，张险峰平均每年要审理20多起案件，没有出过一起纰漏，在怀化纪检监察战线保持着“零申诉”的纪录。

和平年代的英雄们身上少了战争年代那种枪林弹雨中的视死如归，但这丝毫没有减少那种英雄的豪迈，没有影响他们在我们心目中的光辉形象。“灿烂星空，谁是真的英雄？平凡的人们给我最多感动！”这首令无数人为之动容的歌，唱出了平凡英雄无私无畏的人格、薪火相传的精神。在平凡中成就伟大，在质朴中体现崇高。平凡的、身边的英雄，是我们这个伟大时代的符号。如同康德所说，世界上最令人景仰的，一是头顶灿烂的星空，另一个则是我们内心的道德文明准则。张险峰用朴实无华的言行谱写的壮丽篇章，感人至深，催人奋进。

实际上，如果细心观察，我们可以从很多岗位、很多地方，特别是身边发现张险峰这样的“平凡人”。这些人常常既是“技术骨干”“业务能手”“优秀员工”，又是好父亲、好丈夫、好儿子……他们用担当、责任和热爱，将工作做得精益求精，将家庭打理得和谐美满。他们用平凡撑起社会进步的步伐，他们用平凡绘就着美丽中国梦。他们是我们这个民族的脊梁，是社会的脊梁。当我们在心里向险峰的家人道一声“保重”时，我们也向所有那些平凡的英雄，献上我们最真诚的敬礼和祝福!

今天的怀化，要实现后发赶超，富民强市，需要更多普普通通而又平凡的人，认真做好自己的本职工作，坚守自己的工作岗位，努力奉献自己的力量。我们相信，有千千万万个平凡人的团结奋进，锐意进取，明天的怀化一定更美好。

（原载 2013 年 8 月 12 日《怀化日报》，
2013 年度湖南新闻奖二等奖）

鼓舞士气　凝聚力量

——评论员文章优稿这样增强吸引力

当前，面对新媒体蓬勃发展态势，各级传统纸媒充分认识到新闻评论的重要性，纷纷通过加强新闻评论所占的分量，来达到充分发挥新闻评论功效、提升传统纸媒的整体格调和品位的目的。

好的评论，不仅要具备优良的品质，还要拥有鼓舞的力量，也就是要显示出其说服力、战斗力、吸引力。我采写的评论员文章《到老百姓最需要的地方去》就是一篇具有说服力、战斗力、吸引力的时评。

一、让人认同的说服力

评论作为一种论说文，是通过分析、论理去让读者认同作者的观念和主张。再好的主张和建议，如果道理讲不清楚道不明，读者看不懂，只能白费功夫。文章提出了好的建议，要让读者愉快接受，化为行动的力量，就需要有强劲的说服力。具有说服力的评论，一定要观点明确，论据充分、寓意深刻、发人深省。以《到老百姓最需要的地方去》这篇评论员文章为例，这篇文章的立论为市委书记发出的号召，即“彭国甫要求，灾情就是命令，全市党员干部要冲锋在前，到一线去，到老百姓最需要的地方去，夺取抗灾救灾全面胜利”。这是面对洪灾，市委书记向广大党员干部提出的要求、发出的号召是绝对正确的。它之所以正确，文章列举了充足的理由：“连日来，我市普降小到中雨，部分地区大到暴雨，局部大暴雨。据初步统计，强降雨使我市 29 万人受灾。雨情、汛情、灾情牵动着全市人民的心，更牵动着市委、市政府领导的心。6 月 19 日，市委书记彭国甫先后深入鹤城区贺家田乡、凉亭坳乡现场指导抗灾救灾工作，并连夜召开防汛会商会，调度当前全市防汛抗灾工作。”评论接着指出：“全市党员干部要冲锋在前，到一线去，到老百姓最需要的地方去，夺取抗灾救灾全面胜利，这是一种考验，也是一种责任。”最后要求：“当前，我市仍然处在主汛期，考验还在继续，汛情还有可能再来，形势依然严峻。各级党组织和广大党员干部一定要坚决贯彻市委书记彭国甫的讲话精神，把抢险救灾作为践行群众路线的主战场，继续发挥战斗堡垒和先锋模范作用，夺取防汛抗灾的伟大胜利。”

评论通过层层分析、论理，逻辑清晰、论据实在，让读者容易接受、心悦诚服。

二、凝聚力量的战斗力

一篇评论有没有战斗力，主要是看它的主题思想和它的笔锋。增强评论的战斗力，一要善于抓住新闻事实。抓住当前人民群众最关心、最直接、最现实的利益问题展开评论。二要说理透彻。评论的力量不在于声高，而在于说理是否深刻透彻，说理深刻透彻才能赋予评论战斗力。2014 年 6 月 19 日，怀化市普降中到大暴雨，29 万人受灾。《怀化日报》决定推出抗洪救灾专版专栏并在一版配发评论员文章。我接到任务后，带着强烈的责任感，立即赶赴市防汛抗旱指挥中心和市水文局等部门加班采访、严谨写作，连夜完成了稿件，确保第二天及时刊发。为确保达到传播效果，我在《到老百姓最需要的地方去》这篇文章的说理上力求做到深刻。在文中我指出，到老百姓最需要的地方去，到抗洪救灾一线去，这是一种考验。防汛抗灾就是一次特殊的“考试”，灾区就是特殊的“考场”，灾情就是对各级党组织和党员干部的严峻考验，抢险救灾就是检验党组织战斗力、考核党员干部素质作风的重要契机。同时，这也是一种责任。对人民负责，对国家负责，是共产党人的立身之本。面对无情的洪水，党员干部要带着强烈的责任心和使命感到一线去，到老百姓最需要的地方去。文章还就“考验”和“责任”进行了深入的分析。评论环环紧扣，分析透彻，笔锋精练，体现了文章坚韧的战斗力。

三、触动读者的吸引力

评论员文章具有重要的导向和喉舌的作用，要触动读者、吸引读者，语言表达上必须庄重、通俗、平易，这是毫无疑问的。但庄重并不是居高临下，通俗并不是庸俗油滑，平易并不是刻意讨巧。古人说："言之无文，行而不远""辞达而理举"。对于纸媒说，面对的受众文化水平各异，记者只有以通俗生动的语言来表述文章内容，受众方能理解，并产生良好的传播效果。当然，评论员文章的通俗生动，主要着重于说明事理的生动，应以不影响评论的严肃性为前提。经验告诉我们：形象化是语言艺术中的重要因素。评论员文章的语言要通俗易懂吸引人，关键就是说理形象化，或叫作"寓理于形"。

《到老百姓最需要的地方去》这篇评论员文章全文 812 个字，分 5 个自然段，把防抗洪抢险的当前形势、重要性、眼下应做的紧急工作和应发扬的精神，简洁明了地展现在受众面前，在语言运用上追求朴实、富有激情、平易近人。例如，我在文中写道：越是在关键时刻，越能检验党组织的战斗堡垒作用；越是在危急关头，越能体现共产党员的先锋模范作用。灾情面前，党员冲锋在前不仅是一种示范，更是一种激励，能够产生巨大的凝聚力、感召力、战斗力。灾情面前，广大党员冲锋在前，到一线去，到老百姓最需要的地方去，人民群众就会看到希望、增强信心，形成万众一心、众志成城、克服一切困难、战胜一切险阻的强大力量。

这些文字形象生动，让干部群众有亲近感，从而达到强烈的号召力和动员作用。评论发表后，在社会上引起强烈反响，有力地指导了抗洪抢险工作。市委领导充分肯定，认为文章既稳定了民心，又鼓舞了士气，更增强了大家战胜灾难的信心和决心；溆浦、麻阳、鹤城等受灾县（区）门户网站都转载了这篇评论，并对《怀化日报》的报道表示感谢；广大干部职工及社会各界纷纷伸出援助之手，为灾区群众捐款捐物。

◆ 附作品

到老百姓最需要的地方去

连日来，我市普降小到中雨，部分地区大到暴雨，局部大暴雨。据初步统计，强降雨使我市29万人受灾。雨情、汛情、灾情牵动着全市人民的心，更牵动着市委、市政府领导的心。6月19日，市委书记彭国甫先后深入鹤城区贺家田乡、凉亭坳乡现场指导抗灾救灾工作，并连夜召开防汛会商会，调度当前全市防汛抗灾工作。

彭国甫要求，灾情就是命令，全市党员干部要冲锋在前，到一线去，到老百姓最需要的地方去，夺取抗灾救灾全面胜利。

这是一种考验。防汛抗灾就是一次特殊的“考试”，灾区就是特殊的“考场”，灾情就是对各级党组织和党员干部的严峻考验，抢险救灾就是检验党组织战斗力、考核党员干部素质作风的重要契机。越是在关键时刻，越能检验党组织的战斗堡垒作用；越是在危急关头，越能体现共产党员的先锋模范作用。灾情面前，党员冲锋在前不仅是一种示范，更是一种激励，能够产生巨大的凝聚力、感召力、战斗力。灾情面前，广大党员冲锋在前，到一线去，到老百姓最需要的地方去，人民群众就会看到希望、增强信心，形成万众一心、众志成城、克服一切困难、战胜一切险阻的强大力量。

这是一种责任。对人民负责，对国家负责，是共产党人的立身之本。面对无情的洪水，党员干部要带着强烈的责任心和使命感，到一线去，到老百姓最需要的地方去。要敢于负责，靠前指挥、带头冲锋、努力完成任务。要善于负责，认真研究战胜灾情的方法，做到科学组织，万无一失。要勇于负责，遇到问题不绕道、碰到困难不后退，积极应对、及时解决。特别是各级党员领导干部，作为干部队伍的骨干、事业发展的中坚，更要始终保持昂扬向上、奋发有为的精神状态，迎难而上，勇于负责，在防汛抗灾中扛起战胜困难的大旗。

当前，我市仍然处在主汛期，考验还在继续，汛情还有可能再来，形势依然严峻。各级党组织和广大党员干部一定要坚决贯彻市委书记彭国甫的讲话精神，把抢险救灾作为践行群众路线的主战场，继续发挥战斗堡垒和先锋模范作用，夺取防汛抗灾的伟大胜利。

（原载2014年6月20日《怀化日报》，
2014年度湖南新闻奖市州好新闻二等奖）

观点鲜明　论述透彻

——配文短评优稿这样构思布局

《文明的影子》是我为《“酷暑中的劳动者”系列报道之二：最佳搭档——怀化公交总公司7路线驾乘人员的故事》配发的短评。当时，我在写完主打稿件后，意犹未尽，为这些踏实奉献在城市窗口一线劳动者的精神所打动，有感而发，一气呵成写了这篇短评。

文章刊发后，读者朋友来电称赞评论接地气，彰显了党报的责任和力量。写作中，我主要有以下几点体会。

一、论据要实

写好配文短评一个最基本的要求就是学会“摆”，学会“讲”。“摆”就是摆事实，“讲”就是讲道理。摆事实就是要求论据要实，因为配文短评篇幅短小，因此，我们在写作时事实不能摆得太多，对论据的要求要典型、充分、有力，只有证据充足有力，才能起到以一当十的作用。我们在选择论据时要从三方面入手，一是选取身边熟悉的事例，这些发生在我们身边具有典型性的人和事，看得见、摸得着，最具有说服力。二是选择新闻事件，一些通过新闻媒体报道的群众耳熟能详的新闻事件也可用作论据。三是从群众中找论据，要多深入生活、深入群众，从中找到适合的实例来做论据。《文明的影子》这篇配文短评围绕普通的公交车驾乘人员，用他们对工作的严谨和执着，用他们的辛勤付出，用他们的一言一行所传递的城市文明展开论述，倡导只要市民都坚持做好自己的本分，就会真正实现“你我文明一小步，城市文明一大步”，体现出媒体正确的舆论导向。在这篇配文评论中，我选用了三个发生在身边的事例作为论据：第一个事例是1999年在市区，我从芷江实习回来，坐15路公交车回家，刚坐上车，就发现售票员一直对我微笑眨眼，买完票后她又站在我旁边不离开，让我觉得很纳闷，几站后，她才舒了一口气问我口袋没掉东西吧，原来我上车后就有扒手在我身后准备行窃，因为售票员的举动，扒手没有得逞。第二个事例是2005年在深圳，我和兄长坐公交车从大梅沙去世界之窗，刚一上车坐稳，后面就有几个年轻人准备上车，公交车师傅大声呵斥他们不让他们上车，原来这伙人是专门在这个路段行窃的扒手。第三个事例是2007年在北京，我和电视台的同行出差到此，因为目的地不熟，我们只好请教公交车驾乘人员，一位年轻的售票员给我们讲了一遍怎么换乘车后，怕我们记不住，又在我们采访本上匆匆画了一张草图。

这三个典型而有力的论据不仅为“你我文明一小步，城市文明一大步”的论点的确立奠定了事实基础，同时也为论证提供有力武器，起到增强说服力的作用。

二、构思要新

首先要取一个新颖的标题。读者在翻阅新闻时，最先映入眼帘的就是题目，一个好的标题，不但能给文章锦上添花，还能起到修饰美化的作用，激发起读者的阅读兴趣。所以在制作配文短评标题时要尽可能新颖得体，让读者通过题目引起联想，加深对评论内容的理解。我在《文明的影子》这篇配文短评的标题选择上就是对内容的一种提炼，起到很直观的作用。其次是配文短评要论点明确、长话短说、议在实处。配文短评必须是针对一件事进行议论，不可以在其中掺杂其他的新闻论点，否则就会造成立论不清，容易使读者在概念上产生混淆。在配文短评的写作中，还要注意对篇幅的控制，文章要简短，文字要精练。议到实处就是配文评论必须与社会实践相结合，关注社会民生，让群众能够从中得到自己所关心的信息。再次是配文短评要源于报道、高于报道。配文短评的写作材料都是源于新闻报道的，作者在写作时要深入了解新闻报道所涵盖的主题思想，然后选择某一点进行深入剖析，发表真知灼见，使受众通过评论引发更多的思考。《文明的影子》这篇配文短评的题材就是源于我写的新闻报道，在写作中，我对原来的新闻报道主题思想进行了提炼总结，在评论中进一步论述了主题思想，即“都说城市公交是城市流动的名片，是城市形象最直观、最直接的展示平台，此话不假。很多时候，当我们走进一个陌生城市，首先接触的是这座城市的公交驾乘人员，或许在不经意间，他们的言行举止会影响到我们对这个城市美好与否的判断，他们就是这个城市文明的影子”。

三、布局要巧

精心布局，合理安排文章的结构是增加文章可读性的有效方法。文章结构指的是文章内容的组织和排列形式，主要包括开头、结尾、段落和层次，等等。配文短评在谋篇布局上要力争精妙、严谨，注意层次安排是否科学、观点和论据是否有机统一、段落之间过渡是否流畅、论证方法的选取是否合理等。《文明的影子》这篇配文短评，首先我从原来的新闻报道中提出观点，然而又用身边发生的三个事例来论证这个观点，随后又回到原来新闻报道内容上论证评论观点，最后号召广大市民都多给公交车驾乘人员一些鼓励、一些理解、一些微笑，为这个社会传递文明，一起收获幸福的味道。文章层层推进，把“你我文明一小步，城市文明一大步”的道理说得清楚透彻。

◆ **附作品**

文明的影子

每天全神贯注坐在驾驶室，不能有丝毫松懈和马虎；每天面带微笑售票报站名，帮助行动不便的乘客上下车。炎炎夏日，彭开国、陈桂田、杨珍珍，等等，这些普通的公交车驾乘人员用他们对工作的严谨和执着，用他们的辛勤付出，用他们的一言一行伴随着乘客安全快乐出行，传递着城市文明。

都说城市公交是城市流动的名片，是城市形象最直观、最直接的展示平台，此话不假。很多时候，当我们走进一个陌生城市，首先接触的是这座城市的公交驾乘人员，或许在不经意间，他们的言行举止会影响到我们对这个城市美好与否的判断，他们就是这个城市文明的影子。

其实在确定这个选题前，我的脑海中一直在闪现着几个镜头，几个关于公交车驾乘人员的镜头。镜头一是1999年在市区，我从芷江实习回来，坐15路公交车回家，刚坐上车就发现售票员一直对我微笑眨眼，买完票后她又站在我旁边不离开，让我觉得很纳闷，几站后，她才舒了一口气问我口袋没掉东西吧，原来我上车后就有扒手在我身后准备行窃，因为售票员的举动，扒手没有得逞。镜头二是2005年在深圳，我和兄长坐公交车从大梅沙去世界之窗，刚一上车坐稳，后面就有几个年轻人准备上车，公交车师傅大声呵斥他们不让他们上车，原来这伙人是专门在这个路段行窃的扒手。镜头三是2007年在北京，我和电视台的同行出差到此，因为目的地不熟，我们只好请教公交车驾乘人员，一位年轻的售票员给我们讲了一遍怎么换乘车后，怕我们记不住，又在我们采访本上匆匆画了一张草图。怀化、深圳、北京，多年过去，这些镜头一直记忆犹新挥之不去，我想这应该是感动的缘故，因为公交车驾乘人员的细小举动而感动，也因为感动，让我对自己身处的城市，对深圳、对北京这些匆匆经过的城市增添了更多的好感。

同样，只要我们真正走近彭开国、陈桂田、杨珍珍，走近这些普通的公交车驾乘人员，我们就会发现他们身上那些闪光点，那些在酸甜苦辣中坚守的不易，这些都值得我们学习和点赞，尤其是在这个浮躁的物欲横流的社会里。很多时候，在城市街头，在报纸电视，我们总能看见这样的标语“你我文明一小步，城市文明一大步”，但落于实践，我们却经常忽略这一小步。在跟车体验中，彭师傅每天清晨五点出门晚上八点才回家，七年多的连班，每年365日无休，即使在这样的劳动强度下，他却从不抱怨牢骚，踏踏实实开好自己的车。陈桂田每天在公交车上都是站着上班，公交车上虽然有自动报站机，但她都坚持每到一站都重复报一声，在农村公路上，只要有乘客招手，不管是老人还是小孩，他们都会停车并照顾好老人坐好。但即使这样尽职尽责，很多时候他们仍要忍受误解和抱怨，还得用微笑去面对去化解。他们说，做好这些只是自己的本分。或许正是坚守做好这个本分，穿行于城市乡村的公交车才会成为很多人眼中的美丽风景线。其实，怎样衡量一个城市的文明，衡量一个城市的市民文明程度标准并不难，就如彭师傅所言，做好自己的本分就行。

酷暑时节，面对在高温中坚守岗位的服务人员，若我们能多设身处地想想他们的不易，若我们能多给他们一些鼓励、一些理解、一些微笑，相信您也在为这个社会传递文明，相信您的下一站，也将收获幸福的味道。

（原载2015年8月3日《怀化日报》，
2015年度湖南新闻奖市州好新闻二等奖）

有感而发　言之成理

——时评优稿的“时、度、效”

评论是新闻的旗帜和灵魂，报纸评论要把握好“时、度、效”，才能进一步增强吸引力和感染力。我的时评文章《洪灾面前，朋友圈更应传递正能量》最大的特色就是把握了评论写作的时、度、效。

一、时，就是及时有感而发

地市报及时创作评论是时代之需，当前，我国社会正处在改革的攻坚阶段和发展的关键时期，这也是一个矛盾突发和利益格局深度调整的时期，主流媒体有责任有义务以权威、主流、理性的声音引导多样舆论。地市报及时创作评论是时势之选。新媒体的兴起，让新闻评论时效得到提速，但同时门槛也在降低，在大量的新闻评论中虽不乏睿智之言，但也充斥着冷嘲热讽等杂音，传统纸媒如能在第一时间权威发布新闻评论，将会起到明真相、正视听、稳人心的作用，从而引导社会舆论向积极、健康的方向发展。地市报及时创作评论是时务之要。采取读者欢迎的语言形式，及时主动发声，努力保持新闻评论的鲜度、锐度和深度，让读者乐于接受，是受众阅读习惯提高的需要，也是时代发展的需要。

《洪灾面前，朋友圈更应传递正能量》是及时有感而发创作的一篇时评。洪灾面前，在微信朋友圈，为灾区人民祈福、为奋战在一线的党员干部和部队官兵点赞的帖子成刷屏之势，满满的温暖让人感动。然而同样是在微信朋友圈，一些博人眼球的虚假信息也正在肆意蔓延，引发市民恐慌，产生不良影响，以至于相关部门在忙于抗洪救灾的同时，还得专门抽出时间来辟谣，以正视听。要想铲除谣言生存传播的土壤，主流媒体的报道就必须及时而充分。于是，我及时创作了这篇时评，有效发挥了纸媒的舆论引导作用。

二、度，就是言之有度

首先是立论要稳。立场是观点的基础，作者应站在社会主义精神文明建设的高度、站在时代的高度、站在对党和人民负责的高度来筛选材料、提炼观点。比如，我写的这篇新闻时评《洪灾面前，朋友圈更应传递正能量》就是一篇站在社会主义精神文明建设的高度立论的文章。我在文章中旗帜鲜明地阐明了自己的观点："在大力弘扬社会主义核心价值观的今天，我们应继承和发扬中华民族的优秀传统文化，让朋友圈成为弘扬友善、传播友爱的平台，让朋友圈释放出更多的正能量，并通过它让这种正能量辐射到更大的范围，从而让更多的'圈里人'积极参与其中，成为善良的人、文明的人、有道德的人。"

其次是语言要生动得体。语言表达缺乏生动性和大众性，文章就不可能富有吸引力和感染力，也就没有什么宣传效果。不少读者认为有的新闻评论枯燥无味，对其不感兴趣。究其原因，重要的一点是语言不生动得体。新闻评论所追求的语言生动得体，绝不是低级趣味的滑稽逗乐，而是人的高尚情操和智慧的外露，给人以意味深长的启迪。在《洪灾面前，朋友圈更应传递正能量》这篇时评中，我用生动得体的语言据事论理。如我在文中形象地写道："随着智能手机的广泛普及，微信、微博等应用工具也迅速走热。当人们在享受快捷便利的沟通时，这种快捷便利也在时间磨合中开始变味。一些虚假信息、低俗内容及各种谣言利用公众的情绪、好奇心和爱心，披着貌似'权威'的外衣，抓住热点炮制引人关注的'新闻'在朋友圈散播。"

这些大众化的语言朴实、自然、生动、得体，让读者乐意阅读、乐意接受。

三、效，就是传播效果

首先是答疑解惑，明辨是非。新闻时评要以经济社会发展中出现的新事物、新问题为基础和出发点发表意见，进行分析评述。在论证解析上，要以科学严谨的逻辑，清晰缜密的推论，更强的吸引力与说服力，迅速起到答疑解惑、帮助受众明辨是非的作用。其次是凝聚能量，引导公众。在当前媒体竞争日益激烈的大环境下，传统纸媒凭借其内容的客观性、严谨性、权威性等优势，更容易吸引受众关注其报道与评论。因此，传统纸媒的新闻时评文章应该准确理性地对受众关注的各类新闻事件进行评析，激发受众的阅读兴趣，并促使其形成正确的价值判断，从而凝聚正能量，激发新活力，助推经济社会的发展。再次是针砭时弊，激励推动。针砭时弊，激励推动，是纸媒时评文章实现自身社会价值的基本途径。新闻时评对各类社会现象进行深入剖析，弘扬真善美、贬斥假恶丑，以其思想性、实用性，使受众在阅读的同时，让一些错误的观念不攻自破，形成团结、友爱、包容的良好处事理念。

2016 年 7 月 2 日开始，怀化普降暴雨，强降雨致 13 个县（市、区）143 个乡镇受灾。在微信朋友圈，一些博人眼球的虚假信息肆意蔓延，引发了市民恐慌，以至于相关部门在忙于抗洪救灾的同时，还得专门抽出时间来辟谣，以正视听。不仅是在怀化，这阶段在我国南方很多城市也遭受了洪灾，因为朋友圈虚假信息的不良影响，很多城市的防洪指挥部也频频辟谣。我深入采访后，带着激情写了《洪灾面前，朋友圈更应传递正能量》这篇时评。这是一篇打动人、鼓舞人、激励人的作品。整篇评论富有激情，逻辑性强，从多方面细节入手，有力论述了在大力弘扬社会主义核心价值观的今天，朋友圈不能成为谣言的“孵化器”和“集散地”，而应成为弘扬友善、传播友爱的平台。文章论述充分，不仅发挥了解疑释惑的作用，对于人们正确使用微信朋友圈尤其是天灾人祸面前如何从自身做起传播正能量更有极其现实的意义。

《洪灾面前，朋友圈更应传递正能量》见报后，引起较大反响。此文被多家网站转载，并被广大市民在朋友圈转发，在《红网论坛》点击量就达28 万人次；很多读者致电本报称赞《怀化日报》推出的评论权威、及时，发挥了党报对舆论的引导作用和正确价值的导向作用。

◆ **附作品**

洪灾面前，朋友圈更应传递正能量

“‘网传怀化市将迎来 1998 年特大暴雨？’市防汛抗旱指挥部：谣言，如有重大信息将通过正规媒体向社会公布。”

“‘洪黔公路洪江区境内发生严重的泥石流导致交通中断，相关部门正在疏通抢修。’洪江区公路管理局：此为虚假信息，洪黔公路并未发生如视频里显示的那样的泥石流。”

……

7 月 2 日以来，我市普降暴雨，局地大暴雨，个别地区特大暴雨，强降雨已致我市 13 个县（市、区）143 个乡镇受灾。灾情发生后，在市委、市政府的坚强领导下，我市广大干部群众积极应对，科学组织，奋力抗灾自救。

怀化的灾情牵动着全市人民的心，也牵动着在外游子的心。在微信朋友圈，为灾区人民祈福、为奋战在一线的党员干部和部队官兵点赞的帖子成刷屏之势，满满的温暖让人感动。然而同样是在微信朋友圈，一些博人眼球的虚假信息也正在肆意蔓延，引发市民恐慌，造成不良影响，以至于相关部门在忙于抗洪救灾的同时，还得专门抽出时间来辟谣，以正视听。

随着智能手机的广泛普及，微信、微博等应用工具也迅速走热。当人们在享受快捷便利的沟通时，这种快捷便利也在时间磨合中开始变味。一些虚假信息、低俗内容及各种谣言利用公众的情绪、好奇心和爱心，披着貌似“权威”的外衣，抓住热点炮制引人关注的“新闻”在朋友圈散播。

微信朋友圈，大多是熟悉的朋友，信任度高。部分微信用户在收到真假莫辨的信息后，不认真去考证信息的来源、内容的真伪，而是随意拨动一下手指，点击一下转发。不经意间，这些谣言在朋友圈里进一步蔓延扩散。很多时候，当这种随意转发成为一种习惯时，朋友圈便在有意无意间成了谣言的“孵化器”和“集散地”。

当朋友圈成了谣言的“孵化器”和“集散地”后，不论是天灾还是人祸，不论在什么样的救灾现场，不论我们的党员干部、子弟兵和人民群众如何努力，他们的正义、他们的无畏、他们的精气神，你都无从发现，你都无从感知。如果，在我们的朋友圈，在我们所处的社会，因为虚假信息、因为各种谣言的泛滥而让这种正义、无畏和精气神离我们渐行渐远，那将是怎样的一番光景……

俗话说：“心存善念，必有善行。”在大力弘扬社会主义核心价值观的今天，我们应继承和发扬中华民族的优秀传统文化，让朋友圈成为弘扬友善、传播友爱的平台，让朋友圈释放出更多的正能量，并通过它让这种正能量辐射到更大的范围，从而让更多的“圈里人”积极参与其中，成为一个善良的人、文明的人、有道德的人。如此，开通“微信朋友圈”才有积极的意义；如此，在灾害面前、在困难面前，我们才会更加团结，攻坚克难的信心才会更加坚定；如此，我们的社会才会更加和谐美好。

（原载 2016 年 7 月 5 日《怀化日报》，
2016 年度湖南新闻奖市州好新闻二等奖）

联系实际　有的放矢

——时评优稿的“真、新、深”

现如今，随着移动互联网的快速发展，舆论场更加开放，新闻竞争更激烈，作为主流媒体的新闻时评，因其精准短小、鲜活快捷，更符合网络传播特点，对提升主流媒体传播力、公信力、影响力和舆论引导能力的作用不可低估。相对于新闻报道，紧随其后的时评需要站得更高、看得更远，做好真、新、深文章。

如何求真、求新、求深，我以获奖作品《省长脱稿发言为何会刷屏》这篇时评为例，谈谈自己的看法。

一、求真

就是真实可靠。这仅是对新闻报道的基本要求，也是对时评写作的基本要求。首先，不要急于求成。有的记者一看有评论价值的新闻素材，就立即动笔写作，一天就完成几篇评论。这样的评论，往往没有经过深入思考，对材料未能真正吃透，个人的理解停留在单薄肤浅甚至片面的层面上，这样提炼的观点与材料只能是若即若离、似是而非，有时甚至与事实南辕北辙、风马牛不相及，这不仅不能正确地引导读者和群众，有时还会产生负面效果。其次，不要偏听偏信。近年来，随着自媒体的快速发展，人人都是记者，人人都是新闻发现者、传播者，每天都有海量的信息通过各种渠道传播，由于网络发稿与审稿环节的不成熟、不规范，虚假新闻屡见不鲜。面对网络上层出不穷的新闻线索，时评记者如果缺乏冷静思考，没有认真甄别，很容易成为加速虚假新闻传播的帮手。再次，不要把“口子”开得太大。时评作者要在现实生活中选材，不能空发议论，流于空洞的说教，要从大处着眼、小处入手，以小见大，做到言之有据、言之有理、言之有度、言之有物。

我写作的《省长脱稿发言为何会刷屏》这篇时评的线索来源于网络，2016 年 5 月 8 日，在湖南省委城市工作会议上，时任湖南省省长杜家毫的一席脱稿发言，不遮掩问题，不回避矛盾，直指当前湖南部分地区在城市规划、建设、管理过程中暴露出的弊端，引发现场与会人员的深思。随后，反映省长脱稿讲话内容的《肺腑之言！看湖南省省长对城市建设的感悟与思考》帖子开始在朋友圈刷屏，并赢得社会广泛好评。我紧扣这一话题，广泛收集资料，在确保了新闻素材真实可靠的基础上，精心构思，从大处着眼、小处落笔，推出这篇评论。

二、求新

就是有新意。首先，要时效新。新闻时评是针对当前现实生活中群众最关注的事件、事实或者某个问题有的放矢地进行论述，使读者从中得到收获，因此它具有很强的时效性和针对性。时效性和针对性是有机统一的，如果一篇时评只突出针对性，而没有时效性，那也不是一篇成功的时评。其次，要题材新。著名记者、新华社原社长穆青同志在《新闻要抓新和实》一文中说："新闻要指导实际工作。但是，实际工作是不断前进、不断发展的，不能老是报道那些人们早已知道的老情况、老问题，总是说千篇一律的老话。我们要随着实际工作形势的发展，不断研究新情况，提出新问题，宣传新人物，介绍新经验，在'新'字上努力下功夫。"这也是新闻评论优稿写作的经验之谈。时评写作的主旨是弘扬真善美，鞭挞假恶丑。因此，在题材选择上要聚焦与人民群众生活息息相关的领域。对一些假恶丑的行为和现象进行评论、批判，引起广大群众的警示。对人民群众暂时不熟悉、不理解的新鲜事物进行严密的分析论证，消除人民群众的疑惑。再次，要文笔新。刘少奇说，一个新闻工作者"要采取忠实的态度，把人民的要求、困难、呼声、趋势、动态，真实地、全面地、精彩地反映出来"。所以，时评写作上要从群众的视角出发，用群众化的语言阐述问题，让群众能够理解和接受，从而鼓舞人民群众的斗志和信心，积极投入到社会主义物质文明、政治文明、精神文明与和谐社会的建设中。

我在时评《省长脱稿发言为何会刷屏》写作时就是从省长脱稿发言这一小细节入手，大题小做，以小见大，观点鲜明，层层深入，剖析犀利，别具新意，给人以深刻的感悟与启迪。评论刊发后，引起一定反响。搜狐、网易、一点资讯等媒体予以转载。一些网友留帖认为，文章有理有据，说理透彻，鼓舞人心。

三、求深

所谓“深”，是指新闻评论的思想内涵容量大，对问题挖掘得深。它不是单一、浅层面地反映问题，而是多角度、多侧面、多层次对大众普遍关心的热点、难点、疑点问题进行分析、探讨和解释。所涉问题往往带有普遍性，所提论点具有较强的指导性、针对性和启发性。如，在写《省长脱稿发言为何会刷屏》这篇新闻时评时，我就是针对“会海泛滥，套话盛行，早已成为当今社会的一大‘公害’”这一现象，敏锐地从时任湖南省省长杜家毫脱稿讲话在微信朋友圈刷屏这一角度切入，紧扣领导干部话风问题展开评论。评论写道：“这些发言内容没有条条框框和高谈阔论，而是来自深入实际后的体会和感悟，贴近生活接地气。这样的发言内容无疑拉近了群众的距离，让群众爱看爱读，帖子能够刷屏，能够成为热帖也就不足为奇。”评论通过对现象的分析点明了：表达是行动的先导，要切实转变会风，必须从领导干部学会“表达”入手。只有学会真诚表达，才能得到草根百姓的广泛认同。文章多方剖析，动态透视，颇有厚度。

◆ 附作品

省长脱稿发言为何会刷屏

这几天一篇名为《肺腑之言！看湖南省省长对城市建设的感悟与思考》的帖子在微信朋友圈里呈刷屏之势。不仅在微信朋友圈，此帖也成了新浪、搜狐、今日头条、华声在线、红网论坛、掌上长沙等网络媒体上的热帖。甚是有趣的是，和以往转发率极高的社会新闻、娱乐事件类热帖不同，此次受网民关注的是湖南省省长杜家毫一篇会议上的脱稿讲话。省长脱稿讲话为何能刷屏，从发言内容到网民跟帖，细细研读，不难找到答案。

接地气的内容群众才爱看。这篇《肺腑之言！看湖南省省长对城市建设的感悟与思考》的帖子主要内容是：今年5月8日，在湖南省委城市工作会议上，湖南省省长杜家毫的一席脱稿发言，不遮掩问题，不回避矛盾，直指当前湖南部分地区在城市规划、建设、管理过程中暴露出的弊端，引发现场与会人员的深思。从帖子内容来看，杜省长的脱稿发言包括谈现状、谈城市环境、谈城市公共服务、谈农民工进城、谈城市规划、谈城市功能、谈城市建设七部分内容。这些发言内容没有条条框框和高谈阔论，而是来自深入实际后的体会和感悟，贴近生活接地气。譬如，在发言中，杜省长谈到他在长沙城区骑自行车对城市公共服务的体会。从骑车上路，要骑上人行道、路断了要扛着车子过天桥、被交警拦、挨出租车师傅骂，一系列体验式镜头道出城市公共服务还有很大的提升空间。这样的发言内容无疑拉近了群众的距离，让群众爱看爱读，帖子能够刷屏，能够成为热帖也就不足为奇。就如网友“山坡坡”跟帖所说：“领导能接地气赞一个！百姓最希望官方深入到底、体察民情民意，同时解决‘疑难杂症’，造福一方人民。”

群众内心企盼党员干部有作为。党的十八大以来，习近平总书记提出“中国梦”，让人民群众的积极性、主动性、创造性竞相迸发，人民群众对那些对党忠诚、敢于担当、清白做人、心系群众的党员干部更为企盼，希望他们能有所作为，带领大家过上更好生活。只要党员干部真心实意从群众的角度去看问题，为群众办实事办好事，群众就会点赞。由于方便、快捷，时下，互联网正逐步发展为反映民意的直通车。很多时候，网民直抒胸臆地跟帖留言也最直观展示了群众的这种心声、这种企盼。从这篇《肺腑之言！看湖南省省长对城市建设的感悟与思考》的帖子跟帖留言中，不难发现，群众内心对党员干部有作为、生活环境越来越好、国家越来越富强有着强烈的企盼。就如网友“沧海一粟”跟帖所言“能以普通百姓的角度看问题，值得鼓掌，希望这样的领导干部越来越多。”

群众心里有杆秤，那秤砣是老百姓。如果，越来越多的政府利民之策、官员惠民之举成为刷屏的热帖，如果，越来越多的网民关心支持并参与到我们的家园建设上来，这既是百姓之幸，更是社会之幸国家之幸。

（原载 2016 年 5 月 17 日《怀化日报》，
2016 年度湖南新闻奖市州好新闻二等奖）

新闻评论也要讲好故事
——评论优稿的素材运用

当前，新闻工作者都在研究如何用百姓视角、百姓话语、百姓情怀采写新闻报道，讲好中国故事。为什么呢？这是因为跌宕起伏、别具一格、扣人心弦的故事更能吸引人、感染人、打动人、引导人，提高新闻报道的传播影响力。作为新闻报道中常用的写作形式，新闻评论也要讲好故事。这是因为，新闻评论讲好故事，就能将论据阐述得更清楚明白。

我就以《我们需要怎样的时代偶像》这篇时评为例，说说新闻评论如何讲好故事。

一、在生活中找到创作源泉

新闻评论的选题源自丰富多彩的生活，更来自记者的采访体验、感悟和思想启迪。实践中，一些年轻的记者总认为写评论不用深入一线采访，只要在现成的新闻报道中找到评论的由头就行。其实不然，写评论也需要采访，而且是深入细致的采访，就如同蜜蜂采花粉那样，只有“采”得广，“采”得深，才能酿出芬芳的甜蜜。写评论，只有坚持深入实际、深入生活，深入群众，才能真正了解人民群众的所需所想所盼，而不是从新闻报道的表象去肤浅地感知事物，才能写出有指导性、针对性，受群众欢迎的好评论。

地市报评论写作的定位和发展要求我们要将生活融入理性，写作不盲目跟风；让理性回归生活，在生活中找到写作的源泉。要做到这一点，就必须把老百姓的所想所需所盼与党和政府的精神融合在一起，这样的评论才是群众最想看、最爱看的。

新闻时评《我们需要怎样的时代偶像》应当说是对现实生活的真实反映，因而评论铿锵有力。2017 年 10 月 11 日，中国科学院院士、我国水土保持研究的奠基者、毕生心怀“黄河清”梦想的朱显谟离世。十余天过去，最早刊登这则消息的国内某知名媒体的官方微博转发量仅为 766 次。而在同一时期，某明星晒朋友聚会的帖子在百度热搜一小时内微博转发量就过万次。不仅仅是朱显谟，当年 8 月逝世的中国金属物理专业的奠基人柯俊，9 月逝世的“天眼”之父南仁东，关于他们的离去，无论是媒体网络，还是大众谈资，无一例外遇冷。在报社的编前会上，大家谈及这一现象时，均切肤地感言“不得不说”。我随后展开深入采访，倾听众议，结合自己的理性思考，及时撰成此篇，并在《怀化日报》“五溪评论”栏目刊出。此文一经刊发，得到业界和读者的好评。许多读者表示，文章针对我们需要怎样的时代偶像这个大问题娓娓道来、层层深入，不但可读性强而且立意深刻，是一篇非常值得品味的文章。

论据鲜活、实在，这更得益于我平时对生活细节的观察，无疑增强了言论的说服力和感染力。如我在《我们需要怎样的时代偶像》写道：“小时候，我们耳熟能详的钱学森、邓稼先，他们为了国家发展、民族振兴和社会进步，任劳任怨，不计个人得失的精神曾深深感动和激励着几代人。那时的我们，梦想是长大之后当一名像他们一样的人，立志好好学习，学成报国。现如今，年轻一代耳边环绕的是明星动辄片酬过千万元，网络红人纸醉金迷的潇洒。考进艺校当明星，拍个视频成网红，一夜致富好享福，成为越来越多年轻人梦寐以求的东西。”这些论据就是来源于对生活的观察和思考。

一篇得到读者首肯的新闻评论，在于通过“摆事实”的同时，用娓娓道来的聊天式方式，表达观点，阐述论断，解惑释疑。“讲道理”，避免在文中透出教训人的口气，而是像与朋友谈心那样去写作，每写一句话，都能直达心灵。行文上要力戒大话、空话、套话，多用朴实自然“接地气”的群众语言，让受众能看得懂，长知识。

譬如《我们需要怎样的时代偶像》中的描述：“在大众眼中，娱乐花边新闻远比这些科学家枯燥的坚守故事来得精彩和刺激。为了迎合受众，一些报纸电视，还有微信微博，对明星的花边新闻不吝长篇累牍，对这些被誉为国家级乃至世界级科学家的事迹却只言片语。”

这些来自生活中的、群众喜闻乐见的鲜活语言使文章更生动活泼，增强了可读性。

二、在讲故事中阐明观念

中国新闻奖评论作品获奖作者李忠志曾说过：“在评论写作中，讲好故事同样会起到事半功倍的效果。我们在文中运用大量生动而有说服力的故事……这些叙述的运用不但增强了文章的说服力，也增强了文章的可读性。”

业内人士都知道新闻评论不好写，既要出彩又要吸引读者就更难。究其原因在于，不少评论文章过于严肃和拘谨，拉开了与读者的距离。如何解决这个问题，我认为，增强文章的故事性无疑是个好办法。在新闻评论的写作中，凸显故事性，变以往的“用事件论理”为“用故事论理”，通过“小故事”反映“大时代”，“小人物”体现“大环境”。一篇评论需要多少故事，故事从哪里讲起效果更好，是几个故事穿插叙述，纵横交叉，还是紧紧抓住主线，一个故事从头道来？都要精心构思，巧妙布局。故事如何选取、如何讲述？我认为最关键的还是要看是否最适合论证的需要。评论中的故事是用来论证的，只有抓住最有代表性的故事，才能为文章添色，增强文章的说服力，才能与读者的心灵产生碰撞，迸发出耀眼的火花。

《我们需要怎样的时代偶像》这篇评论中，我围绕科学家的精神，讲述了和朱显谟有关的两个故事，一个是关于他是怎么治理黄土高原的。我在文中写道：为了心中“黄河清”的梦想，半个多世纪以来，朱显谟默默奉献在广袤的黄土高原，实地考察了黄土高原的沟沟坎坎 20 多遍，3 次跨越昆仑，两度入疆，提出了黄土高原整治“28 字方略”，为我国黄河中游泥沙治理工作做出了巨大贡献。另一个故事是 2015 年，朱显谟的学生、西北农林科技大学副校长吴普特在接受采访时说的黄河水变清的故事。这两个故事都具有时代性和新闻性，增强了文章吸引力和说服力。

◆ 附作品

我们需要怎样的时代偶像

10月11日，中国科学院院士、我国水土保持研究的奠基者、毕生心怀“黄河清”梦想的朱显谟走了。他的离去正如他70余年的科学研究生涯，低调平淡，寂寞无声。十余天过去，最早刊登这则消息的国内某知名媒体微博转发量仅为766。而在同一时期，某明星晒朋友聚会的帖子一小时内微博转发量就过万。

为了心中“黄河清”的梦想，半个多世纪以来，朱显谟默默奉献在广袤的黄土高原，实地考察了黄土高原的沟沟坎坎20多遍，3次跨越昆仑，两度入疆，提出了黄土高原整治“28字方略”，为我国黄河中游泥沙治理工作做出了巨大贡献。

“目前，经过国家实施退耕还林（草）等工程，黄土高原基本变绿，黄河流失土壤泥沙由13亿吨减少为3亿多吨。依据国内外研究黄河流量与泥沙运送量的平衡值为8亿吨来讲，黄河已经变清，先生的梦已经实现。”2015年，朱显谟的学生、西北农林科技大学副校长吴普特在接受采访时说。

一方水土养育一方人。笔者从小在江河边长大，山清水秀，良田肥沃，人民群众安居乐业的场景至今在记忆中挥之不去。同样是在儿时记忆中，洪水季节，黄河洪灾的消息时而会在报刊、电视上出现，一丘丘良田因洪涝而荒芜，一栋栋住房因洪涝而残破不堪，一户户人家因洪涝而支离破碎的镜头让人心痛难忘。如今，黄土高原变绿了，黄河水变清了，报刊、电视上也很少看见黄河洪灾的消息了，可以想象，黄河两岸百姓欣欣向荣的幸福生活。这一切，离不开朱显谟几十年如一日的默默付出。然而，这位用自己毕生努力造福成千上万家庭的科学家，离去时的背影却是那么的寂寥。

其实，这种寂寥并不属于朱显谟一个人，还有今年8月逝世的中国金属物理专业的奠基人柯俊，9月逝世的“天眼”之父南仁东。他们的离去，无论是媒体网络，还是大众谈资，无一例外遇冷。

在大众眼中，娱乐花边新闻远比这些科学家枯燥的坚守故事来得精彩和刺激。为了迎合受众，一些报纸电视，还有微信微博，对明星的花边新闻不吝长篇累牍，对这些被誉为国家级乃至世界级科学家的事迹却只言片语。

小时候，我们耳熟能详的钱学森、邓稼先，他们为了国家发展、民族振兴和社会进步，任劳任怨，不计个人得失的精神曾深深感动和激励着几代人。那时的我们，梦想是长大之后当一名像他们一样的人，立志好好学习，学成报国。

现如今，年轻一代耳边环绕的是明星动辄片酬过千万元，网络红人纸醉金迷的潇洒。考进艺校当明星，拍个视频成网红，一夜致富好享福，成为越来越多年轻人梦寐以求的东西。

一边是科学家离开时的寂寥背影，另一边是“粉丝”对网红失去理性的狂热崇拜。一冷一热中，不难发现当下人们精神追求上的困惑和迷失。

我们需要怎样的时代偶像，谁才能够真正代表这个时代的主流价值体系。黄土高原、深山老林、科研基地，朱显谟们坚守初心，几十年如一日地坚持，他们干干净净地来，默默无闻地走，留下科学家的淡泊和风骨，这应该成为我们最终期待和景仰的时代精神。

朱显谟、柯俊、南仁东……或许，他们不会成为热搜，但他们的名字我们应该知道，更应该记得。

（原载2017年10月31日《怀化日报》，
2017年度湖南新闻奖三等奖，2017年度中国地市报新闻奖一等奖）

真知灼见　真情实感

——时评优稿这样抓问题

一篇传播力、影响力比较好的新闻时评不仅要保持自己的特性，还要努力在抓问题上独具慧眼。

我采写的获奖新闻时评《根治幼教乱象不能止步“面上光”》主要有以下几个特点。

一、立论要准

任何一篇新闻评论，不论论题大小，篇幅长短，都需要有明确的立论，能够有的放矢、切中要害。如果写作之前对自己的立论不能明确把握，就很难展开深刻而有力的论述。有些评论之所以给人不痛不痒的感觉，很重要的原因就是没有准确清晰的立论，失去了处理内容的正确指导思想，从而在论据选择上也很难判断出孰重孰轻，文章只能面临形成条理不清、层次混乱、苍白无力的局面。新闻评论的目不仅仅是为了提出问题，引起读者警示，更重要的是为了推动问题的解决。因此，在立论的时候，要面向实际，论述某件事情、某种现象、某个问题，都要从实际出发，从受众的接受能力出发。立论只有从实际出发，实事求是，才能准确地宣传党和政府的政策精神，才能避免内容流于浅薄和片面。

2017 年 11 月 22 日晚开始，有十余名幼儿家长反映北京市朝阳区管庄红黄蓝幼儿园（新天地分园）幼儿遭遇老师扎针，11 月 26 日晚，北京警方就该事件进行了通报，11 月 29 日，红黄蓝教育机构发布道歉信。红黄蓝幼儿园虐童事件因为媒体的报道引发广泛关注。针对此类现象，我创作了《根治幼教乱象不能止步“面上光”》这篇时评，指出相关部门的整治措施只是治标之策，能够有效打击已经出现的问题，却并非治本之法，不能从根本上医治幼教乱象顽疾。文章深入剖析了整治措施只是治标之策的原因，追问了幼教乱象为什么会一而再，再而三发生的根源，并一针见血地指出，根治幼教乱象不能止步“面上光”，加大投入，让幼教回归公益才是长久之道。文章立论严谨，条理清晰，层面分明，起到了应有的传播效果。

二、立论要新

立论要新，就是要有新的思想，对提出的问题有自己独到的见解。同样的事物，从不同角度观察会得出截然不同的结论。新闻评论也是如此，对同一新闻事实进行评说，如果立论的角度不同，其结论也会大相径庭。因此，有经验的新闻评论工作者，都十分重视立论角度的新颖。那么，在具体实践中如何体现角度新颖呢？关键是要善于运用求异思维，从别人不易发现或容易忽视的地方切入，而且这样的切入点也是新颖的，令读者感兴趣的，这样就一下子拉近了与受众的距离，更容易引发人们的思考。

就《根治幼教乱象不能止步“面上光”》这篇时评而言，幼教乱象近年来已成为老生常谈的问题，新闻媒体发的新闻和相关评论也不少。如何写出新意，需要记者下功夫研究和分析。在这篇时评写作中，我跳出过去新闻媒体所刊发的相关评论的就整治谈整治的立论，而是更深层次地提出了新的立论，那就是要加大政府投入，让幼教回归公益才是长久之道。这样的立论也是来源于新闻事实，据媒体报道，从 2010 年至今，经媒体和网络曝光的发生在幼教机构的虐童或疑似虐童事件，已超过 60 起。涉事机构以民办幼儿园或私立托儿所、早教园为主，其中多为资质不全或无证机构。当前，政府部门要做大学前教育资源量，尽快将幼教纳入义务教育范畴，让城乡所有符合年龄条件的孩子都有机会享受公平的教育资源，这样才能使畸形发展的幼教市场回归公平优先的本质。

三、主题平民化

所谓新闻评论主题“平民化”，就是指新闻评论的主题选择上要以普通群众的视角去观察问题，用群众的眼光去关注群众生活状态，将他们对生活的看法和希冀更贴切地表达出来。在语言表达方面，采用普通群众能够理解和接受的通俗易懂的群众语言，发表有针对性和引导性的评论。新闻评论在内容和形式上坚持平民化，整个评论就会显得生动活泼，给人以鲜明、深刻的印象。

在《根治幼教乱象不能止步“面上光”》这篇时评中，我在主题选择上坚持平民化。幼教问题一直是人民群众关注的热点，这篇时评就是围绕“红黄蓝幼儿园虐童事件”这个社会热点展开评论，以“根治幼教乱象不能止步‘面上光’”为题，以点及面、由表及里，阐述了要尽快将幼教纳入义务教育范畴，让城乡所有符合年龄条件的孩子都有机会享受公平的教育资源，这样才能使畸形发展的幼教市场回归公平优先的本质。

在《根治幼教乱象不能止步“面上光”》这篇时评的语言运用上，我也用贴近群众通俗易懂的语言分析问题。比如写到幼儿园乱收费情况时，我用浅显易懂的话语分析：以整治幼教乱收费为例，早在 2011 年，国家发改委、教育部、财政部就联合出台了《幼儿园收费管理暂行办法》，剑指幼儿园乱收费，但很多地方依旧是我行我素，查而不绝、禁而不止。面对家长的质疑，幼教机构的答复都惊人一致，政府投入不足，只能自力更生。而当下，学前教育处于卖方市场，“僧多粥少”的现状让家长只能选择沉默。再比如写到，幼教乱象一而再，再而三发生的根源时，我用平实直白的语言分析：当家长的沉默成为一种习惯，一些私立幼教机构在追求利益最大化的道路上只会越走越远。压缩办学成本、苛待老师待遇、忽略监管职责，这一切最终都由幼儿来买单，学生吃得差、住得差，老师粗暴施教的幼教乱象也就屡见不鲜。

《根治幼教乱象不能止步“面上光”》这篇文章整体上来说采用平民化视角阐述问题，构思巧妙，标题引人入胜，语气平实、接地气。条理清晰，论述充分、到位，具有很强的现实针对性。评论刊发后，社会影响和读者反馈比较热烈。有评价认为，这是一篇好时论，以平民化的视觉观察问题，切入点好，有深度，为厘清认识问题、促进社会和谐进步发挥了积极作用。

◆ **附作品**

根治幼教乱象不能止步“面上光”

从涉事老师被拘留，园长被免职，再到主办机构发布道歉信，初冬时节，寒风凛冽中，引起社会广泛关注的红黄蓝幼儿园虐童事件终于落下帷幕。一切仿佛又归于平静。

在幼教乱象频出的当下，从红黄蓝这一事件的处置来看，相关部门的行动是及时得力的，从网民的言论来看，对这个结果似乎也是满意的。但令人担忧的是，每每遇到类似事件，在社会舆论的关注下，相关部门都会雷厉风行采取行动，然后就会出现非常熟悉的画面：涉事老师被拘留，涉事园长被免职，涉事主办机构出面道歉并承诺下不为例。这种看似“面上光”的治理模式真的就能根治幼教乱象吗？

答案恐怕是否定的。说到底，相关部门的整治措施只是治标之策，能够有效打击已经出现的问题，却并非治本之法，不能从根本上医治幼教乱象顽疾。以整治幼教乱收费为例，早在2011年，国家发改委、教育部、财政部就联合出台了《幼儿园收费管理暂行办法》，剑指幼儿园乱收费，但很多地方依旧是我行我素，查而不绝、禁而不止。面对家长的质疑，幼教机构的答复都惊人一致，政府投入不足，只能自力更生。而当下，学前教育处于卖方市场，“僧多粥少”的现状让家长只能选择沉默。

当家长的沉默成为一种习惯，一些私立幼教机构在追求利益最大化的道路上只会越走越远。压缩办学成本、苛待老师待遇、忽略监管职责，这一切最终都由幼儿来买单，学生吃得差、住得差，老师粗暴施教的幼教乱象也就屡见不鲜。而每每问题曝光后，老师受罚、园长解聘，主办机构道个歉后依旧开张营业。惩罚成本的低廉，让幼教从业者更是有恃无恐。据财新记者不完全统计，从2010年至今，经媒体和网络曝光的发生在幼教机构的虐童或疑似虐童事件，已超过60起。涉事机构以民办幼儿园或私立托儿所、早教园为主，其中多为资质不全或无证机构。

邓小平同志曾说："教育要从娃娃抓起。"良好的幼儿教育会培养一个人健康的习惯和品格，从而带来一个民族素质的全面提高。如果孩子在幼教阶段连身心健康都得不到保障，何来健康人格的培养。幼教乱象如何"刮骨疗伤"？笔者认为，加大政府投入，让幼教回归公益才是长久之道。当前，政府部门要做大学前教育资源量，尽快将幼教纳入义务教育范畴，让城乡所有符合年龄条件的孩子都有机会享受公平的教育资源，这样才能使畸形发展的幼教市场回归公平优先的本质。

十九大报告明确提出：要在幼有所育、学有所教、劳有所得、病有所医、老有所养、住有所居、弱有所扶上不断取得新进展。"世界上许多事情都可以等待，唯有孩子们的事情不能等待，因为孩子们的名字叫'今天'。"这是一位诗人说的话，朴实而又富有诗意，简单明了而又富有哲理。让我们守住"幼有所育"的底线，今天，你面对是一朵朵含苞欲放的花朵，明天，你迎来的将是满园春色。

（原载2017年12月26日《怀化日报》，
2017年度湖南新闻奖市州好新闻奖一等奖，
2017年度中国城市党报新闻奖二等奖）

第三章　通讯

深刻的主题　感人的事迹

——事件通讯优稿这样选材

事件通讯是一种比较常用的通讯体裁，顾名思义，它是以报道具有典型新闻意义的新闻事件为主要内容的。它与事件消息的主要区别在于，事件消息篇幅相对简短，内容集中于就事说事；事件通讯篇幅相对较长，内容上对事件的来龙去脉与发展过程及作用、影响交代较为详细。

事件通讯怎样选材，怎样确定主题，怎样组织结构，才能受读者喜欢，才能产生一定影响，我想以获奖作品《爱心温暖落难民工》的采写历程谈谈自己的感受。

一、要具有新闻性

新闻记者每天都要面对各种各样的现象或者事件，但并不是每种现象、每个事件都适合写成事件通讯报道。什么样的现象或者事件才是通讯报道的有效素材？主要是看现象或事件是否有价值，也就是通常所说的新闻性，新闻性事件要新近发生的、群众所关注的、对现实生活有一定影响的事件。《爱心温暖落难民工》就是一篇新闻性很强的事件通讯。首先从时效性来说，它是新近发生的新闻事件。当时获取的新闻线索表明这个新闻事件是即将发生的，是记者可以全程参与采访的，这就为稿件的采写赢得了时间。因为准备充分，新闻事件结束后，我立即写稿，于第二日见报，稿件时效性很强。其次，从这个新闻事件本身来看，也是群众所感兴趣的。这篇报道内容反映的是广州的相关部门和爱心人士来怀化寻找他们曾经帮助过的外来务工人员，并将对其进行进一步的帮助。新闻事件主角是怀化人，读者感兴趣。再次，是这个新闻事件是对现实生活有一定影响的事件，通过这个新闻事件的讲述，传递人与人之间的友爱和关怀，这种人文关怀情感是这个时代所需要的，这样的新闻报道对现实生活会产生一定的影响。

二、要主题明确

写事件通讯报道，必须有明确的写作目的，也就是要表达一种的主题思想，或是弘扬真善美，或是抨击假恶丑。如果没有明确的主题思想，就成了流水账式的材料总结，读者看不明白记者所要表达的思想，所要传播的观念，所要赞扬或者批评的某种现象，新闻作品要达到启发人、打动人的作用也就无从谈起。从《爱心温暖落难民工》这篇作品来说，我所想表达的一个主题就是，一位普通新闻记者的担当精神。这个主题思想是从接触这个新闻线索，到深入的采访，一步步在内心升华的。一次，我到怀化市慈善办采访，工作人员给我说了一个信息，广州清远市民政局的同志和清远电视台的记者将专程来怀化回访他们曾救助过的一位怀化辰溪籍农民工路云。听到这件事后，我眼前一亮，新闻记者和民政部门的同志千里迢迢回访救助对象，这不就是一条很好的新闻线索吗？第二天，我和怀化市慈善办的同志一道，全程参与了清远朋友的回访之行。采访中，清远电视台的钟志宏记者给我留下了很深的印象，当时她已是参加工作 10 多年的资深记者，还是清远市的十大杰出青年。为了一个自己救助过的普通外来务工者，她不远千里，风尘仆仆来到怀化回访，并联系爱心企业对救助者进行进一步的帮助。这种扶贫助弱的精神正是我们新闻工作者需要学习和发扬光大的。于是在回访过程中，我对钟记者在清远期间帮助路云的过程也进行了详细采访。通过深入采访，在写作前，我对整篇报道的主题思想已经非常明确，那就是通过这个事件报道赞扬新闻记者的职业精神，弘扬社会正能量。采访结束后，我当天就写出了报道，第二天在《怀化日报》头版头条刊发后，市民纷纷称赞这篇报道温暖、感人，怀化新闻界的同仁也纷纷表示要向清远电视台的记者学习，多关注民生，多服务群众。

三、要安排好叙事的顺序

事件通讯报道要把事情讲得一清二楚，并能吸引读者，就需要精心组织结构。是从头说起，以时间为序，采用“顺序法”；还是从尾说起，将事件结局放在开头，采用“倒序法”；或是采用叙事与交代背景交叉进行，形成相辅相成的“交叉法”。选择哪一种结构方法，都要根据采访所获取的所有素材和报道所确定的主题思想来科学设置。新闻记者面对不同的新闻素材和不同的新闻主题，要通过合理而巧妙的结构组织，将素材运用到恰到好处，从而达到深刻反映主题思想的作用，这样也不会给读者留下“结构固定，千文一面”的印象。在《爱心温暖落难民工》这篇稿件写作中，对采取怎样的叙事方式，我进行了认真思考。从新闻事件的时效性来说，它是 2 月 13 日这一天发生的事情，广东清远市中医院副院长、护士长，香港慈恩慈善基金会负责人和广东清远市电视台的记者钟志宏一行到辰溪县五一煤矿回访他们曾经救助过的农民工路云，并准备带他去广州继续帮他治疗。但在实际采访中，钟志宏记者在清远是如何认识路云的，是如何联系相关部门帮助路云的，都是不可忽略的情节。如果从整个新闻事件过程来说，怀化回访这个过程应该是属于整个新闻事件的一个环节。于是，我在写作中采用叙事与交代背景交叉进行，时断时续，相辅相成的“交叉法”，整个报道按 2 月 13 日回访的进程进行叙述，中间又交代背景故事，让整个新闻事件更充实丰富。在写作上，如何融入背景资料，才显得贴切自然？我在开头部分进行了巧妙处理，通过主人公路云的视角引入背景故事，衔接紧凑而自然。例如，文中写道："2月13日上午10点，阳光灿烂，住在辰溪县五一煤矿的路云的家门被轻轻推开。'老路，我们来看你了。'话音刚落，广东清远市中医院副院长、护士长，香港慈恩慈善基金会负责人和广东清远市电视台的记者一行便踏进了路云的家。再次见到自己的救命恩人，得知他们是专程千里迢迢来到家中看望他，并带他回清远治病时，路云这位朴实憨厚的汉子，再次流下了感激的泪水，发生在清远的那一幕幕又浮现在眼前。"

在灵活交代了背景资料、丰富了主题思想后，在报道结尾处，我又将时间回到了回访当时，文中写道："2月14日，路云与广东的好心人再次踏上了开往清远的火车。上车时，路云告诉记者，清远市人民给了他第二次生命，等身体康复后，他一定要留在清远，好好打工，回报清远人民的厚爱……"结尾通过主人公路云的话语将整个文章主题进一步深化，使文章更有内涵。

◆ **附作品**

爱心温暖落难民工

2月13日上午10点，阳光灿烂，住在辰溪县五一煤矿的路云的家门被轻轻推开。"老路，我们来看你了。"话音刚落，广东清远市中医院副院长、护士长，香港慈恩慈善基金会负责人和广东清远市电视台的记者一行便踏进了路云的家。再次见到自己的救命恩人，得知他们是专程千里迢迢来到家中看望他，并带他回清远治病时，路云这位朴实憨厚的汉子，再次流下了感激的泪水，发生在清远的那一幕幕又浮现在眼前。

清远打工，病倒公园众人助

今年1月6日，广东清远市电视台记者钟志宏在经过清远市江滨公园时，无意间发现一男子露宿在公园的凉亭内。此时已是上午9时多，太阳已经升得老高，可这位中年男子还蜷缩在地板上的一堆烂棉絮里。

因为这里是公共场所，有碍观瞻。钟志宏走上前去，想劝其离开，才发现他已病得奄奄一息，根本无法站立了。

路过的几位市民也反映说，这名男子已经流落在公园好些日子了，近来天气寒冷也不见他动弹，怕是病得不轻，希望有关部门好好安置一下，让他春节也能回家团圆。出于记者的职业责任，钟志宏当即向这名男子做了一番了解。得知流浪汉名叫路云，是湖南省怀化市辰溪县的一位农民，5年前来广东打工，2003年3月到清远后由于身体原因失业。没了工作，饥寒交迫的他最后流落街头以致奄奄一息。回到电视台，钟志宏以此做了一期《路云追踪》的节目，并进行连续报道，希望大家来关注他。江滨公园管理所工作人员得知情况后，与市民政部门联系，商量解决救助路云的事宜。

1月7日上午11时30分左右，已经病得不能行走的路云被清远市救助站的同志送往当地中医院接受检查治疗。经医生初步诊断，他属于胃病复发并有严重营养不良，病情严重，如果再晚些，后果不堪设想。

在当地民政部门帮助下，经过中医院11天精心治疗，路云看起来气色比以前好多了。医生说，他患有慢性胃炎及胆囊炎，目前情况已基本稳定，只要定期服药，病情是可以控制的。

大病初愈，春节前夕回故乡

躺在病床上，路云还不相信这眼前的一切。他激动地说："我在外打工这么多年没赚到钱，无脸见家人，病倒在街头时我以为必死无疑了，根本没想到会有这么多人来关心我。我现在最想回家，可是身无分文。"说着，两行浊泪流了下来。

一旁的救助管理站站长立即宽慰他："你放心，我们一定帮你解决车票的费用，你就只管回家后好好养病，与家人团聚共度春节吧。"

此刻正值春运高峰期，北上的火车票非常紧张，救助站还是设法与清远火车站取得了联系。在铁路部门的热心协助下，路云终于踏上了1月18日的返乡火车，在农历新年到来前，和久别的家人团聚。

爱心相助，路云再次上清远

当路云踏上回怀化的火车后，清远电视台又相继推出两期《路云追踪》的节目，《广州日报》也相继报道了这起清远人民关心帮助外乡打工仔的感人故事。路云在湖南、在辰溪还好吗？病情现在怎么样？上至清远市委副书记邓光荣，下至普通市民，对湖南辰溪的这位农民朋友充满牵挂。

2月1日，在清远市中医院的积极联系下，香港慈恩慈善基金会的负责人表示，愿意出资帮助路云去清远市治病，一直到他彻底康复。

然而，路云离开广东清远时，并没有留下详细地址。为寻找路云，怀化市民政局慈善办积极四处查寻，而广东的大小媒体也相继推出相关连续报道，一个普通打工仔受到了越来越多人的关注。

2月10日，怀化市民政局慈善办终于找到了路云的详细地址。

2月11日，香港慈恩慈善基金会负责人，广东清远市中医院副院长、护士长，清远市电视台记者一行千里迢迢赶往怀化。途中，清远市委副书记邓光荣几次打来电话，要他们一定要找到路云。

2月13日上午10时，他们找到了路云，并看望了路云的母亲。

2月14日，路云与广东的好心人再次踏上了开往清远的火车。上车时，路云告诉记者，清远市人民给了他第二次生命，等身体康复后，他一定要留在清远，好好打工，回报清远人民的厚爱……

（原载2004年2月16日《怀化日报》，
2004年度湖南省市州报好新闻一等奖）

现场，通讯的点睛之笔
——现场通讯优稿的观察技巧

现场特写是新闻通讯的一种写作样式，是指记者在新闻现场，根据自己所见、所闻、所感，通过生动而形象的语言描述，再现新闻事实发生时的场景与气氛，让读者读来如临其境、如闻其声、如见其人，进而增强新闻通讯的感染力和影响力。

现场特写因其鲜明的特色，很多记者在遇到现场感强的新闻素材时，喜欢采用这种写作样式，给读者留下深刻的印象。我采写的《英雄机场迎回“飞虎英雄”》就是一篇受到读者喜欢的现场特写。

一、细心观察，捕捉现场

写好现场特写首要前提就是细致的现场观察，没有现场观察，是写不出精彩的特写的。在特写采访中，记者要将自己与现场普通的看众区分开来，要有意识地将目光聚焦在新闻当事人、新闻现场上，近距离地“观察”“捕捉”人物的一举一动、事物的一枝一叶、场景的一花一木等细节特征和变化特点，尤其是精彩的时刻和“瞬间”。

《英雄机场迎回“飞虎英雄”》这篇现场特写虽然篇幅只有600多字，但为了捕捉到现场精彩的镜头，我和其他媒体的记者早上就一直守候在芷江机场，等待载有二战美国老战士代表团的南航波音737客机的到来，在几个小时的等待过程中，大家没有相互闲谈，都在为了各自的报道充分准备。在这个过程中，我认真观察芷江机场周围的环境，红色的地毯、欢迎抗战老兵的群众、手持鲜花的中学生、蓝蓝的天空微风习习，在这和谐美好的景物面前，和平友好的主题格外贴切，芷江机场曾经的英雄机场，将以崭新的面貌迎来二战美国老战士和平之旅。这里的一景一物虽和平日里没有什么区别，但在这特殊的日子里，却显得格外与众不同，显得格外有意义。而当南航波音737客机抵达芷江机场后，我更加集中精力，观察二战美国老战士走下飞机后的一举一动、一言一行。同时，也认真记录下现场欢迎队伍的表情。每一个细节、每一个场景，都为现场新闻写作提供了丰富而有价值的素材。

二、直接引语烘托现场

《美联社新闻写作指南》一书中指出："即便是初出茅庐的记者也会很快地认识到，引语是不可缺少的。它使新闻具有真实感。引语能在力所能及的范围内使读者同人物发生直接联系。没有引语的新闻，不论篇幅长短，就像月球的表面一样贫瘠荒芜。"

所谓直接引语，是指记者在采访中得到的被采访者的原话，在现场特写报道中直接引用被采访者的原话。它是烘托现场，增强报道现场感的有效手法。直接引语的好处就是让报道人物自己说话，使报道可读性、真实性更强。同时，直接引语还能使新闻报道更具镜头感，报道中引用新闻人物自己的话语，能让读者对新闻现场场景展开联想，拉近读者和新闻报道的距离。不难发现，那些直接引语引用得好的现场特写，内容会显得更生动真实，观点鲜明。

在《英雄机场迎回"飞虎英雄"》这篇报道中，我就多次直接引用现场人物原话，真实还原了现场。如引用老飞虎队队员 Dr. Jack Lund Schofield 的原话："芷江是一座英雄的城市！我终于实现了60年来的愿望，回到了芷江。""芷江发生这么大的变化，是和平环境下芷江人民努力建设的成果。二战时期我们曾经为和平而战，深知和平来之不易，所以我们今天更要倍加珍惜和平，只有和平才能有发展。"老飞虎队队员 B · ll Mahcer 的原话："芷江是我们战斗过的地方。今天，我们不仅是来这里共同分享纪念世界反法西斯战争胜利60周年的喜悦，更是来此重温历史，倡导和平，祝愿和平，进一步推动世界和平与发展。让人类远离战争，让我们的孩子永远沐浴和平的阳光。”通过老飞虎队队员的原话，道出了他们眼中芷江城的变化以及和平来之不易，大家要珍惜和平的心愿。

三、运用细节描写还原现场

文学作品讲究细节描写，新闻报道尤其是现场特写同样也要讲究细节描写。我们在欣赏文学作品时，不论是小说、报告文学，还是散文、游记，看完后留下最深印象的，往往是文章中一些细腻精彩的细节描写。同样，一篇成功的新闻作品也离不开细节的运用。邹韬奋的《华美窗帷的后面》、顾执中的《万里环行感想多——看人、看水、看火车》、穆青的《县委书记的榜样——焦裕禄》、冯健的《英勇搏斗一百天》、郭超人的《英雄登上地球之巅》、鲁光的《敲开世界冠军的大门——中国女子排球队纪事》、艾丰的《面对生活“不等式”——记大连造船厂船研所副所长张在勇》等，读完这些优秀的新闻作品，最打动我们、最让我们过目不忘的大多是文章中大量感人至深的细节描写。对现场特写来说，运用好细节描写不仅仅能增强现场感，更重要的是它能使读者对报道感同身受、在情感上形成共鸣。因此，我们在细节的选择上，切忌面面俱到，而是要选择最能突出人物个性特征，表现人物心理、情感、神态等方面的细节。

如《英雄机场迎回“飞虎英雄”》一文中，开头我就用了细节描写：“在今天下午 2 时 18 分，一架南航波音 737 客机稳稳地停在刚改扩建竣工的怀化芷江机场。二战美国老战士代表团共 107 人开始了他们的和平之旅。”通过这个现场细节描写，点明了文章主题，英雄机场迎回“飞虎英雄”的和平之旅。

在紧接着的群众欢迎二战老战士的段落，我用进行了现场描写：“‘欢迎，欢迎，热烈欢迎！’芷江机场成了欢乐的海洋，鲜花和笑脸一起迎向来自大洋彼岸、千里迢迢赶赴国际和平节的二战老战士们。芷江机场方圆百里的群众也来了。数百名举着鲜花和彩旗的小学生，向二战老战士们传递着芷江人们的热情。”

通过这个场景描写，让读者身临其境，强烈感受到英雄机场人民对“飞虎英雄”的敬爱之情，对和平美好生活的珍惜之情。

◆ 附作品

英雄机场迎回“飞虎英雄”

今天下午2时18分，一架南航波音737客机稳稳地停在刚改扩建竣工的怀化芷江机场。二战美国老战士代表团共107人开始了他们的和平之旅。

二战美国老战士代表团主要成员有美国飞虎协会主席约翰·迪克·罗西，美国飞虎14航空队协会主席韦恩·约翰逊，美国驼峰飞行员协会主席杰文·文雅德和美国杜立特中队协会理查德·库勒，美中航空历史遗产基金会主席杰夫·格林等。

“欢迎，欢迎，热烈欢迎！”芷江机场成了欢乐的海洋，鲜花和笑脸一起迎向来自大洋彼岸、千里迢迢赶赴国际和平节的二战老战士们。芷江机场方圆百里的群众也来了。数百名举着鲜花和彩旗的小学生，向二战老战士们传递着芷江人们的热情。

“芷江是一座英雄的城市！我终于实现了60年来的愿望，回到了芷江。”老飞虎队队员 Dr. Jack Lund Schofield 激动不已。“芷江发生这么大的变化，是和平环境下芷江人民努力建设的成果。二战时期我们曾经为和平而战，深知和平来之不易，所以我们今天更要倍加珍惜和平，只有和平才能有发展。”

“芷江是我们战斗过的地方。今天，我们不仅是来这里共同分享纪念世界反法西斯战争胜利60周年的喜悦，更是来此重温历史，倡导和平，祝愿和平，进一步推动世界和平与发展。让人类远离战争，让我们的孩子永远沐浴和平的阳光。”走下飞机，面对记者采访，曾在芷江机场运输物资的飞虎队队员 B · ll Mahcer 道出了飞虎队英雄此行的心声。

这些二战美国老兵将参观芷江民俗博物馆、和平园、飞虎队纪念馆等地，并将见证《芷江和平宣言》的签署。故地重游让他们百感交集，而此次芷江之旅，在这些老兵身上更多了一份和平的使命感。

（原载 2005 年 9 月 6 日《怀化日报》，
2005 年度湖南省市州报好新闻二等奖）

一曲激昂的英雄赞歌

——人物通讯优稿这样拉近读者距离

英雄人物是社会敬仰的对象和大众学习的榜样，他们的身上集中体现着中华美德和时代精神。媒体对他们进行宣传报道，在全社会营造学习英雄、崇尚英雄、争当英雄的浓厚氛围，对于弘扬新风正气、传递社会主义核心价值观具有十分重要的作用。

我采写的《山东小伙见义勇为感动怀化》这篇通讯，集中体现了人民呼唤英雄、时代需要英雄的时代精神。它不仅宣传了徐建涛舍身为民、义勇非凡的英雄行为，而且宣传了人民群众崇尚英雄、爱护英雄的高贵品格，具有强烈的感染力和生命力。现在再来读这篇文章，有几点感悟。

一、抓准主题、细致观察、深挖素材

当时是 2006 年 5 月 7 日下午，星期天，我原本是想到东兴商业步行街转转，了解一下步行街的经营情况，因为当时这是怀化城区第一条商业步行街。来到步行街路口，看见很多群众围拢在一起，说一个保安刚才在东兴街见义勇为被歹徒刺伤了。在与群众进一步交流中，得知这个保安名叫徐建涛，是怀化市东兴集团员工，山东人，来怀化做保安刚 3 年时间。5 月 7 日下午两点多钟，他只因路见不平，帮助受害人追赶抢夺嫌疑人并追回失物，事后竟遭抢夺嫌疑人纠集其 6 名同伙群殴报复，受伤住院。当我了解了大致情况后，敏锐地意识到这是弘扬正能量的好题材，一边询问当地群众报警了没有，一边给怀化市公安局的通讯员罗运山老师打电话，邀请他一起采访。为什么要给公安局的通讯员打电话，因为涉及案件的稿件，很多提法我怕搞

不准，这也是新闻记者做新闻报道的纪律要求。罗老师听我在电话里将大概情况说了后，也很激动，立即骑摩托车来采访。随着采访的深入，我们越发意识到这个新闻事件的内在意义和核心价值的不平凡。为了搞准客观事实，让稿件更饱满充实，这篇报道我们没有在第二天立即见报，而是在后面的几天里又相继采访了主人公本人，主人公的家属、同事，案件发生地的群众，医院的医生，派出所办案民警。深挖了大量有价值的素材，捕捉了很多动人的细节，为稿件的创作打下非常好的基础。在采访中，我们遇到了很多感人的情节。比如在案件发生地，当得知我们是采访徐建涛的英勇事迹后，周围群众热情很高，都跑来告诉他们所知道的情况。我们边做记录，他们就边看我们做记录，生怕我们漏掉细节，一些群众还买花篮、买水果自发去医院看望徐建涛。人民群众对英雄的朴实情感，时刻感动着我们，也激励着我们要更深入、更细致采访好这个新闻题材，写好这个新闻报道。

二、情感真挚，感染人、打动人

一篇成功的人物通讯报道，读者看后之所以能有所触动、有所启发，主要在于作者是带着真情实感去采访、去写作，是有感而发。白居易在《与元九书》中说："感人心者，莫先乎情。"心理学中关于情绪情感的定义是人们对客观事物的态度体验以及行为反应。人都是有感情的，一篇新闻报道要拨动读者的心弦，激起读者感情上的共鸣，首先要在情感上感动自己。以写人物通讯闻名的著名记者郭梅尼在谈到写作体会时也常说："记者的感情，记者的哭声，记者的泪水，读者都会感到、听到、看到的。记者感动了，读者才会感动；记者流泪了，读者才会流泪。"这些肺腑之言，深刻表达了情感在新闻写作中的重要性。

我在《山东小伙见义勇为感动怀化》这篇通讯中所传达的"向英雄致敬"的情感是浓烈的，所以也极大地感染了读者、打动了读者。

如文中开头写道："5 月 7 日下午，怀化市东兴集团员工、27 岁的山东小伙徐建涛，只因路见不平，帮助受害人追赶抢夺嫌疑人并追回失物，事后竟遭抢夺嫌疑人纠集其6名同伙群殴报复，受伤住院。连日来，徐建涛的英雄事迹受到领导和市民广泛关注，市委常委、市委政法委书记陈善美，市政府助理巡视员、市公安局局长李介德，鹤城区公安分局负责人，怀化东兴集团负责人分别看望慰问了接受治疗的徐建涛，东兴步行街群众也纷纷自发前往医院看望徐建涛。鹤城区公安分局团结派出所干警昼夜加班办案，仅用3天时间，于10日下午将5名犯罪嫌疑人抓捕归案。"

结尾写道："英雄是不会被遗忘的。东兴集团负责人的行动让小王很受感动。得知徐建涛见义勇为受伤住院后，东兴集团负责人立即送来住院费，并号召公司员工为徐建涛捐款，他们表示，将在公司召开表彰大会，大力弘扬徐建涛的见义勇为精神。"

这些充满激情的叙述、描写、议论、抒情融于一体，将时间、人物、景物有机组合在一起，充满激情，读后让人心潮澎湃，为之动容。

三、简洁明了，平易朴实，广泛传播

我在这篇稿件写作上用事实说话，不用套话、大话、空话，让读者从平实的文字中去领会人间的真情。通篇报道既不夸张也不煽情，用平铺直叙的白描手法，让事件说话、人物说话、场景说话，读者如亲临其境，见记者之所见，闻记者之所闻，感记者之所感，通过镜头式的文字让读者产生共鸣。如文中对主人公未婚妻的描写："在市三医院，记者见到了徐建涛的未婚妻小王。看着遍体鳞伤的未婚夫，小王眼里满是泪水：'我喜欢他这种见有坏人做坏事就要管的耿直。可最担心的也是他这种耿直，他在怀化人生地不熟，又没有亲人，现在出了事情都不知道怎么办。'"这样的话语很真实，也最容易抓住读者的心。又如对主人公的描述："10日上午11时，记者在市三医院急症科6病室见到了身中7刀、在昏迷了5个小时才苏醒过来的徐建涛。全身缠着绷带的徐建涛一脸憨厚地对记者说：'下次遇见坏人做坏事，我还是会管的。'"白描式的描述，让主人公的平民英雄形象跃然纸上。而对群众的描写，则更加烘托了人民群众敬爱英雄的内心情感。如写群众对徐建涛的评价："在东兴步行街，说起徐建涛，商家店铺的老板都伸出大拇指，称赞他是好样的。'他是山东人，为人热情，以前在这里做保安，我们有啥事情找他，他都肯帮忙。''他当过兵，一贯爱见义勇为，去年也是在这里，抓住了一个抢金项链的。'大家你一言我一语说着这位山东小伙的感人故事。徐建涛见义勇为受伤后，这些老板还自发买来花篮果篮去医院看望徐建涛。"

正是这些贴近群众、贴近生活的大众语言，让报道更生动、更有吸引力。《山东小伙见义勇为感动怀化》见报后，在社会上产生了较好反响。许多读者打来电话对徐建涛见义勇为的英勇事迹表示敬意；市委书记前往医院看望；《湖南日报》《长沙晚报》《潇湘晨报》及新华网、红网纷纷转播、转载。徐建涛本人也获得了"湖南省见义勇为先进个人""怀化十大新闻人物"光荣称号。

◆ 附作品

东兴集团山东籍员工徐建涛下班途中见义勇为，被歹徒报复受伤住院。连日来，怀化市民纷纷自发买来水果、鲜花去医院看望。公安干警积极展开侦查，仅用3天时间将主要犯罪嫌疑人抓捕归案——

山东小伙见义勇为感动怀化

5月7日下午，怀化市东兴集团员工、27岁的山东小伙徐建涛，只因路见不平，帮助受害人追赶抢夺嫌疑人并追回失物，事后竟遭抢夺嫌疑人纠集其6名同伙群殴报复，受伤住院。连日来，徐建涛的英雄事迹受到领导和市民广泛关注，市委常委、市委政法委书记陈善美，市政府助理巡视员、市公安局局长李介德，鹤城区公安分局负责人，怀化东兴集团负责人分别看望慰问了接受治疗的徐建涛，东兴步行街群众也纷纷自发前往医院看望徐建涛。鹤城区公安分局团结派出所干警昼夜加班办案，仅用3天时间，于10日下午将5名犯罪嫌疑人抓捕归案。

见义勇为遭到报复

10日上午11时，记者在市三医院急症科6病室见到了身中7刀、在昏迷了5个小时才苏醒过来的徐建涛。全身缠着绷带的徐建涛一脸憨厚地对记者说："下次遇见坏人做坏事，我还是会管的。"

5月7日16时30分，正在东兴步行街路口的徐建涛突然听到一阵呼救声，紧接着，一个20来岁的青年慌慌张张从他身边飞跑过去。一名60多岁的老婆婆踉跄地边追边喊："快抓住他，快抓住他，他抢了我的耳环！"徐建涛意识到从他身旁跑过的肯定是抢夺者，于是拔腿就追。追了大约40米远，徐建涛伸手一把抓住抢夺者的衣服，将他扭翻在地，抢夺者爬起身来正欲再逃，徐建涛把他摁住，两人扭打起来。见围观者越来越多，抢夺者掏出耳环，甩在路边，乘徐建涛转身拾耳环的间隙，抢夺者爬起身，逃之夭夭。徐建涛将被抢的金耳环退还给老婆婆，老婆婆执意要买香烟答谢徐建涛，被他谢绝了。

做了好事的徐建涛并不知道一场惨剧正在向他靠近。他像往常一样来到东兴步行街各个商店门面转转，因为以前他在东兴集团当过一年保安，大家都和他很熟。听说卓多姿商店老板石姐要为她母亲买束鲜花，徐建涛说，自己和对面鲜花店老板熟悉，愿意陪石姐一起去，可以打折。他们刚刚走出店门，旁边商店老板1岁多小孩正在哭闹，徐建涛又抱起小孩，边去买花边哄小孩。

17时10分，买回鲜花，刚过马路，从农业银行附近冲出四个手提砍刀的男子，徐建涛扭头一看，认出那其中的一名男子正是刚才被他追赶的抢金耳环之人。"不好，他们要报复。"徐建涛将石姐往旁边一推，抱着小孩，往东兴步行街跑。因为抱着小孩，奔跑不便，在奔跑中，徐建涛被砍1刀，在东兴步行街大路口，徐建涛身上血流如注，倒在地上，又被连砍6刀，怀中的小孩也被砍了一刀。这帮坏人又朝徐建涛踢了几脚后，一哄而散，往旁边超市方向逃窜。

经过全力抢救，徐建涛于5月8日凌晨1时苏醒。主治医生瞿哲告诉笔者，徐建涛全身刀伤7处，其中右前臂、双膝关节最严重。小孩伤势也严重，全身多处粉碎性骨折，脚韧带断裂。

公安民警神速破案

徐建涛见义勇为遭报复的事情受到怀化市、鹤城区各级领导高度关注，市委常委、市委政法委书记陈善美要求公安民警全力以赴，尽快破案。

自5月7日下午，鹤城区团结派出所接到报案后立即展开调查。5月8日中午，通过走访案发现场群众，派出所民警初步确定犯罪嫌疑人，5月9日凌晨2时，犯罪嫌疑人李某首先被抓获，为侦破整个案情打下良好基础。

5月9日，团结派出所民警摸清主要犯罪嫌疑人唐某、何某在金海广场一网吧出现。所长李卫东、分管刑侦的副所长胡曼武带领12名民警，迅速赶到金海广场蹲点守候，13时，唐某、何某离开网吧准备潜逃时被抓获。

5月10日15时，团结派出所民警在湖天开发区又抓获另外两名犯罪嫌疑人。

经审讯，犯罪嫌疑人对犯罪事实供认不讳。5月7日下午，唐某在东兴步行街抢夺后被徐建涛追回失物，心存不满，于是叫来6名同伙，对徐建涛进行报复，当时有4人参加了砍人，还有3人负责看风。

团结派出所所长李卫东告诉记者，现在主要犯罪嫌疑人已经抓获，另两名犯罪嫌疑人正在抓捕之中。

英雄事迹感动怀化

在东兴集团，总裁办行政处处长杨司平，行政处职员李沛容告诉笔者："伸张正义是徐建涛一贯作风，他见义勇为，我们并不觉得奇怪。平时，他就是一个好人，一个好兄弟。"他们说，徐建涛是山东青岛人，

2003年退伍招聘到东兴集团。在公司，他为人热情，做事踏实，乐于助人，年年被评为公司年度先进人物。因为表现好，他在东兴集团做了一年保安后，就被抽调到总裁办，现在在后勤处上班。

在东兴步行街，说起徐建涛，商家店铺的老板都伸出大拇指，称赞他是好样的。“他是山东人，为人热情，以前在这里做保安，我们有啥事情找他，他都肯帮忙。”“他当过兵，一贯爱见义勇为，去年也是在这里，抓住了一个抢金项链的。”大家你一言我一语说着这位山东小伙的感人故事。徐建涛见义勇为受伤后，这些老板还自发买来花篮果篮去医院看望徐建涛。

在市三医院，记者见到了徐建涛的未婚妻小王。看着遍体鳞伤的未婚夫，小王眼里满是泪水:“我喜欢他这种见有坏人做坏事就要管的耿直。可最担心的也是他这种耿直，他在怀化人生地不熟，又没有亲人，现在出了事情都不知道怎么办。”

英雄是不会被遗忘的。东兴集团负责人的行动让小王很受感动。得知徐建涛见义勇为受伤住院后，东兴集团负责人立即送来住院费，并号召公司员工为徐建涛捐款，他们表示，将在公司召开表彰大会，大力弘扬徐建涛的见义勇为精神。

（原载2006年5月11日《怀化日报》，
2006年度湖南省市州报好新闻二等奖）

一篇出彩的时政报道
——领导活动报道优稿这样写成

在新闻实践工作中，很多年轻的同志感慨：时政报道容易写，但写好、写生动难，写出能获奖的优稿更难。说容易写，主要是说时政报道有一定的写作模式，按照这个模式写不会出错也容易完成采写任务。说写好、写生动难，也正是因为大家习惯了时政报道的模式化写作，很难在文章结构、语言风格等方面有所突破，所以写出来的稿件不打动人，要想成为获奖的优稿也就无从谈起。

我的《侗寨苗乡年似火——张春贤与怀化基层群众欢度春节速写》这篇时政通讯稿件，受到读者的肯定，并能获奖，主要有几点体会：

一、提高政治素质，让时政报道采写及时

2008 年 12 月 22 日至 23 日，时任省委书记张春贤深入怀化新晃、麻阳两县看望慰问基层群众并和基层群众一起过小年，我跟随报道，领导活动结束后 3 个小时内，我就圆满完成了写稿任务，新闻报道《侗寨苗乡年似火——张春贤与怀化基层群众欢度春节速写》不论是考察过程中的细节描写还是考察结束时的重要讲话，我都把握到位。审稿时，市委领导及市委宣传部领导都对新闻报道导向正确、写稿及时、语言优美给予积极肯定，并要求市级其他新闻媒体都以我采写的新闻稿件为通稿，该稿还荣获湖南省市州好新闻奖。同行都称我为“时政报道快枪手”。其实，在时政报道中看似简单的字里行间里所凝聚的辛勤汗水，或许只有我自己清楚。为了这个“快”字，多年来，我时刻不忘提高自身的政治素质和理论修养，通过刻苦学习，让自己

能够全面理解党的路线、方针、政策，熟练掌握上至中央下至省市的重大决策和重要工作部署，准确把握时代的脉搏，在采写党政主要领导活动时，才能做到了心中有数，写稿游刃有余。比如在《侗寨苗乡年似火——张春贤与怀化基层群众欢度春节速写》这篇文章的写作上，省委书记深入两个县，慰问了很多基层群众，看了新农村建设的情况，产业发展的情况，基层党组织建设的情况。两天时间，我带的录音笔就录了近 5 个小时的录音，笔记本记录了 10 多页的笔记。如果按常规写作，仅整理录音就要很长的时间。但正因为平时的知识积累，在翻开记录本的时候，哪些情节能够体现文章主题思想，哪些内容是群众感兴趣的，我都能够准确把握。对一些需要选用的素材，我都对照笔记本认真查看，对个别记录不是很详细的地方再听一遍录音，这样在写作上就节约了大量时间，确保了报道的时效性。

二、采访作风实，让时政报道贴近群众

在工作实践中，我深刻体会到，对采写党政领导活动报道的时政记者来说，如果作风不扎实，采访不深入，就写不出有分量的稿件，写不出贴近群众的稿件。每一次跟随市委主要领导下基层调研，我都将“勤”字牢记在心，笔记本、录音笔从不离手，在企业车间，在田间地头，领导的每一句讲话，每一个细节，我都熟记笔端。在夜深人静，人们都进入梦乡时，我仍在灯下认真整理当天的领导活动记录，领导哪段讲话精彩，哪个细节感人，新闻写作用消息体裁还是用通讯体裁，怎样让领导活动贴近群众，让领导活动报道生动好读，我都用心思考。如通讯《侗寨苗乡年似火——张春贤与怀化基层群众欢度春节速写》的写作，我围绕“省委书记深入怀化新晃和麻阳慰问基层群众并与基层群众一起过小年，将党和政府的温暖带到基层群众心中”这个新闻主题，采写时，我用心聆听，用心记录，不轻易放过任何一个动人的细节、感人的场景。不仅仅是将新闻视觉对准省委书记，我还认真细致地记录着群众的一言一行，记录群众对党的好政策的感激之情，对农村建设的美好憧憬，对美好生活的向往。写作时，我精心构思，将原本的消息体裁改为

通讯体裁，突出省委书记进农家访民情、听民意、暖民心的细节描写，使省委书记心系基层群众、关注基层发展之情跃然纸上。文章见报后，获得社会好评。

三、新闻敏感强，让时政报道新颖好读

怎样让时政报道既好读又能出优稿，这是每一名时政记者梦寐以求的。在时政报道中，我不断提高新闻敏感性，处处做有“心”人。在时政报道的采访过程中，善于发现新闻，挖掘新闻，并以此提炼新闻主题，我的部分时政新闻作品达到了出新好读的效果。如通讯《侗寨苗乡年似火——张春贤与怀化基层群众欢度春节速写》的创作，农历小年，是群众举家团圆的喜庆之日，打糍粑、挂灯笼、贴对联，农村各家各户都是欢乐祥和，在这种背景下，省委书记来到群众身边，和基层群众一起过小年，慰问基层群众，听取基层声音，这本身就是群众感兴趣的新闻素材。如果在新闻作品中，精心谋划好，字里行间将干部群众这种其乐融融的鱼水情表现出来，文章就会新颖有看点。在写作中，我打破以往稿件格式，创新文风，突出省委书记的为民情怀，不论是走访慰问过程中的细节描写还是慰问活动结束时的重要讲话，我都紧紧抓住这个为民情怀。同时，在写作中我还大量运用场景描写，拉近了读者的距离。例如，我描写省委书记到新晃罗镇东风村的场景：“1 月 22 日下午，新晃扶罗镇东风村，因为省委书记的到来，今年侗寨的年味比往年更浓。欢快的唢呐，铿锵的锣鼓，响亮的鞭炮，喜庆的气息在大山之中荡漾。‘欢迎省委书记到侗寨同我们一起过年。进寨前请喝上我们侗家自酿的米酒。’穿着整洁侗族服饰的乡亲们，将飘香的米酒递过来。张春贤接过米酒，高兴地一饮而尽。走进寨子，张春贤不时向热情的乡亲们挥手致意，并给农民兄弟当助手，拿起长长的捣棰，和着号子打糍粑，祝福乡亲们新年快乐。”描写省委书记到麻阳谭家寨乡楠木桥村的场景：“‘省委书记给我们拜年来了！’听说这个消息，麻阳谭家寨乡楠木桥村村民们都兴奋地拥向村口，穿上苗家盛装、点燃鞭炮、舞起狮子，欢迎远道而来的客人。张春贤走进村子，满脸

笑容向四面八方围拢过来的群众拱手致意：‘我代表省委、省政府来看望乡亲们，给大家拜年啦！’”

这些富有现场感的细节描写，生动的“大白话”，精彩的场景叙述，让文章清晰自然，拉近了读者的距离。

◆ 附作品

侗寨苗乡年似火

——张春贤与怀化基层群众欢度春节速写

火红的灯笼映红了农家院落，如潮的爆竹渲染着节日欢腾，温馨的祝福增添了寒冬温暖。新春来临，省委书记、省人大常委会主任张春贤来到怀化苗乡侗寨看望基层群众，并和乡亲们一起欢度春节，共话发展。省委常委、省委秘书长杨泰波及市委市政府主要领导一同前往。

1 月 22 日下午，新晃扶罗镇东风村，因为省委书记的到来，今年侗寨的年味比往年更浓。欢快的唢呐，铿锵的锣鼓，响亮的鞭炮，喜庆的气息在大山之中荡漾。

“欢迎省委书记到侗寨同我们一起过年。进寨前请喝上我们侗家自酿的米酒。”穿着整洁侗族服饰的乡亲们，将飘香的米酒递过来。张春贤接过米酒，高兴地一饮而尽。走进寨子，张春贤不时向热情的乡亲们挥手致意，并给农民兄弟当助手，拿起长长的捣棰，和着号子打糍粑，祝福乡亲们新年快乐。

来到姚茂禹家，“国家强盛人民安乐，社会和谐事业昌隆”的对联，高高悬挂的大红灯笼，处处洋溢着吉祥美好。烤着炭火，大家促膝而坐，话题一个个展开：家里主要收入来源是什么？新的一年里有什么致富打算？……

姚茂禹说：“党和政府的政策好，自己养猪、喂牛，还开了一个木材加工厂，一年下来能有 4 万多元的收入。明年争取将木材加工厂规模再扩大些。”

看到乡亲们日子过得红红火火，家家住房窗明几净，张春贤很是欣慰。

谈话过程中，张春贤告诉乡亲们，在新的一年里，省委、省政府将继续加大支农惠农政策力度，让各族群众尽快走上共同富裕的道路。

“感谢党和政府，感谢张书记！”姚茂禹激动地说。

张春贤说：“希望乡亲们在党和政府的帮助下，勤劳致富，生活一年更比一年好！”

夜已深，冬气寒，侗寨里却暖意四溢，省委书记与侗族群众真情交融，欢声笑语久久回荡在大山深处……

1月23日下午，张春贤又来到麻阳，看望基层群众送上新春祝福。

“省委书记给我们拜年来了！”听说这个消息，麻阳谭家寨乡楠木桥村村民们都兴奋地拥向村口，穿上苗家盛装、点燃鞭炮、舞起狮子，欢迎远道而来的客人。

张春贤走进村子，满脸笑容向四面八方围拢过来的群众拱手致意：“我代表省委、省政府来看望乡亲们，给大家拜年啦！”

楠木村全村1308人，其中98%为苗族，依靠水果种植和劳务输出，村民们都过上了好日子。在村口，不少从外地回家过年的年轻人拿起手机，拍下省委书记来到苗乡和大家过年的喜庆画面。“你们在外打工情况怎样，收入还行吗？”张春贤问道。“收入还不错。”村里的小伙子们争着向省委书记介绍在外打工的情况。“金融危机对大家外出务工有影响吗？”张春贤关切地问。“有一些影响，但现在市里、县里都在帮我们出主意、想办法，我们留在农村发展蔬菜、水果，也能过上好日子。”看见省委书记来到这里，乡亲们发家致富的信心更足了。张春贤不住地点头说：“只要找准致富的路子，勤劳肯干，日子就会一天比一天好，希望你们牛年更牛，生活蒸蒸日上。”

走在整洁的乡间水泥路上，省委书记被朴实好客的苗家乡亲争相请到自己家做客。张春贤亲切地与大家交谈、握手、祝福。在村民谭荣甲家里，张春贤与村里的几位百岁老人及老党员、村干部促膝谈心，畅谈村里的发展。乡亲们介绍说，在村干部的带领下，村到组公路和到户路面全部实施水泥硬化，全村程控电话普及率达80%，有线电视安装率达95%，自来水入户率达100%，修建了沼气池168个。2008年，还被省政府授予全省社会主义新农村建设示范村。“您来村里做客，是我们苗乡人民的荣幸，有你们的关心，我们的生活才会越来越好。”谭荣甲激动地说。

听着老乡们发自内心的话语，看着乡亲们幸福美满的生活，张春贤非常高兴，频频举杯向大家敬酒，感谢老党员、村干部为群众所做的工作。张春贤深情地说：“苗乡人民淳朴善良，希望苗乡人民的日子越来越兴旺，家庭越来越幸福。我们基层党员干部要将群众的利益摆在第一位，带领群众致富奔小康，只有让村里发展越来越好，群众的日子越过越美，我们的党员、干部才是好党员、好干部。”

吃着农家菜，喝着农家酒，说着农家事，伴随着苗乡此起彼伏的鞭炮声，整个村庄沉浸在欢乐祥和的气氛中……

（原载2009年1月31日《怀化日报》，
2009年度湖南省市州报好新闻二等奖）

娓娓道来　最是动人处

——人物通讯优稿这样讲故事

《那些年、那些人、那些事——走近怀化义工》是我2012年采写的稿件。虽然时间过去了这么久，但里面的故事、里面的情节，我记忆犹新。这是一群普普通通的人，走在大街上，融入来来往往的人群中，或许根本无从让人留下过多的印记。但就是这样一群普普通通的人，他们在工作之余，或开展环保活动，或到敬老院慰问孤独的老人，或在冰天雪地里为路人疏导交通，他们用自己的一个个很小的行动，温暖着很多人。

这篇作品曾经打动过很多年轻的读者，一些年轻人也因为感动而融入义工的队伍中。一篇新闻报道能感染人、启发人、带动人，我觉得是值得欣慰的。现在再来看这篇通讯报道，我觉得之所以能够打动读者，应该是在于这种娓娓道来的故事叙述，最是动人处。

一、深入，因为感动所以行动

著名记者艾丰把选择新闻角度比喻为“挖矿”。他说：“新闻价值在事实内的蕴藏是不均匀的，有各种不同的‘矿藏’，选择好的角度，就是为了便于记者更迅速、更顺利地开采这些价值。如果说美术、摄影的角度是为了美的价值，那么新闻角度的选择，在于追求新闻价值。”

采写这篇通讯时正逢党的十八大召开之际，当时，为喜迎党的十八大召开，怀化日报社推出了大型专栏报道《科学发展　成就辉煌　喜迎党的十八大》对怀化各行各业中产生的好典型进行重点宣传。在一次采访中，我听迎丰社区的同志说，社区的义工组织很拮据，虽然连简陋的办公场所都是租的，但他们的义工活动6年来一直不曾间断。我觉得有责任将这个爱心团队报道出去，让更多的人去关注他们、关心他们、加入他们，为城市和谐美丽增添亮色。我立即向社委会汇报，社委会研究后决定将怀化义工作为《科学发展成就辉煌　喜迎党的十八大》大型专栏报道的重头稿件推出。如何原汁原味反映怀化义工的所言、所行、所思、所爱，我觉得面对面的采访还不够，必须融入他们，成为他们的一员才行。于是，我也以义工的身份参加他们的活动，做交通劝导员、去敬老院看孤寡老人、到公园捡垃圾，和义工们一起分享每一次活动的充实和喜悦。同时，我还加入了怀化义工QQ群，和他们经常聊义工活动一些点点滴滴。2008年元月，怀化冰冻雪灾，怀化义工队员来到迎丰路、火车站广场铲雪除冰，给出行的人带去阵阵暖意。5月12日，汶川地震，怀化义工联合社会爱心人士一行24人带足物资药品，驱车奔赴重灾区之一的绵阳安县境内，与解放军官兵一同解救了8名古稀老人，将爱的力量再次温暖放大。6月，怀化义工迎丰义工总站正式成立，怀化义工终于有了自己的办公场所。同年，靖州义工、辰溪义工、芷江义工也初具规模。通过深入交流，这些生动的故事，一件件流淌于笔端，走进大众的视野。

二、倾听，他们身上都有感人故事

采访义工，我最大的感受就是，这些普普通通的平凡人，他们每个人身上都有感人的故事，而我要做到就是将他们的故事用最美的方式呈现给读者，让读者了解这一群可爱可敬的人。用什么样的方式呈现他们的故事，我首先想到的是细节，一个个如晶莹剔透的露珠般的细节。

首先选准用好最能表现事物本质的细节。所谓新闻细节，是构成人物性格、故事情节、事件发展的最基本、最细小的单元。在这些细节中，又有主要细节、次要细节、本质细节、表象细节之分。一篇触动人、感染人的人物通讯报道就是要通过深入思考、认真分析、精心选择，舍弃一般化的表象细节材料，挑选出最能体现本质特性的典型细节。我写在《那些人，那些事，那些感动——走近怀化义工》这篇通讯中的每一个细节，都是经过精心选择，体现了义工的本质面貌。如写怀化义工第一次组织的义工活动现场描写："2006年9月3日，怀化爱心义工开始了第一次活动，清理鹤洲路的'牛皮癣'，有15名队员参加，其中包括1名中学生。第一顶义工帽是阿福用涂改笔手写绘上去的，没有统一的服装，他们就用喷绘做了若干个标志，然后用别针钉在自己的衣服背后。"怀化义工成立后，第一次走进山区进行助学活动的现场描写："2007年，怀化义工将爱心触角延伸到更偏远的山村。在芷江板山乡助学活动中，义工们在崎岖的山间小路上连续步行两天，一户一户走访贫困学生家庭，脚底都磨出了水泡。"这样的新闻事实以形象生动的细节来体现，很有立体感，唤起读者的亲切感，增强了读者的阅读兴趣。

其次是选择最能揭示报道主题的细节。主题是一篇新闻作品的灵魂，只有主题立得住，这篇作品才有精气神，才能给读者留下深刻印象。志愿服务活动是一份没有报酬的工作，每次活动都要占用义工们自己的工作及休息时间。但义工始终奉行着"奉献、友爱、互助、进步"的志愿精神，在做好自己的工作之余，抽出宝贵的时间投入到义工活动中。义工都是一个个平凡人，但就是这样一个个平凡人通过一天两天、一年两年的默默行动改变着你我他，改变着这座城市。"行胜于言"是对他们最好的精神写照。传递他们这种精神，让城市越来越温馨美丽，这也是我写这篇稿件的初衷，也是我这篇稿件的主题。因此，在文章中我采用了大量细节来诠释义工们这种奉献、友爱、互助、进步。如描写义工"冬天的冰激凌"第一次参加义工活动的细节："'第一次活动，有开心也有羞涩。''冬天的冰激凌'做了个调皮的鬼脸。那是今年6月17日，在中方县鸭嘴岩敬老院，因为刚参加义工活动，对大家不熟悉，感觉很不自在。看见其他义工搞卫生、陪老人谈心、给老人包饺子，忙得不亦乐乎，'冬天的冰激凌'只好厚着脸皮这里问问，那里帮帮，有时候，感觉自己实在是插不上手，就悄悄地闪到一边去。不过尴尬局面，几个小时后就在大家有说有笑中消失了。忙乎了大半天，看着老人们津津有味地吃着大家做的饺子，一股温馨的暖流让'冬天的冰激凌'和其他义工们的心融洽到了一起。”

从第一次参加义工活动的羞涩不熟悉，到通过一次、两次、三次参加义工活动，熟悉这个团队，融入这个互助友爱的氛围。正是很多义工的亲身历程。这样的细节既打动了义工自己，也打动了更多的读者。

长篇通讯《那些年、那些人、那些事——走近怀化义工》在《怀化日报》以整版的形式发表后，在社会上产生了很大反响。团市委领导、部分离退休老干部和社区群众致电、致信本报，向怀化义工表示敬意，向记者表示感谢。怀化义工联的同志说，许多人因为看了这篇报道而加入义工，怀化义工的队伍会越来越壮大，越做越好。该篇报道还荣获了2012年度湖南省市州报好新闻奖一等奖并先后被新浪网、怀化义工网等媒体转载。

◆ **附作品**

那些人，那些事，那些感动

——走近怀化义工

由于助人而受亲爱，由于柔和而有魅力，由于温和而为人所偏爱，由于有一切德而受尊重。——题记

QQ群串起一个家，用爱心温暖你我

人物：whf0745（阿福）、沙漠的海、幽幽、王姐等

年龄：老中青结合

义工龄：怀化义工中的元老

说起怀化义工，不能不提怀化义工联和它的创立者们，whf0745（阿福）、沙漠的海、幽幽、王姐等。用一句比较时尚的话来说，他们属于怀化义工殿堂级人物，只要走进怀化义工队伍，到处都能听见他们的故事。6年，2000多个日日夜夜，在爱的旅途中，有快乐幸福，也有困难险阻，他们携手同行，不言放弃。

阿福是怀化义工联的最初发起人，在深圳闯荡多年的他，最大的收获就是经常参加深圳义工联组织的公益活动，这些活动让人感到充实、有意义。回到怀化后，得知怀化还没有这样的义工组织，于是他决定去牵头做这个事。

2006 年 8 月 26 日晚上，阿福在 QQ 聊天室怀化版里发布了一条内容为“招募怀化爱心义工成员”的信息，没想到很快得到了网民的积极响应。沙漠的海、小唐和其他几位志同道合的朋友相继参与了进来。沙漠的海当天晚上就开通了怀化爱心义工服务小组 QQ 群，小唐在 TOP 注册了怀化爱心义工的免费论坛。在爱心感召下，一个 QQ 群搭建起“怀化市义工联合会”雏形。

2006 年 9 月 3 日，怀化爱心义工开始了第一次活动，清理鹤洲路的“牛皮癣”，有 15 名队员参加，其中包括 1 名中学生。第一顶义工帽是阿福用涂改笔手写绘上去的，没有统一的服装，他们就用喷绘做了若干个标志，然后用别针钉在自己的衣服背后。每一次活动，都有新成员加入，不到 3 个月时间，爱心义工已经接近 100 人。爱心义工服务小组也更名为“怀化爱心义工服务大队”并分成了若干个小组。

2006 年 11 月份，怀化爱心义工正式简称为“怀化义工”。义工王姐将自己家存放 10 余年的缝纫机搬了出来制作义工马甲，义工陈刚绣制了近 30 顶标有“怀化义工”的义工帽，义工王子为怀化爱心义工设计了 LOGO。鲜艳醒目的着装，让义工们格外有精神，格外有活力。这一年，怀化爱心义工队员第一次走进鹤城区福利院，第一次和福利院的小孩子接触认识；第一次走进乡村——鹤城区凉亭坳乡，开始对贫困学校、贫困学生的走访调查；第一次走进敬老院，将爱心和微笑送到老人们身边。

2007 年，怀化义工将爱心触角延伸到更偏远的山村。在芷江板山乡助学活动中，义工们在崎岖的山间小路上连续步行两天，一户一户走访贫困学生家庭，脚底都磨出了水泡。

2008 年元月份，怀化冰冻雪灾，怀化义工队员来到迎丰路、火车站广场铲雪除冰，给出行的人带去阵阵暖意。5月12日，汶川地震，怀化义工联合社会爱心人士一行24人带足物资药品，驱车奔赴重灾区之一的绵阳安县境内，与解放军官兵一同解救了8名古稀老人，将爱的力量再次温暖放大。6月，怀化义工迎丰义工总站正式成立，怀化义工终于有了自己的办公场所。同年，靖州义工、辰溪义工、芷江义工也初具规模。爱心之火，在五溪大地成燎原之势。

2009年，2010年，怀化义工继续在城市、在乡村传递着爱的温暖。前行中，一批批队员离开了，一批批新人又加入了进来，在来去间，怀化义工队伍仍在逐步壮大。

2011年，是怀化义工发展的一个元年。3月，怀化义工开始筹备注册成立怀化市义工联合会，由于没有经费，义工王琨自己拿出3万元现金交给怀化义工，用来做注册资金。6月，怀化市义工联合会正式由市民政局批准成立。这一年，也是怀化义工助学组发展的元年。义工浣溪沙开始承担起繁杂的助学组工作，义工的足迹遍及麻阳、沅陵、中方、芷江的贫困山区，通过他们的努力，他们的奔走，他们的呼吁，一个个贫困学生重圆读书梦。2011年，义工环保活动在中坡山收到明显效果，垃圾少了，山更青了。

2012年，助学走访、扶老帮残、环保倡导、文明宣传，怀化义工的爱心活动仍在继续……

其实平凡的日子，也可以多些精彩

人物：清秋红叶（义工群里多称其为熊姐）

年龄：48岁

义工龄：3年

在义工群里，熊姐的身影还是比较难捕捉的。虽然她也爱笑，爱说说笑话，但更多的时候，她平凡纤弱的身影都淹没在叽叽喳喳、朝气蓬勃的年轻姑娘、小伙中。然而，在义工活动中，她的平凡纤弱却荡然无存，做事热情、认真，一点不逊色于20多岁的年轻人。就如义工浣溪沙、晕人、海浪、七七所言：熊姐做事的态度永远值得我们敬佩。

“做义工，全凭一颗心。对我们这些有家室的人来说，要搞好自己的工作、经营好自己的家，虽然并不是每次义工活动都能参加，但只要参加义工活动，就一定要踏实地去做好。”熊姐说。

和大家交流义工活动的感触，熊姐聊得最多的是去年5月27日至29日，怀化义工为32名贫困儿童组织的一次别开生面的庆六一活动。“你无法想象，这些孩子第一次住进宾馆，第一次坐上空调大巴车，第一次参观市民服务中心，第一次走进军营，第一次在电视台演播大厅里面观看节目，第一次洗上热水淋浴时的开心、激动和幸福。”熊姐声音有些哽咽。

为了活动圆满安全，熊姐还说服了老公全程参与。初夏时节，天气炎热，为了让孩子不感冒，不中暑，义工们做了各种防护措施，白天给孩子们撑伞，晚上给孩子们盖被子，随时备着应急药箱，让孩子们玩得开心、舒心。不仅是义工在感动孩子，孩子们的纯真、善良、可爱，也时时打动着义工。那几天，参加活动的义工没有哪个眼睛不湿润的，那几天，熊姐也在背地里擦了好几次泪，不为别的，就为这次活动，为孩子们的童真而流泪。

记得活动的第二天，孩子们从电视台演播大厅里面观看节目回来，已经很晚了，熊姐希望孩子们早点洗完澡好好睡一觉，因为明天要坐好久的车回家。可孩子们说：“这里洗澡好舒服，想多洗一会儿，洗发精香喷喷的，想将头发也洗得香喷喷的。”听了孩子们的话，熊姐一时说不出话来，她低着头帮孩子们一一吹干头发，泪水像断了线的珠子随着孩子头发上的水珠往下掉。

第二天吃早餐时，义工让孩子们多吃点，没吃完的鸡蛋、包子、馒头带在路上吃。可孩子们装的都是包子、馒头，他们说要带回去给家人吃，因为他们那里没有。前一个晚上，义工给每个孩子发了一个面包做宵夜，有个女孩也是半天舍不得吃。熊姐问她是不是不喜欢吃面包。女孩说，面包很好看、又很香，自己很想吃，但她想带回去给弟弟吃。后来熊姐将自己的面包给了女孩，叫她带回去给弟弟，女孩才开心地吃起来。看着小女孩一小口一小口享受着面包香甜的味道，熊姐的心酸酸的。

“其实我也只是一个普通人，没有多大的能力帮助这些贫困孩子，但我有一颗爱心，努力在做着我力所能及的事。没参加这些活动，那种幸福的感觉是无法体会的。参与其中就会发现，其实我们平凡的日子，也可以多些精彩和感动。”熊姐说。

只要用心去做了，至少自己觉得很值

人物：冬天的冰激凌（义工群里多称其为冰激凌、冰冰）

年龄：22 岁

义工龄：5 个月

冬天的冰激凌和大多女孩一样，青春率性，上班之余，爱逛街、爱小吃、爱漂亮，很多时候，也爱待在家里安安静静地当很宅很宅的宅女，上网挂 QQ，看自己喜欢看的书，听自己喜欢听的音乐，思考自己喜欢思考的问题。或许，正是这份青春率性，今年 7 月，当她在网上无意中看到怀化义工活动召集通知时，就立马报名参加了。开始是试试，试着试着，就成了怀化义工联大家庭的正式一员。

“敬老院看望孤寡老人、麻阳走访贫困学生、中坡山开展环保宣传，从加入义工团队到现在，大大小小参加了十多次活动，每次活动都还是比较辛苦的，基本上活动一结束就直接回家睡觉了。”冬天的冰激凌说。

“这些活动你都喜欢吗？”我问她。

“没有喜不喜欢，只有愿不愿意去做。只要用心去做了，至少自己觉得很值。”冬天的冰激凌说。回忆起每一次活动，她都流露出开心的表情。

“第一次活动，有开心也有羞涩。”冬天的冰激凌做了个调皮的鬼脸。那是今年 6 月 17 日，在中方县鸭嘴岩敬老院，因为刚参加义工活动，对大家不熟悉，感觉很不自在。看见其他义工搞卫生、陪老人谈心、给老人包饺子，忙得不亦乐乎，冬天的冰激凌只好厚着脸皮这里问问，那里帮帮，有时候，感觉自己实在是插不上手，就悄悄地闪到一边去。不过尴尬局面，几个小时后就在大家有说有笑中消失了。忙乎了大半天，看着老人们津津有味地吃着大家做的饺子，一股温馨的暖流让冬天的冰激凌和其他义工们的心融洽到了一起。

“最难忘的一次，是看望鹤城区福利院的孩子。很多人都说我们义工付出没有回报，其实，我们最大的回报就是孩子们的微笑，那份让我们欣慰的微笑。”冬天的冰激凌说。今年8月5日，义工们来到鹤城区福利院，刚开始的时候气氛不是很融洽，因为孩子们对陌生人有种抵触的心理，他们将自己的内心包裹得严严实实，脸上都表现出一副生人勿理的神情。然而，当冬天的冰激凌将准备好的气球和吹泡泡的东西拿出来后，有些小朋友终于露出了微笑，抵触心理稍微减弱了一点。就这样，义工慢慢地跟小朋友们玩了起来，虽然愿意说话的还是比较少，但孩子们脸上那抹天真动人的微笑，让义工们感动不已。

“说实话，我一直都没想过福利院的孩子会是怎么样，但当我们到了那里，还是被极大地触动了。我们经常抱怨生活，抱怨工作，抱怨这里不好、那里不公。但是在这些孩子面前，我们汗颜！他们或许不愁吃、不愁穿，但是他们缺少世间最美好的东西，那就是家庭的爱。真希望有更多的人真心去关心他们。或许，这份关心对于我们来说微不足道，但对于孩子们来说，却是一份珍贵而不可多得的爱。一个人的给予会换来一次微笑，十个人，一百个人，更多的人，换来的将是一个孩子美好的童年。”回忆起和福利院孩子度过的一天，冬天的冰激凌语调特别的柔，特别的静，让我这个听众也深深沉浸于她的义工团队和孩子们情感交流的美好氛围中去了。面对这种细腻的、感人的画面，我羞愧于自己笔触的笨拙贫乏，只能原始地记录冬天的冰激凌的只言片语。

“真是不喜欢雨天，要是还这么下雨，只怕这个周末的交通协管义工活动又得取消呢。”看着窗外挂满乌云的天，想着下一次义工活动，冬天的冰激凌感觉有些郁闷。或许是纠结这烦人的天气，她将自己的QQ个性签名改成了当下最流行的元芳体“现在天气变化得如此之勤，元芳，你怎么看？”青春率性的言语让人捧腹。

善的源泉是在内心，如果你挖掘，它将汩汩地涌出。相信这个周末或者下个周末，我们会迎来灿烂的秋阳。相信现在，或者将来，会有越来越多的人加入我们的义工队伍。读者朋友，你说呢？

（原载2012年11月4日《怀化日报》，
2012年度湖南新闻奖市州好新闻一等奖）

让读者触摸真实

——人物通讯优稿这样深入采访

我采写的“百姓故事”栏目稿件《一个农民与一条路》在《怀化日报》发表后，产生了一定反响。网友留言称赞文章主人公的善举感人、精神可嘉，该篇报道还荣获湖南市州报好新闻奖。

打开报纸，再读这篇文章，我觉得文章之所以能打动人关键在于文章对草根人物人性之美的真实性描写。

一、真实性是新闻的生命

美国著名报人普利策曾一再告诫他的手下对新闻报道要做到“准确、准确、准确”。实践证明，准确真实是新闻的生命所在，是取信于民的力量所在。新闻报道的基础来自于准确真实的事实。事实在先，新闻在后；有了事实，才有新闻。每一次采访，记者一定要恪守客观公正，这样才能使新闻报道既有针对性，又有指导性，从而克服主观片面。我采写《一个农民与一条路》这篇通讯先后 3 次深入现场，在事实上严格核实，不允许有丝毫的虚假和模糊。采访对象，不仅仅局限于故事主人公，笔者还采访了很多村民群众及乡村干部，让事实更清晰，人物形象更饱满。

因为深入采访了基层村干部，我了解了村支书支持杨国礼修路的情节。在写作上运用了这个细节：“一条长 3.5 公里、宽 3.5 米的村级公路，初步预算下来需要投入几十万元，杨国礼决定拿出多年积蓄，为乡亲修一条平安、致富路。他找到贵鱼村、合理村村支两委，说了修路的打算。杨国礼是最早走出大山的村民之一，跑木材、做养殖、种葡萄、搞建筑，见过世面能力强。

得知他要为群众修路，两村的村支书说：‘只要是为老百姓做好事，村支两委和广大村民都会支持。’”

通过采访杨国礼的妻子，我了解到了杨国礼修路的执着。我在文中写道：“为修好公路，从开工的那天起，杨国礼就一直摸爬滚打在工地上。有时深夜从工地回来，饭没吃，澡没洗，他就一头躺在凉床上睡着了。‘这么多年，没见他这么累过。’说起丈夫修路的辛苦，杨国礼的爱人转过身去擦眼角的泪水。为了修路，家里的事，生意上的事，杨国礼都没时间顾及了。几个生意上的朋友联系不上他，就找到工地和他商谈去城里合作搞工程，他摆摆手拒绝了。妻子担心别人以后都不跟他合伙了，他总是说，等路修好了再说吧。”

通过和当地村民群众深入交流，我真实感受到农民群众对修好路的期盼。对于村民出行的道路，我在文章开头部分进行了描述：“以前这里也有一条不足一米宽的人行小道，因电站蓄水河水上涨，原来的小路淹没了。村民出行都得绕道而行，以前几十分钟的路程要五六个小时，如果坐车需要6元钱的车费。为了节约开支，每次去乡镇赶集，村民都是沿原来小路方向，翻山攀岩，破荆开荒，慢慢走出了一条羊肠小道，因为路窄坡陡，经常有村民摔伤。”对杨国礼开始动工修路时群众的欣喜心情，我进行了真实的描述：“理解和支持比什么都重要。2009年8月8日，两台大型挖土机从进出口同时昂起铁臂，村民自发买来鞭炮……由农民杨国礼自发修建的公路动工了。”

这些来自新闻现场的真实声音、真实情节、真实场景，让主人公的形象更鲜明，也让读者对杨国礼这个普通农民，倾其多年创业积蓄，实践着他立下的誓言，用实际行动为乡亲铸就一条平安致富的康庄之路的行为心生敬佩。

二、用真实细节折射出主人公精神品质

《经济日报》高级记者、中国第一个重走长征路的著名记者罗开富说过，没有投入就没有产出，经济活动是这样，新闻写作同样如此，新闻工作者的

投入之一就是深入，深入是为了写好报道，写出新闻精品。

《一个农民与一条路》受到读者称赞，这很大程度上得益于进行了深入采访。每一次深入采访，我都留意捕捉感人细节。我第一次到中方县新路河乡合理村采访主人公杨国礼时，他请来的挖机刚刚开始铲土平整路基，不时有村民从我身旁路过，沿着他们破荆开荒出来一条羊肠小道去乡镇赶集。我走在这条不足一米宽的羊肠小道上深感村民的不容易，大晴天路陡不好走，下雨天就更不用说了。村民告诉我，雨天经常有人在这条路上摔倒，因此对杨国礼修路，村民是大力支持的。但和他们深入交谈后，村民基本上是不相信杨国礼能修好路的。其实在现场，看见挖机缓慢的进度，挖机挖开土壤表层后都是坚硬的岩石，我也觉得一个农民能修好这条路比较难。

3 年后，我去中方县铜湾镇采访，路过新路河乡时，又专程来到合理村看杨国礼修路的进度，此时路已修通了一半，路过的村民说虽然路没全通，但现在总得一半好路走，老杨还是挺厉害的。又过了一段时间，听中方县的同志说，杨国礼现在又在发展养殖业，路也一直在修。我再一次来到新路河乡合理村，进行深入采访。在农村，出行有通畅的路，是父老乡亲真切的期盼。于是，我将这些年采访中掌握的真实细节融入写作中，行文以朴实为基调，用事实说话，用细节说话，字里行间自然而然将杨国礼这位普通农民这些年来追求梦想、执着梦想的人性美反映出来，文章见报后同样达到了感动人、激励人的效果。

在深入采访上，范长江、巍巍、穆青等新闻前辈给我们树立了非常好的榜样。不论时代如何变迁，新闻前辈严谨认真的作风都值得我们认真学习，尤其是在新媒体环境下，媒体竞争日益激烈，地市报记者必须树立严谨作风，坚持深入采访，善于捕捉真实感人的细节，讲好中国故事，才能让新闻作品出彩，让新闻作品真正贴近群众、打动群众。

◆ 附作品

一个普通农民，倾其多年创业积蓄，实践着他立下的誓言，用实际行动为乡亲铸就一条平安致富的康庄之路……

一个农民与一条路

无悔的抉择

在中方县新路河乡合理村，村民杨国礼创业致富不忘回报家乡，为群众修路的义举，为大家津津乐道。

杨国礼修建的乡村公路穿越于崇山峻岭之间，连接中方县石宝乡贵鱼村和新路河乡合理村，惠及沿线的新路河乡合理村、小湾坪村、罗家坡村、湾溪口村，石宝乡贵鱼村，丁家乡梅树村和接龙乡胡家村的万余群众出行。

以前这里也有一条不足一米宽的人行小道，因电站蓄水河水上涨，原来的小路淹没了。村民出行都得绕道而行，以前几十分钟的路程要五六个小时，如果坐车需要6元钱的车费。为了节约开支，每次去乡镇赶集，村民都是沿原来小路方向，翻山攀岩，破荆开荒，慢慢走出了一条羊肠小道，因为路窄坡陡，经常有村民摔伤。

2009年3月，从外地回来，杨国礼又听说了村民赶集时在山上摔伤的事。回到家，他对老伴说："要是能修一条公路，村民往后就不会摔伤了。""你说得在理，可谁来修呢？"老伴问。"修路，是我们每一个村民的责任。可是靠村集体，村里也拿不出钱；靠大家集资，乡亲们日子也不宽裕。这些年，我在外做事也攒了点钱，要不我们来牵头修吧。"一条长3.5公里、宽3.5米的村级公路，初步预算下来需要投入几十万元，杨国礼决定拿出多年积蓄，为乡亲修一条平安、致富路。他找到贵鱼村、合理村村支两委，说了修路的打算。杨国礼是最早走出大山的村民之一，跑木材、做养殖、种葡萄、搞建筑，见过世面能力强。得知他要为群众修路，两村的村支书说："只要是为老百姓做好事，村支两委和广大村民都会支持。"

理解和支持比什么都重要。2009 年 8 月 8 日，两台大型挖土机从进出口同时昂起铁臂，村民自发买来鞭炮……由农民杨国礼自发修建的公路动工了。

修路的执着

为修好公路，从开工的那天起，杨国礼就一直摸爬滚打在工地上。有时深夜从工地回来，饭没吃，澡没洗，他就一头躺在凉床上睡着了。"这么多年，没见他这么累过。"说起丈夫修路的辛苦，杨国礼的爱人转过身去擦眼角的泪水。

在修路的过程中，个别村民因土地被占而阻挠公路建设，杨国礼就登门入户晓之以理、动之以情耐心说服。边修路边做思想工作，边解决群众纠纷，确保了这条村组公路的顺利推进。合理村和贵鱼村党支部、村委会对杨国礼修公路也给予了热情支持，对占用土地、山林等，帮助进行协调。

为了修路，家里的事，生意上的事，杨国礼都没时间顾及了。几个生意上的朋友联系不上他，就找到工地和他商谈去城里合作搞工程，他摆摆手拒绝了。妻子担心别人以后都不跟他合伙了，他总是说，等路修好了再说吧。

"只要一天不上工地，心里就不踏实。"杨国礼觉得自己和这条公路绑在了一起。

承诺的分量

随着工程的推进，工程的难度出乎杨国礼的意料。挖掘机挖开土壤表层，都是坚硬的岩石，挖机根本无法工作，只能爆破。一炮三担土，爆破成本的急剧增加大大超过了工程预算。没有多久，杨国礼的积蓄就见了底。

“会不会半途而废呢？”有人担心。“一个人能修好这条路？”有人不信。“再困难，砸锅卖铁，也要将路修好。”为了给工人发工资，妻子卖掉了首饰。“这是妻子结婚时买的，一直舍不得戴。为了修路，她二话不说就拿了出来。”说到这些，杨国礼声音有些哽咽。为了购买爆破器材，杨国礼又卖掉了自己的小车。

“如今，大山通往集镇的公路已拉通了2.8公里，还有20%的主体工程要抓紧施工。主体工程完工了，就要立即修护坡、保坎。这样到了雨水季节，道路就不会损坏。”杨国礼盘算着工程量，每一笔都不是一个小数目。因为缺乏资金，很多时候，修路的进度不得不放缓。没有资金是办不成事的，原本让老婆打理的养殖场，老杨又重新接手过来，工地和养殖场两边跑，辛苦可想而知。为了修路，好强的杨国礼有时也不得不厚着脸皮向亲戚朋友举债。

再苦再累，6年来，在修路的征途中，杨国礼一直没放弃。“修好这条路，即使自己倾家荡产，吃亏的也是自己一个人，但受益的是万名乡亲，是我们的子子孙孙，我无怨无悔。”杨国礼动情地说。

路在不断延伸，村民们甜蜜的梦也在不断延伸……

（原载2015年5月11日《怀化日报》，
2015年度湖南新闻奖市州好新闻二等奖）

用心对话　以形传神
——人物通讯优稿写作技巧

2016年7月12日，菲律宾南海仲裁案仲裁庭罔顾基本事实，肆意践踏国际法和国际关系基本准则，公布了严重损害中国领土主权和海洋权益的所谓“裁决”。中国政府和中国人民对此坚决反对，绝不承认和接受。在此背景下，我了解到空军老英雄朱以隆的故事后，先后三次深入采访，在“八一”建军节当日推出《空军老英雄的三次泪》这篇人物通讯报道。

整篇报道行文以朴实为基调，用事实说话，用细节说话，字里行间洋溢着中国人民对家园国土的热爱，对和平的热爱，文章见报后达到了打动人、感染人、激励人的效果，引起了较好反响。湖南日报社驻怀化分社肖军社长给我发来短信称赞这篇报道抓得好。一些读者也在微信朋友圈点赞这篇报道打动人、激励人。《湖南日报》、人民网24小时滚动新闻、中国新闻网、新湖南、红网、湖南在线等数十家媒体转载。

采写这篇作品，我的感悟主要有以下几点：

一、用心交流

要想新闻作品真实感人，尤其是英雄人物通讯能够温暖读者、感动读者，它的所有新闻素材，包括每个细节和语言，都需要通过现场采访得来。而采访出人物的精气神，则是写好人物通讯的关键。我也体会到，要想把人物的精气神采访出来，不走进采访对象的内心，不打开采访对象的心灵宝库是不可能获得的。记者面对的采访对象，很多都是平时没和记者打过交道的普通群众，如何第一次见面就让其打开心扉和记者说心里话？这就需要记者能沉下心来和采访对象用心交流，拉近与采访对象的距离，让采访对象有话愿意说，有故事愿意分享。用心交流，主要要注意以下几点：第一，充分做好准备工作。其中包括：要了解采访对象的各方面情况，要做好详细的采访提纲，特别是要根据现场采访会出现的各种情况，做好临场改变采访方式的预案。在采访朱以隆之前，我采访了熟悉朱以隆的社区工作人员，了解了朱以隆大致情况。因考虑到朱老年事已高，我在制作采访提纲时将采访时间做了严格把控。第二，营造轻松融洽的采访氛围。采访的氛围很重要，氛围沉闷，采访对象就会有话说不出，有话不愿说；氛围融洽，采访对象就会对记者产生亲近感，愿意说、说得多、说得深。在采访朱老时，我只带录音笔，不做现场记录，这样既可以节约现场采访时间，又可以让朱老感到放松。同时，我将想提的问题，通过聊天的方式进行。通过和朱老聊空军赠送的水晶纪念杯的来历，和朱老一起翻开他战斗英雄经历时的一张张图片，通过一张张图片，朱老和我分享了很多精彩的战斗故事。第三，选择好采访场合。场合能激发人的谈兴，也能抑制人的谈兴。进行谈话式采访时，要取得良好的采访效果，就要选择适合谈话人临场发挥的采访场合。比如，我在采访朱以隆老英雄时，就选择在朱老家的客厅进行，因为在他的客厅悬挂着一幅毛主席画像，有空军赠送的水晶纪念杯，这样的场合与他自身的学业、经历、成就紧密相连，在与记者交谈起来，易于打开思路，而且会富有感情。第四，善于引导。出于时间和环境的限制，记者要随时把控现场采访出现的情况，抓住关键问题，来引导和展开话题。通过引导话题，使谈话内容更具生动性，挖掘更多有新闻价值的素材。在采访朱老时，我很好地把握了这点，朱老的一个个故事既生动精彩，又彰显了主题思想。

二、精心锤炼

新媒体时代，让新闻报道文字更精练，语言更生动，故事更感人，不仅是受众的阅读需要，也是新闻记者提高新闻写作能力的要求。在采访朱以隆老英雄的时候，我掌握了丰富的素材，在写作时，我选用了大量生动感人的素材，但通篇下来已达7000多字，将近一个整版的篇幅。拿着原稿，我自己通读了几遍，虽然每一个事例都很感人，但当感人的事例用多了，反而缺乏冲击力。于是，在原稿的基础上，我对老英雄的感人事迹进行了精简，选用每个阶段最打动人的细节烘托主题，经过反复推敲，最后只保留在2000字以内。文章刊发后，从读者反馈的境况来看，经过精心删改，这篇通讯的分量不但没有减轻，反而使主题更加鲜明，内容更加凝练，文字更加生动，宣传效果更出彩。

三、结构新颖

在这篇通讯谋章布局中，我全篇以主人公叙述的形式展开。这样的形式让描写变成了讲述，让阅读成了聆听，真正使读者能够享受阅读。在整个结构上，全文以朱老的三次流泪为小标题统领全文，从标题上就起到了打动读者的作用。“第一次流泪：兵出鸭绿江抗美援朝，出师之初遭敌机轰炸，为牺牲的战友伤心”“第二次流泪：首战告捷击落敌机，总理接见激励雄心，为自己的大无畏精神自豪”“第三次流泪：胜利日大阅兵壮我国威，先进战机引人瞩目，为日益强大的祖国骄傲”从标题到内容，传神地刻画了空军老英雄朱以隆青年时期参军抗美援朝，中年时期两次击落美军无人机保家卫国，老年退休后心系国防建设的感人形象。

四、文字朴实

语言大师老舍先生曾说：“文字不怕朴实，朴实也会生动，也会有色彩。”在《空军老英雄的三次泪》这篇报道写作上，我坚持用朴实清新的文笔行文，整篇文章对主人公的叙述简洁质朴，饱含情感，语言流畅而富有节奏感，使人物、环境、气氛和情节更立体。对朱老的神情描写简洁明了、意味深长，而“人物对话”笔法细腻连贯，让报道更加真实可信，表现力强，扣人心扉。

◆ 附作品

空军老英雄的三次泪

7月25日，阳光和煦，天空澄碧。在第89个建军节来临之际，我们来到怀化市原国营303厂院内，专程拜访一位曾经威震蓝天的老英雄——20世纪60年代连续两次击落美国无人驾驶高空侦察机的朱以隆。

在朱老的住所，客厅的正中央悬挂着一幅毛主席画像，一尊空军赠送的水晶纪念杯放置在毛主席画像的正下方，室内收拾得整整齐齐、一尘不染。说起军旅情，聊起爱国心，83岁的朱老说，他这一辈子，流过三次泪，一生都忘不了。

第一次流泪：兵出鸭绿江抗美援朝，出师之初遭敌机轰炸，为牺牲的战友伤心

1950年10月，朝鲜战争爆发后，朱以隆所在的部队奉命开赴朝鲜抗美援朝。朱老回忆，那时志愿军空军刚刚组建，地面防空火力比较薄弱。美军依仗着制空权，战斗机、轰炸机几乎是贴着战士们头顶飞行，到处狂轰滥炸。

刚入朝不久，朱以隆所在的行军纵队就和敌军地面部队铆上了，战斗打得很惨烈。美军轰炸机群随后呼啸而至，面对敌机的疯狂扫射轰炸，志愿军战士个个英勇杀敌，浴血奋战。几个波次下来，身边许多战友倒在了血泊中，朱以隆也被炸弹的气浪震昏。他苏醒后，只见一片焦土和身边残肢断臂的战友。“我当时就流了泪。我就想，将来我们国家强大了，如果我能驾机飞上蓝天，一定要报今日之仇。”朱老悲痛地说。那一年，朱以隆年仅17岁。

3年后，朱以隆的理想变成了现实。1953年7月，朝鲜战争停战后，

朱以隆被选中到空军济南第五航校学习，实现了驾机飞上蓝天的梦想。1956年底，朱以隆被分配到原广州军区空军第9师第25团，正式成为一名战斗机飞行员。从此，朱以隆驾驶着战鹰翱翔在祖国的蓝天，并在1964年全军大比武中荣获“空中飞行射击能手”称号，成为人民空军首批尖子飞行员、全天候飞行员。

第二次流泪：首战告捷击落敌机，总理接见激励雄心，为自己的大无畏精神自豪

接着，朱老开心而激动地回忆起他第二次流泪的经历。

1965年12月24日，驻越美军一架无人驾驶高空侦察机侵入中国云南上空。

上级命令朱以隆所在的歼击机团升空拦截，并相机将其击落。时任军区司令员的秦基伟亲自打电话到团指挥塔台，要朱以隆驾机升空进行拦截。

朱以隆接到命令后，立刻驾驶歼–6战斗机直刺苍穹，迅速上升到17000米的高度对敌机进行搜索，很快就在左前方上空发现目标，攻击距离尚有1000多米。当时，我军装备的歼–6飞机飞行高度上限为17500米，所安装的三门机关炮有效射程只有500米。

“不能败阵归营。”朱以隆只有一个念头，一定要将敌机击落。他稍做镇定，来了一个右转弯，果断拉起操纵杆，艰难地爬升到18700米的高度，瞄准目标，稳扣扳机，三炮齐发，“打中了！”耳机里传来地面指挥员的欢呼声。此役，创造了歼–6飞机在18700米高空击落美国无人驾驶高空侦察机的典范战例，首开我军歼–6飞机击落美国无人驾驶高空侦察机之先河。

朱以隆一战成名，荣立一等功，被授予战斗英雄称号。毛主席和周总理先后亲切接见了朱以隆等参战人员。周总理称赞朱以隆：“作风硬、技术精、打得准、打得狠，真厉害，做了美国人想不到的事。”并勉励大家:“再接再厉，再立新功！”听到总理的鼓励，朱以隆流下了激动的泪水，坚定地向总理保证：“坚决完成任务！”那时，朱以隆不到33岁。

1966 年 3 月 23 日，朱以隆再次击落敌高空无人侦察机一架，再次荣立一等功。

第三次流泪：胜利日大阅兵壮我国威，先进战机引人瞩目，为日益强大的祖国骄傲

最后，朱老很是欣慰地说起了他最近的一次流泪。

2015 年 9 月 3 日，北京天安门广场，新中国成立以来首次以纪念中国人民抗日战争暨世界反法西斯战争胜利为主题举行阅兵。

阅兵式那天，朱以隆早早地守在电视机旁，急切地等待着那激动人心的时刻。

朱老告诉我们，1979 年，他从部队光荣退伍后，一直在地方企业工作至退休。作为老军人，虽不在军营，但平时对军队尤其是空军的建设和发展仍倾满关注之情。

当我军威武雄壮的地面方队通过天安门广场时，朱老心情就开始澎湃。当看到由新一代轰炸机、歼击机、舰载机等先进战机组成的庞大空中机群飞过时，朱老已老泪纵横。“我是为我们军队日益强大而流泪，为我们国家繁荣富强而流泪。”朱老说。此时，他已过耄耋之年。

访谈结束时，朱老满含深情地说：“中国是爱好和平的国家，不会主动惹事，但从来也不怕事。不管是过去、现在，还是将来，在涉及国家领土主权的问题上我们绝不退让。我是在毛泽东思想的哺育下成长起来的飞行员，虽然现在年纪大了，不能驾机了，但只要祖国有所需要，我随时待命，义不容辞！”

朱老说这番话时，右手很自然地举起了紧握的拳头，仿佛一位即将奔赴疆场的战士。

此情此景，让我们更是对这位老英雄肃然起敬。

（原载 2016 年 8 月 1 日《怀化日报》，2016 年度湖南新闻奖三等奖，
2016 年度全国少数民族地区报纸好新闻一等奖）

坚持“走转改” 捕捉“最美人物”

——人物通讯优稿这样抓新闻“活鱼”

随着“走基层、转作风、改文风”活动在新闻战线中的深入开展，大批编辑记者深入基层采访写作，与群众交朋友，了解基层实际，反映群众意愿，受到广大干部群众的普遍好评。

我采写《一位退休教师的千里支教情》这篇稿件的最大感受就是新闻工作者平时要多深入基层，勤于观察，锤炼工作作风，同基层干部群众交心，才能从基层的“沃土”中汲取新闻养分，抓住新闻“活鱼”，采写出带有基层温度的新闻。

一、沉下心抓新闻“活鱼”

《中国青年报》高级记者张建伟分享采访经验时说：“我曾在洪水周围的钻井场，有三月不知肉味，每天以萝卜充饥的经历；我也曾有过‘浪迹全国’，数月不归，不知家人声息的日子；我还有过与恶势力周旋，为正义而呼，为民请命的‘一时冲动’。但所有这些，我并不视为逆境。它们是一个记者应有的命运。记者，从他们所处的采访环境来说，是差不多的，所差的，是创造的激情和创造者能被报社和读者认可、接纳的缘分。我的采访信条是：第一是现场，第二是现场，第三还是现场。”

不少记者感慨自己也经常下基层，为何写出的稿件还是枯燥无味，读者不爱看。究其原因，还是功夫不到位。记者看似到了基层，其实是蜻蜓点水，走马观花，浮在表面上，没有真正融入基层、融入生活，也就无从了解群众身边的新鲜事。当前，媒体行业的竞争日益激烈，传统纸媒的记者只有沉下心来，真正深入基层、深入群众、深入现场，才能及时捕捉到鲜活新闻。

《一位退休教师的千里支教情》就是我走基层抓到的鲜活新闻。那还是2016年5月初，我和市民政局的同志到溆浦县北斗溪镇采访当地政府关爱留守儿童的工作事迹。在九溪江中心小学采访时，在与老师们交谈时，他们说起了一位外地退休老师不远千里在他们村小支教的故事。浙江宁波、湖南溆浦、67岁退休教师、大山里支教，这些带有时代性的新闻字眼在我脑海里闪现。结束了和民政局同志的采访报道后，我又专程走访了九溪江中心小学的老师和学生，采访了周秀芳。一名年近七旬的退休教师，从繁华城市来到寂寞大山支教，这不仅仅是需要一种毅力，更需要一种精神、一种大爱。作为记者，有责任将这种毅力、这种精神、这种大爱传递出去，让更多人知道，让更多人感动，让更多人行动。于是，我对周秀芳开始了报道，这一报道就是两年多，这篇通讯就是众多稿件中的一篇。在怀化、湖南、宁波、浙江，更多的读者知道了“支教奶奶”周秀芳的事迹，更多人加入周秀芳的支教队伍中。目前，周秀芳已开始在溆浦筹建第18所希望小学，溆浦大山里的几千学生搬进了新教室。

二、深入采访挖感人故事

中国画向来提倡“形神兼备，以形写神”，对人物通讯报道来说，也应该追求“形神兼备，以形写神”。如何让记者笔下的人物形神兼备，关键在于表现人物个性特征的故事，故事丰富感人，人物报道就能吸引、打动读者。如果采访不深入，靠抄抄材料，查查资料，是挖掘不出感人故事的，写出的人物通讯报道也很难从众多的新闻报道中脱颖而出。我的体会是，采访绝不是简简单单的你说我记、我问你答，而应是记者和采访对象之间的思想交流、情感交流。记者的思想有多深，采访就有多深；记者投入多少情感，稿子写出来就有多少情感。一个思想肤浅、情感淡漠的记者，是采写不出有深度、有激情、打动人心的新闻报道的。在《一位退休教师的千里支教情》的写作中，我采访了很多群众，收集了大量感人的细节，采访的时间跨度也很大。因为掌握了丰富的新闻素材，在文章写作中，我通过对浙江宁波年近70岁的退休教师周秀芳在湖南溆浦县北斗溪镇支教，帮助大山里的孩子修建希望小学的事迹描写，展现了一个乐于奉献的平凡好人形象，弘扬了社会主义核心价值观，传播了正能量。

三、带着真情实感写出特色

当抓到一个好的新闻线索，进行了深入细致的采访后，接下来就进入到写作环节。写作时，我们要科学处理好思想性、时效性和艺术性的关系，既要讲新闻时效，又要讲新闻的思想性和艺术性。很多时候，原本是不错的一个新闻素材，但因为我们的记者在写作时只考虑到怎么抓时效、抢时间，而忽略了新闻报道的思想性和艺术性，虽然新闻报道见报快，但文章内涵不足、艺术性不强、特色不鲜明、传播效果不佳，达不到优稿标准。新闻报道，尤其是人物通讯报道，并不是不要讲时效性，但这个时效性是相对的，不是绝对的，这个时效性是立足于新闻作品的思想性和艺术性的基础之上，坚持以追求打动人、感染人、启发人、激励人的宣传报道效果为前提的。如何做到新闻报道写作上既讲时效性，又兼顾思想性和艺术性，这就需要我们带着真情实感去写作。记者只有真正投入了情感，写作时才会认真挖掘新闻报道的主题思想，就会采用群众喜闻乐见的表达方式，让报道主题鲜明、真实可信、新颖可读。我在《一位退休教师的千里支教情》这篇通讯写作上，从引题开始，就能让读者感受到一种情感，一种歌颂平凡人的不平凡之举的情感，一种温情传递真善美的情感。我在引题中写道："从浙江宁波到湖南溆浦县北斗溪镇，坐火车再转乘汽车，辗转千余公里。两年多来，为了大山里的孩子，年近古稀的她乐此不疲——"整篇文章语言简洁质朴、娓娓道来。我通过活灵活现的语言和身临其境的细节，将故事演变成一个个灵动的画面，让报纸语言更活泼生动，具有电视中的"对比度"和"色泽度"，让人物形象更饱满。

"支教奶奶"的新闻报道推出后，引起了人民网、新华网、央广网、《湖南日报》等数十家国内重要媒体及大型网站的跟进报道。2017 年 11 月 15 日，《浙江日报》《浙江晚报》《宁波日报》等媒体组成浙江宁波媒体采访团不远千里来到湖南溆浦采访周秀芳老师。2018 年 5 月 22 日至 24 日，中央及省市媒体采访团深入湖南溆浦开展专题采访，聚焦"宁波好人"周秀芳溆浦支教事迹。很多读者、网友来电、发帖，盛赞"支教奶奶"感动中国。"支教奶奶"周秀芳相继获"感动中国之感动湖南"人物、湖南十大教育人物、湖南"最美湘女"等称号。

◆ 附作品

从浙江宁波到湖南溆浦县北斗溪镇，坐火车再转乘汽车，辗转千余公里。两年多来，为了大山里的孩子，年近古稀的她乐此不疲——

一位退休教师的千里支教情

她退休十余年，本可以惬意地打发退休时间，却怀揣支教梦想，走进贵州、湖南山区，遍访贫困学子家庭，为 200 多名孩子找到资助人。

她年近 70 岁，力量虽小，却将无数爱心人士拧成一股绳，筹款 200 多万元为山里的孩子建起 7 所希望小学，送去价值上百万元的物资。

她就是浙江省宁波市江东区小学退休教师周秀芳，她默默地做着这一切，只因为对三尺讲台的留恋不舍，只因为对贫困学子的关爱牵挂，只因为对教育事业的无限热爱。

67 岁走上支教路

2 月 13 日，开学第一天，溆浦县北斗溪镇九溪江中心小学的学生瞿容秀早早来到教室，当一个熟悉的身影映入眼帘时，她一下子蹦得老高："周奶奶！"教室里响起热烈掌声——孩子们盼回了他们的"支教奶奶"

周秀芳。

九溪江中心小学所在的九溪江片区经济落后，绝大部分青壮年外出打工，全片区822名小学生中有332名是留守儿童。

两年多来，周秀芳给九溪江片区11所学校的学生上过课，送去过物资，到每个村看望过贫困学生，片区的人都认识她。

聊起支教情，周秀芳告诉我们，多年前她就有一个去贫困山区支教的梦想。

1998年，宁波市江东区教育局招募去贵州支教的老师，周秀芳报了名，但因年过五旬而未获准。于是，她以结对贫困山区学生的方式了却心愿。

2014年初，67岁的周秀芳得知贵州正在招募退休教师支教，她当即报名申请，两个月后，她来到贵州省惠水县蛮纳村小任教。支教期间，她遍访自己代课班级学生的家庭，为当地学生筹集大量爱心物资。

2015年初，一个偶然机会，周秀芳听到一个朋友讲起湖南省溆浦县北斗溪镇的教学条件十分艰苦。说者无心听者有意，结束贵州支教后，周秀芳就千里迢迢来到溆浦县北斗溪镇进行考察。走访当地桐林小学的情境，周秀芳记忆犹新。当时正下着雪，30多个孩子蜷缩在火盆旁瑟瑟发抖，学校唯一的任课老师拄着拐杖、操着浓厚的乡音在上课……眼前的景象深深地震撼了周秀芳，为了这些山里的孩子，她当即决定留下来。

山区人口居住分散，交通不便，家访成了一个难题。患有风湿性关节炎的周秀芳忍着疼痛坚持家访。“和山里的孩子相比，我这点苦不算什么。”周秀芳说。北斗溪镇的每一条山沟、每一所小学、每一户学生家庭，都留下了周秀芳清瘦的身影。孩子们也和周秀芳结下了深厚的友谊，大家亲切称呼她“周奶奶”。

师生接力情满山乡

孩子学到了知识，可境遇如何改变？踏上支教之路，周秀芳一直琢磨。

贵州支教时，她将村小的照片发到朋友圈。“周老师，您竟然在支教。”“周老师，我能帮上什么忙？”朋友圈顿时热闹起来。建群、设基金会、购买物资，她原来的一些学生反应迅速，没过多久，就为孩子们送去了100张铁床和300条被子。

来到湖南溆浦，周秀芳有空时也会在朋友圈里发一些支教期间的真实情况和感受。张刚是周秀芳的学生，当时远在美国洽谈业务，在微信朋友圈看到昔日恩师周秀芳爱心召集后，很快回国，专程从上海赶到北斗溪去看望周秀芳。

“房子的门都关不住，风一刮里面冷得刺骨。”当张刚看到破烂的校舍、简陋的课桌椅，看到年迈却毅然选择在贫困地区支教的老师时，他被深深触动了，当即决定捐资重建桐林小学，并配齐学校所有的教学设施。

2015年4月，桐林弘盛希望小学开始动工。周秀芳在当地一边教书，一边监督建设进展。

“老师言传身教，我们一定会把她手中的爱心助学接力棒传递下去。”张刚回去之后，把周老师的事迹告诉了身边朋友和大学同学。有感于周老师的无私奉献，大家决定再在当地捐款建一所希望小学。就这样，你出5万元，我出10万元，一共凑了35万元，与当地政府和学校联系后，决定修建前进希望小学。

2015年9月，两所3层楼高的希望小学全部建成，学生们搬进了安全宽敞的新校舍。

大山奏响爱心合唱

周秀芳和儿子、媳妇长期结对资助16名贫困生。近两年来，她和家人用在支教上的钱超过10万元。

为了省下钱用于助学，周秀芳在溆浦县过着清贫的生活。常常一碗米饭、一个菜，就是她的一餐饭。但周秀芳给孩子们花钱却很大方，走访贫困学生时她常送上几百元钱，留守儿童过生日她常买来生日蛋糕。

周秀芳的支教故事，在她的家乡宁波掀起了一波波爱的涟漪。在学生张刚之后，不少宁波市民也纷纷伸出援手，越来越多的人集聚在周秀芳周围，形成了一个爱心团队，宁波和溆浦也结下了“不解之缘”。两年多时间里，经周秀芳等牵线搭桥，目前已在溆浦建成5所希望小学，让1700多名孩子搬进了新教室。另有两所在建希望小学即将竣工，今年9月将投入使用。同时，溆浦有212名贫困生得到结对帮扶。

周秀芳的爱心行动也打动着溆浦大山里的群众。“在周老师的感染下，不少教师主动投身山区教育，更多的人走上了助学之路。”九溪江中心小学教导处主任舒朝晖说。周秀芳给搭溪小学筹集重建资金，该校教师张在善捐了5000元；周秀芳希望有年轻老师到桐林小学任教，九溪江中心小学佘国强自告奋勇上山；周秀芳替学校修建道路，桐林村在外打拼的村民何青云捐出2万元……

“只要我的膝盖允许我走路，我就会一直留在这里。”周秀芳告诉我们，她只是一个爱心搬运工，哪里有需要，就将爱搬到哪里。这些天，通过实地考察，周秀芳决定在溆浦大山里再建3所希望小学。

（原载2017年6月19日《怀化日报》，
2017年度湖南新闻奖三等奖，2017年度中国城市党报新闻奖一等奖）

第四章　系列报道

深挖主题　精心酿造

——经济新闻系列报道优稿这样策划

有人说采写经济新闻难，写出经济报道优稿更难，认为经济报道专业性强，难以捕捉亮点，不易写出群众感兴趣的鲜活新闻。其实，经济生活是丰富多彩的，闪烁着无数的“亮点”，关键在于我们是否能用心去观察、去发现、去思考，并按新闻优稿的要求将它形象地“描绘”出来。

受到读者朋友欢迎和上级部门肯定的“跨入高速时代·提速怀化经济系列报道”就是我认真思考、用心采写得来的。

一、精心策划

新闻策划，主要是指新闻媒体在竞争激烈的环境下，新闻从业人员在进行采访活动时，结合社会热点提炼新闻点，然后通过系列新闻稿件宣传该新闻点。新闻策划的目的在于最大限度地优化配置新闻资源，最大限度地彰显新闻价值，以赢得最大多数读者。随着新媒体的蓬勃发展，媒体间的竞争日趋激烈，读者对报纸也越来越挑剔。地市报要办出特色，抢占市场份额，就必须在报道上创新，尤其是在经济报道上创新，因为经济报道大多和群众的衣食住行息息相关，最容易引起读者的兴趣和关注。如何创新，这就离不开精心策划。对经济报道进行精心策划，一方面可以及时抓住重要的经济热点新闻；另一方面又可以拓展经济报道的题材空间，丰富经济报道的内涵，从而更好地满足读者既求新又求深的阅读需求。在实践中，经济报道的策划可分为个人策划和集体策划。对主题单一、内容简单的经济报道，则可以通过记者的个人策划完成报道工作；而对主题宏大、采访内容丰富的经济报道，则需要通过集体策划，集思广益来制定切实可行的采访方案，使经济报道更具可读性和厚重性。

2007年10月，备受怀化市广大干部群众关注的邵怀、怀新高速公路即将顺利通车。邵怀、怀新高速公路是湖南省高速公路建设全面进入山区后开始建设的重要的山区高速公路，具有极为重要的政治和经济意义。仅从经济上看，它的建成，将在湘中、湘西南和湘西形成一条东西方向的公路通道，大大缩短省际和沿线地区间的运输时空距离，使沿线周围的国道、省道及县、乡公路连接成一个更具效率的交通运输网络。作为最大的受益方，邵怀、怀新高速公路建成通车，将对怀化经济社会发展产生积极而深远的影响。在实施对邵怀、怀新高速公路开通的报道时，《怀化日报》先行进行系统策划，在高速公路开通前派出了由我和要闻部记者车永忠、总编室记者高春艳组成的"跨入高速时代·提速怀化经济系列报道"采访报道小组，从邵怀、怀新高速公路开通对工业、商贸、旅游及人民群众生产生活等方面带来的影响展开采访，从不同角度反映邵怀、怀新高速公路开通对怀化经济的拉动作用。由于策划超前，整个系列报道在广大干部群众中产生了一定的影响。

二、采访深入

范长江新闻奖获得者、解放军报社高级记者江永红分享自己的采访经验时说——有位同行问我："你在前线发那么多有影响的稿子，点子从哪里来？"

我回答说："写稿子点子固然重要，但关键是要深入采访，不仅用笔和照相机，更要用'心'去采访。"我的经历告诉我，真正的士兵对记者往往是沉默寡言的，只有你与他"滚"到一起后他才会打开话匣子，才会无话不谈，才会把未婚妻的情书拿出来给你看。

新闻事实是写好新闻报道的基石，记者如果只靠走走会场、拿拿材料、打打电话、看看网站，是捕捉不到丰富鲜活的新闻事实的，也是写不出新闻优稿的。在采写"跨入高速时代·提速怀化经济系列报道"时，根据报社的安排，我负责四篇系列报道中的其中两篇写作。即写邵怀、怀新高速开通后将对怀化旅游和商贸物流业带来的影响。虽然当时我是系列报道采访小组最年轻的记者，但报社给我安排了两篇报道任务，我觉得这是单位对年轻同志的充分信任和肯定。对我来说，既有压力更有动力。为了写好这组系列报道，我对两篇报道的结构进行了构思，对采访哪些人物、哪些部门做了详细的计划安排。

比如在采访两条高速公路开通对怀化商贸物流业的影响时，我相继采访了物流业主、运输司机、小商贩。一说起高速公路来，他们都是满脸笑容。在他们的眼里，那是一条"金光大道"，能给他们带来更幸福富裕的生活。在采访时任怀化市人大常委会副主任、市高速公路指挥部副指挥长石太福时，他指出：这两条高速公路的开通无疑为怀化物流业迎来新的一次大发展创造了良好条件。怀化乃至湘西的一些矿产、医药和木材加工等行业都将面临更大的走出去的机遇，交通的方便能更大地降低成本，节约时间，减少损耗。采访时任怀化市商务局局长张晓洪时，他认为，要发展现代商贸物流业首先要具备三个基本条件，即优越的地理位置、一定的产业基础、完善的交通网络。而怀化宝庆经济互助会首席顾问、监察委员会主任姜卫国在接受采访时告诉记者，作为社会团体组织，怀化交通网络的日益完善，使他们与外地交流合作的机会明显增多。采访湖南三龙贸易公司总经理曾治国时，他指出，正是看到了怀化商贸物流业发展的良好前景，怀化知名企业湖南天龙集团在医药、房地产领域取得骄人成绩后，又开始进军商贸物流业，成立了湖南三龙贸易公司。

在采访两条高速公路开通对怀化旅游业的影响时，市旅游局的同志分析说：从芷江机场复航，渝怀铁路开通，到沪昆高速怀化段通车，便捷的立体交通网络正在为怀化旅游大发展铺就阳光大道，如何让怀化的旅游乘势而发，就必须了解自己的优势、劣势，积极应对。

在采访中，为了全方位了解各方面情况，我采取了开放型、复线式的采访方法。采访普通群众时，我采取聊天的方式，通过宽松的聊天方式启发采访对象思路，从而得到许多有价值的原始材料。在采访部分专家和政府职能经济部门的负责人时，则以开门见山的采访方式，直入主题。由于采访思路清晰，采访方法灵活，我从中获得了丰富鲜活的素材，写作时一气呵成。

通过这次报道，我从中感悟到：经济新闻报道中，采访状况的好坏直接影响着新闻报道的质量，而采访状况的好坏取决于采访思路的正确与否。中国经济的快速发展，要求我们要改变传统的经济报道模式以适应新形势的需要，这对新闻工作者提出了更高层次要求：新闻记者不但要具备一定的理论素养、业务水平和知识储备，更需有先进的思维方式。这直接关系到采访的效果，也是让经济新闻报道出新的关键所在。

三、精心写作

首先是结构新颖。整组系列报道围绕“作为最大的受益方，邵怀、怀新高速开通将对怀化经济社会发展产生怎样的影响？怀化又该如何抢抓这一机遇加快发展？”这个主题思想，从工业、商贸、旅游等方面进行剖析。而每一篇报道，又分别围绕工业、商贸、旅游等方面内容展开叙述。整体结构和单篇结构总中有分、分中有总，既相互衔接又相互独立。

其次是标题制作传神。这组系列报道最大的特色就是标题传神，不论是每篇稿件的大标题还是小标题，都生动形象。在经济新闻报道中，如何制作一个既能说清文章内容又能吸引读者的标题，是一个令记者、编者都感到棘手的问题。经济新闻标题之所以不好制作，原因是它涉及的专业化术语多，而这些专业化术语大多是晦涩难懂的。我在这组系列报道的标题制作上精心琢磨构思，从大众的视角出发，达到了新颖、个性的效果。这组报道从主标题到小标题运用都节奏鲜明，读来朗朗上口，听起来悦耳，值得回味。如第一篇报道的主标题："怀化新型工业化的助推器"，小标题："怀化太需要高速公路了""怀化要牢牢把握这一机遇"；第二篇报道的主标题："为商贸物流业'加油增速'"，小标题："告别山道弯弯：为怀化商贸物流'松绑'""完善交通网络：助推现代商贸物流中心建设""融入高速时代：怀化物流界信心满怀"；第三篇报道的主标题："怀化旅游：顺'路'而为　风光无限"，小标题："高速开通：怀化旅游渐热""品牌年代：怀化旅游有待提升""抓机遇：让怀化旅游火起来"；第四篇报道的主标题："对接'高速'——写在邵怀和怀新高速通车之际"，小标题："起宏图开启湖南'西大门'""战四载攻坚破难铺坦途""迎良机高速发展正其时"。这些标题既精练简洁又生动新颖，能起到激发读者的阅读欲。

再次是语言生动。整组报道在语言运用上比较通俗化、形象化和个性化，强化了经济报道的表现力，使文章浅显易懂，报道的内容可闻、可见、可触、可感。比如在写高速公路对怀化商贸物流行业带来的影响，我这样描述："'高速公路一开通，我们对长沙及周边等地的市场反应可以更快速，随要随到，节省费用。'在蔬菜果品批发市场，贩销户们跃跃欲试。""对于货运司机陈建兵而言，邵怀高速公路的通车带来的最直接好处，就是和以往车过'雪峰天险'提心吊胆的日子说再见。陈建兵告诉记者：'过去，去长沙、下广西、走云贵，出怀化的路都是山道弯弯，尤其是过'雪峰天险'既危险又耗时，到了冬季冰雪天气，更得小心翼翼，堵车也是常事，每次上山下山都要几个小时。邵怀、怀新高速通车后，走隧道，既安全又节省了流通时间。'"

这些语言朴实生动接地气，让读者阅读时有身临其境之感，拉近了经济报道和读者的距离。

◆ 附作品

跨入高速时代·提速怀化经济系列报道①

邵怀、怀新高速公路已初定11月10日开通，届时将在湘中、湘西南和湘西形成一条东西方向的公路通道，大大缩短省际和沿线地区的运输时空距离，便捷的公路交通将成为——

怀化新型工业化的助推器

编者按：备受全市人民关注的邵怀、怀新高速公路即将顺利通车，由此，湘中、湘西南和湘西地区即将形成一条东西方向的高速通道，大大缩短省际和沿线地区间的运输时空距离。

作为最大的受益方，邵怀、怀新高速开通将对怀化经济社会发展产生怎样的影响？怀化又该如何抢抓这一机遇加快发展？记者从即日起推出一组报道，力求从工业、商贸、旅游等方面进行剖析。

正当举国上下深入学习贯彻党的十七大精神之际，备受怀化人民关注的邵怀、怀新高速公路建设捷报频传。来自省高速公路建设指挥部的消息：截至10月底，邵怀、怀新高速公路建设全面完工，即将顺利通车。

邵怀、怀新高速公路是我省高速公路建设全面进入山区后开始建设的重要的山区高速公路，它的建成，将在湘中、湘西南和湘西形成一条东西方向的公路通道，大大缩短省际间和沿线地区间的运输时空距离，使沿线周围的国道和省道及县、乡公路连接成一个更具效率的交通运输网络。

作为最大的受益方，邵怀、怀新高速公路建成通车，将对怀化经济社会发展产生积极而深远的影响，特别是对怀化的工业经济将产生积极的推动作用，拉长怀化工业“短腿”，强力助推新型工业化，加快怀化富民强市的步伐。

泰格林纸和汇源果汁怀化项目投产在即，但两家公司订购的超宽超高超重的整体设备现无法运进怀化，两家公司都急盼着邵怀高速公路早日通车——

怀化太需要高速公路了

在大西南五省周边地区，怀化曾有过引以为豪的交通区位优势。从20世纪60年代起，因湘黔、枝柳两条大动脉交汇于此，怀化一度成为这一区域的交通枢纽。独有的交通区位优势，有力地助推了怀化的经济发展，其发展速度在西南五省周边地区首屈一指。长期以来，对于“火车拖来的城市”这一称谓，怀化人感到既亲切又自豪。

然而，当历史的车轮驶入21世纪的今天，情况已发生了较大变化，特别是自2001年国家实施西部大开发战略以来，凭借西部大开发诸多优惠政策的强力支持，周边市州取得了前所未有的快速发展，尤其是在交通建设方面。邵怀、怀新高速通车前，怀化还没有一条像样的省市出口通道，倒是西边的贵州、东边的娄底、北边的常德益阳，都把一条条高速公路和高等级公路修到了我们的家门口。便捷的交通为工业发展提供了强力支撑。如今，与怀化毗邻的娄底、铜仁等地，新型工业化的步伐正在加快，尤其是娄底，其发展速度与规模均超过了怀化。

从一个简单的例子可以看出发展公路交通特别是高速公路的重要性。日前，记者在怀化工业园区采访时了解到，泰格林纸40万吨林纸一体化项目和20万吨汇源果汁饮品生产线项目投产在即，但两家公司都遇到了类似的难题：他们在国外订购的超宽超高超重的整体设备无法运进怀化，原因是怀化的铁路隧道太窄，而现有怀化境内的公路和桥梁的承载能力十分有限。两家公司都急盼着邵怀高速公路早日通车。

市经委的有关负责同志告诉记者，怀化曾经引以为豪的铁路交通，如今已无优势可言。以怀化火车南站为例，包括其下属的专用线在内，每年设计运输能力是180万吨，而实际运量达到280万吨/年，已不堪重负。这一数字也从一个侧面反映出怀化公路交通的劣势。由于怀化至今没有开通高速公路，大型集装箱车开不进怀化。试想一想，沿着山高弯多的雪峰山走，费时又费力，运输成本居高不下。这样的交通条件如何能吸引别人来投资兴业。交通不畅，不仅外来企业难以入住怀化，也使得怀化本土企业对周边地区的辐射功能大打折扣，极大地阻碍了怀化工业经济的发展。

邵怀、怀新高速公路的开通，将为怀化的工业发展提供前所未有的机遇——

怀化要牢牢把握这一机遇

据了解，邵怀高速途经邵阳市的隆回县、洞口县，在洪江市塘湾镇穿过雪峰山脉，止于中方县竹田河西，与建设中的怀新高速公路相连，再从竹田互通建连接线与怀化城区相接。可以说，怀化有近一半的地区和人口直接受益。过去，大型货车从长沙到怀化需10个小时，到与新晃交界的贵州大龙经济开发区，需15个小时，邵怀、怀新高速开通后，到怀化只要4个多小时，到大龙只要6个小时。不仅有利于怀化与珠三角对接，同时也有利于怀化经济对贵州等周边地区的辐射，促进怀化区域性“双中心”战略的实施。

市长助理、怀化工业园区管委会主任杨开凤告诉记者，高速公路开通后，怀化的区域优势将更加凸显，投资环境必将大为改善。以怀化工业园区为例，过去在招商引资方面除了服务的软环境外，硬环境相对而言比较滞后，通了高速后，无疑多了一个平台。其次，运输速度将大大提高，节省了时间、降低了成本，有利于提高怀化产品的竞争力。此外，由于时空距离被拉近，有利于怀化更好更快地接受珠三角地区的辐射，使自然资源丰富的怀化更有效地与珠三角地区开展经贸合作，促进人流、物流、信息流的快速流通，形成优势互补、共同发展的局面。他介绍说，邵怀高速公路贯穿怀化工业园区，且它的一条出入口就在园区内，这为工业园区的发展，特别是招商引资搭建了更为有利的平台。

市经委的有关负责同志告诉记者，邵怀、怀新高速公路的开通，为怀化的工业发展提供前所未有的机遇，当前最重要的是要牢牢把握这一机遇，强力推进怀化新型工业化步伐。他认为，全市上下应进一步加大招商引资力度，整合现有资源，全力提速工业园区基础设施建设，增强园区吸纳企业的承载力，着力引进战略投资者和培育产业集群，全力打造工业核心增长极。

采访中，记者得知，由于邵怀、怀新高速即将通车，正泰、雨润肉制品、香港凯盈服饰等一批知名企业看好在怀的发展前景，已与我市签订了入园协议。相信不久的将来，还有一大批企业纷至沓来，怀化工业将迎来辉煌灿烂的明天！

（原载 2007 年 11 月 1 日《怀化日报》）

跨入高速时代·提速怀化经济系列报道②

为商贸物流业"加油增速"

完善的交通网络，是经济发展的血脉，是经济社会腾飞的坚实跑道。

11 月 10 日，怀化第一条高速公路沪昆高速怀化段将正式通车。这条全长近 270 公里的高速公路，引发了人们无限的遐想。在物流行业有关人士看来，这条"黄金脊梁"的生成，不仅将给怀化带来新人气，更带来了无限商机，为怀化商贸物流业的发展"加油增速"，为怀化建设现代商贸物流中心创造了良好条件，为怀化新一轮经济的发展注入了新活力。

告别山道弯弯：为怀化商贸物流"松绑"

车流带动人流，人流带动物流，物流带动财流。邵怀、怀新高速建成通车，最大的意义在于降低了流通成本，大大缩短了怀化到省会长沙及至贵州、广西、云南等周边地区的距离和时间，所以注定将成为怀化物流业发展的一个重要标志性事件。

从地图上看，邵怀高速公路起于湘潭至邵阳高速公路终点隆回县周旺铺互通，穿越雪峰山、鸡公界，止于中方县竹田，与怀化至新晃高速公路相连，在竹田互通经怀化连接线与怀化市区相接，途径邵阳市的隆回县、洞口县，怀化市的洪江市、中方县、鹤城区等五县（市、区）。主线长 155.69 公里，连接线长 18.38 公里。怀新高速起于中方县水牛田村，经中方、芷江、新晃三县，在鲤鱼铺与贵州省玉山高速公路相接，全长 93.1 公里，它与邵（阳）怀（化）高速、娄（底）邵（阳）高速、醴（陵）(湘）潭高速公路构成了湖南连接西南的交通要道。

“所谓路通则财通，今后，我们公司的物流广度、深度和其顺畅性，将会发生巨大的变化。”河西商贸城的张女士兴奋地告诉记者，高速公路通车后，不仅改变了怀化的交通现状，也提高了怀化的城市形象，可以吸引更多的人来怀化，也将为公司带来更多的商机。

对于货运司机陈建兵而言，邵怀高速公路的通车带来的最直接好处，就是和以往车过“雪峰天险”提心吊胆的日子说再见。陈建兵告诉记者：“过去，去长沙、下广西、走云贵，出怀化的路都是山道弯弯，尤其是过‘雪峰天险’既危险又耗时，到了冬季冰雪天气，更得小心翼翼，堵车也是常事，每次上山下山都要几个小时。邵怀、怀新高速通车后，走隧道，既安全又节省了流通时间。”

“高速公路一开通，我们对长沙及周边等地的市场反应可以更快速，随要随到，节省费用。”在蔬菜果品批发市场，贩销户们跃跃欲试。

采访中，物流业主、运输司机、贩销户，一说起高速公路来都是满脸笑容。在他们的眼里，那是一条“金光大道”，能给他们带来更幸福富裕的生活。

在相关专家的眼里，高速公路建成通车最大的意义在于为怀化乃至湘、黔、滇三省，直至东西部都打通了一条人流、物流往来的便捷通道，它大大缩短了怀化与周边地区的时空距离，从怀化上高速到长沙，到周边省、市比以往最少可节约通车时间 5 个小时，这样的速度实在是让人雀跃，它意味着各种货物可以更快捷地出入怀化。

便利的交通网络，为怀化物流业的发展解开了束缚。市人大常委会副主任、市高速公路指挥部副指挥长石太福指出：“邵怀、怀新高速的修建，对改变区域经济，促进湖南与贵州、云南等省的经贸往来，促进东西部地区经济技术交流和贸易发展，推动西部大开发都将具有深远的意义。怀化作为‘火车拖来的城市’，长年以来运输渠道较为单一，雪峰山隧道及邵怀、怀新高速的全线贯通将大大改变怀化市以至整个湘西的交通格局。这无疑为怀化物流业迎来新的一次大发展创造了良好条件。怀化以至湘西的一些矿产、医药和木材加工等行业都将面临更大的走出去的机遇，交通的方便能更大地降低成本，节约时间，减少损耗。”

完善交通网络：助推现代商贸物流中心建设

今年来，市委、市政府全面审视怀化市情、认真总结历史经验、准确把握宏观环境，做出了建立区域性经济中心和区域性现代商贸物流中心的重大决策，这是我市推动科学发展、促进社会和谐、实现富民强市的重大战略举措。那么，邵怀、怀新高速的建成通车，对于我市建设区域性现代商物流中心有何影响？记者就此采访了市商务局局长张晓洪。

张晓洪说，建设区域性现代商贸物流中心，就是要以科学发展观为指导，坚持市场化导向，信息化提升，品牌化带动，实现商贸物流业由自发向自觉、由无序向有序、由传统向现代转变，使现代商贸物流业成为繁荣城市经济、便利人民生活、强化城市功能的支柱产业。

张晓洪认为，要发展现代商贸物流业首先要具备3个基本条件，即优越的地理位置、一定的产业基础、完善的交通网络。从地理位置上看，怀化南接广西（桂林、柳州），西连贵州（铜仁、黔东南），与湖南的邵阳、娄底、益阳、常德、张家界等市和湘西土家族苗族自治州接壤，素有“黔滇门户”“全楚咽喉”之称，今有湖南“西大门”之美誉，地理位置得天独厚。从产业基础来看，目前，我市商贸物流业市场体系初具规模、业态多元化发展加快、市场辐射力较强，贡献日益突出，2006年，全市实现社会消费品零售总额113.07亿元，同比增长15%，增长幅度排全省第6位，拉动GDP增长3.9个百分点，商贸物流辐射周边7个市（州）、140个县、1500万人口的区域。唯独交通网络成了影响我市发展现代商贸物流业的变数，由于交通不顺畅，我市无法与发达地区实现快捷对接，处于边缘化的状态，因此商贸物流业发展也是自发多过自觉，无序多过有序，传统多过现代。“从芷江机场通航，渝怀铁路通车，到今年邵怀、怀新高速建成通车，随着怀化交通网络日益完善，这一格局将发生根本性的变化。”张晓洪说。

张晓洪表示，随着怀化交通网络的完善，更多的外地企业会将目光聚焦怀化，更多的产业会向怀化转移，这必将给怀化商贸物流业带来新的商机。市商务局在建设“双中心”尤其是建设区域性现代商贸物流中心的进程中承担着重要职能，他们将完善和执行商贸物流发展规划、加快项目建设、大力培育市场体系、加强市场监管、优化发展环境，积极推进区域性现代商贸物流中心建设。

融入高速时代：怀化物流界信心满怀

“高速公路通车，搭建起了区域间经济交流与合作的快捷通道，只有迅速融入，才能把握住无限商机。”怀化宝庆经济互助会首席顾问、监察委员会主任姜卫国告诉记者，作为社会团体组织，怀化交通网络的日益完善，使他们与外地交流合作的机会明显增多。连日来，姜卫国频繁往返怀化与长沙两地，他颇为兴奋地告诉记者，随着高速公路通车，怀化宝庆经济互助会将与长沙邵阳商会建立起更紧密的合作关系，这无疑对怀化宝庆商人，怀化商贸物流，乃至怀化经济发展起到积极推动作用。

在不少物流行业人士看来，高速公路建成通车是继渝怀铁路通车之后，我市物流界加快发展的又一次大机遇。首先，改善了物流发展环境。高速公路的建成，使得怀化中心城区通向长沙等地更快捷，将大大提高我市物流业的效率和竞争力。其次，带来了物流商机。邵怀、怀新高速的建成通车，使得不少对市场敏感的制造业企业家和房地产老板纷纷到高速公路沿线寻觅风水宝地，这必将促进一个新的现代产业中心的形成，给物流业带来采购、运输、配送、储存等众多商机。第三，促进物流均衡发展。这几年怀化物流业发展迅猛，如今融入高速时代与现代物流接轨，这无疑将推动怀化物流经济向布局合理、功能齐全、规模较大、辐射增强、管理先进的方向发展。

“高速公路的拉通，物流要素在城市之间的快速流动，带来的商贸便利，投资效应，节省的时间、油耗，是难以用金钱来直接衡量的。”湖南三龙贸易公司总经理曾治国说。正是看到了怀化商贸物流业发展的良好前景，怀化知名企业湖南天龙集团在医药、房地产领域取得骄人成绩后，又开始进军商贸物流业，成立了湖南三龙贸易公司。如今像这样投身于怀化商贸物流大潮中的生力军还为数不少，对在怀化发展商贸物流业他们充满信心。

采访中，物流公司相关负责人也纷纷表示，将抓住高速公路通车这一机遇，为怀化工业发展提供全方位优质物流服务，为怀化经济发展多做贡献。

（原载 2007 年 11 月 5 日《怀化日报》）

跨入高速时代提速怀化经济系列报道③

怀化旅游：顺“路”而为风光无限

高速开通：怀化旅游渐热

我市具有丰富的旅游资源，以前因为交通的原因，只能藏在深山无人识，如今，随着交通条件的改善，我市旅游正在走出山门，吸引越来越多人的关注和青睐。高速公路的贯通，时空距离的改变，无疑给怀化旅游打开了大发展大飞跃的通道。

“请问去怀化自驾游的名额满了没有？我们想报名参加。”“早就听说怀化是个好地方，一直想去看看，就是交通不便，现在邵怀、怀新高速公路开通，去怀化沿途都可以观赏山峦叠翠、水碧天蓝如画般的美景，真是美的享受。”邵怀、怀新高速公路开通在即，为让各界体验到这条高速画廊及周边民俗风情，湖南省交通厅、省旅游局、怀化市人民政府联合组织千辆自驾车穿越高速畅游怀化。连日来，省城长沙市民报名参加“千辆自驾车穿越高速畅游怀化”活动的人士络绎不绝。

采访中，记者发现，随着怀化交通网络的完善，不少外地旅游企业也开始瞄准怀化丰富的旅游资源，正在悄然挺进怀化。

武汉美中旅行社积极与我市旅游局签订合同，在武汉华中市场对我市旅游资源进行强势宣传，在高速公路贯通之际，他们也将开通武汉华中区域至怀化的旅游线路。近段时间来，香港、深圳、广州、福州、长株潭、湘西州等旅行社老总也纷纷来到怀化踩线。“怀化三日游，怀化二日游，怀化一日游”每家旅行社根据怀化旅游景点特色结合自身需要，定下了自己满意的菜单。

而对怀化旅游景点、旅行社、宾馆饭店以及旅游特产行业来说，高速公路带来的机遇更是显而易见。采访中，他们认为一方面可以促进我市旅游资源的开发。我市旅游资源类型多样、个性化特征明显，山水兼备、人文景观独具魅力，随着交通网络完善，会有越来越多的开发商关注怀化旅游资源的开发。另一方面，高速公路开通后，公路流量的增加也将扩大我市旅游品牌的宣传效应，提升怀化旅游在省内外的影响力。此外，高速公路的开通也将有利于扩大我市休闲度假旅游市场。近年来，我市围绕城市市民休闲度假的场所正在增加，现在各地进行的旅游景区（点）开发建设也考虑到和周边地区强势旅游资源的关系，注重依托自身的独特性增加休闲产品的开发，争取周边地区形成联动发展，吸引周边地区的游客延长旅游线路，增加旅游收入。而随着高速公路的贯通，从长沙等地开车到我市的时间将大大缩短，将吸引越来越多的自驾游车队来怀化，这也是一个巨大的潜在市场。就在 11 月 5 日，怀化市旅行社协会和长沙市旅行社协会签署了两地旅游合作协议，进行更紧密的合作。

品牌年代：怀化旅游有待提升

从芷江机场复航，渝怀铁路开通，到沪昆高速怀化段通车，便捷的立体交通网络正在为怀化旅游大发展铺就阳光大道。如何让怀化的旅游乘势而发，就必须了解自己的优势、劣势，积极应对。

从我市周边地区旅游业发展看：北面的张家界和南面的桂林作为世界级的旅游目的地，早在20世纪80年代就已成为知名品牌；东北部的常德是全国优秀旅游城市，桃花源、常德诗墙知名度较高；西北部的自治州特别是凤凰，近年来异军突起，成了旅游热点；梵净山作为国际生物圈保护区网成员，已开发多年，逐渐成熟；西部贵州的镇远20世纪90年代中期，旅游业就已红火；东南部邵阳崀山，这几年一直是省旅游局扶持发展的重点。

可以说，怀化已处在相对发达旅游区的包围之中，这种形势有利有弊，利用得当，可以借船出海，加快发展；缺乏危机感、急迫感，不加快发展，就会错失良机，怀化这块洼地就不可能产生聚集效应，将沦为这一板块的旅游空洞。

市旅游局的同志指出，近年来，我市旅游取得了一定成绩，景区（点）建设不断加快，旅游目的地形象日渐凸显。但在这个比拼品牌，以硬件设施、软件环境说话的大环境下，我们应该清醒地认识到不足和差距。一是旅游产业结构还需进一步优化，特别是旅游产品和旅游关联产品还比较单一。二是旅游资源开发力度还需进一步加大。特别是旅游资源深度开发不够，精品、名牌旅游项目还不多，至今还没有一个4A级景区。三是旅游配套水平需要进一步提高。一些旅游区（点）交通设施还需不断完善，接待等配套设施建设必须加强。四是旅游产业发展环境还有待改善，管理和服务水平有待提高，特别是营销手段还比较滞后。只有重视和积极采取措施解决这些问题，才能推动我市旅游业健康、快速发展。

抢抓机遇：让怀化旅游火起来

如何使我市旅游产业进一步提升，形成大湘西乃至湖南的品牌。据专家分析，当前，新一轮的旅游发展周期刚刚开始，我市旅游再一次遇到发展良机，抓住了这个机遇，就有可能成为湖南省大湘西旅游板块的新热点。从全国的情况看，国际国内旅游市场正处于大发展、大调整的重要时期。全球旅游重心正在逐步向亚太地区转移，我国已成为最安全、最有吸引力的旅游目的地。同时，随着国民经济的快速发展，国内旅游逐渐成为一种社会时尚，成为新的消费热点，旅游需求正在进入高速增长期。从全省的形势看，省委、省政府高度重视旅游业的发展，做出了培育壮大旅游支柱产业的重大战略决策。在全省掀起了新一轮旅游发展热潮。从我市的实情看，市委、市政府提出将旅游业作为支柱产业来培育，并将旅游工作列入了全市双文明目标管理责任制进行考核。市委书记、市长多次调研旅游工作，还先后两次邀请高规格的旅游专家组考察怀化，高标准、高起点谋划怀化旅游的未来发展。从旅游的自身发展看，国内旅游消费活动逐步由传统单一的观光旅游向休闲旅游等方向转型，呈现出多层次、多样化特点，这一变化使旅游资源范围大大扩展。我市生态环境优美、民俗风情浓郁、历史文化厚重，森林覆盖率达66.75%，是全国九大良好生态区之一，发展怀化旅游的资源优势日益凸显。

市旅游局的同志分析指出，当前我市旅游产业的特点是洪江、芷江、通道等地主要旅游产品的品牌知名度不断提高；以洪江古商城、芷江受降城为核心的怀化中部旅游线路日趋成熟，市场推广价值越来越高；长株潭地区和怀化周边地区仍是我市旅游的最大客源市场，广州、武汉、广西、重庆则是我市旅游潜在的客源市场；来怀自驾游备受青睐，发展迅猛。根据省旅游局专家组上半年对我市旅游资源和产业发展情况专题调研后的建议，结合全市旅游资源和产品北、中、南三大板块的空间布局以及全市旅游产业发展的现状，怀化旅游产业发展的目标定位是：国际旅游的新看点，国内旅游的新热点，湖南旅游的新增长点。

市旅游局的同志说，下一步，我市的旅游将按照省委、省政府培育壮大旅游支柱产业的要求，紧紧围绕市委、市政府区域性“双中心”战略目标，依托良好生态，突出文化挖掘，整合资源优势，主攻目标市场，实施中部突破，着力南北拓展，力争通过两到三年的努力，形成三到五条精品旅游线路，把怀化打造成在国际有一定影响、国内知名的观光休闲旅游目的地。

（原载 2007 年 11 月 9 日《怀化日报》，
此系列获 2007 年度湖南省市州报好新闻二等奖）

采访深入细致　客观公正见效

——舆论监督系列报道优稿这样运用事实说话

舆论监督是党报的重要使命之一，也是地方党报的传统优势所在。但舆论监督往往会因触及一些部门的痛处、伤及部分人的利益而惹来一系列麻烦事，于是，不愿监督、不敢监督、监督效果不理想的尴尬局面在地方党报成了一种越来越普遍的现象。

如何发挥好地方党报舆论监督作用，提升地方党报的公信力和影响力，写出群众点赞的舆论监督报道，现结合我策划推出的“关注‘学车难、考证难、收费高’”这组系列报道的实践，认为从下面几个方面入手，可以收到一定的效果。

一、提高综合素质

要有效地发挥新闻媒体的舆论监督功能，真正做到“帮忙不添乱”，首先应从提高新闻记者的综合素质入手。

（一）提高政治素质

新时期，新闻工作的基本规律和鲜明特点，就是讲政治，讲党性，坚持政治家办报，因此，提高政治素质应当是新闻队伍建设的核心。讲政治，讲党性，就是要求新闻记者平时要注意对党和国家的政策方针、社会主义价值体系的学习，对上要熟悉党的路线、方针、政策，对下要了解人民群众的感情、意见和呼声，也就是我们常说的“吃透两头”。实践证明，新闻记者的政治理论修养够不够，决定了记者在新闻报道尤其是舆论监督报道中能否把握正确的政治方向，阐述正确的政治观点，对新闻信息做到准确、无误、及时、稳妥的报道。正是因为对上熟悉党的路线、方针、政策，对下了解人民群众的感情、意见和呼声，面对近年来驾考“学车难、考证难、学费高”现象越来越普遍，驾考乱象让群众苦不堪言的情况，2014 年，《怀化日报》将关注驾考乱象作为反映群众诉求、加强舆论监督的重头稿件推出，我们的新闻记者进行调查采访，共跨时 5 个月，发稿 6 篇，每篇报道都恪守客观公正，以事实说话，真实地反映了群众的心声。

（二）提升道德素质

原新闻出版总署署长柳斌杰说过：“记者履行的是社会责任，一举一动是公开透明的，报道也会对社会产生影响，所以需要守住一个底线。底线是什么？就是法律、职业道德和社会秩序。”在舆论监督报道中，要做到客观公正，就要求我们必须具备良好的职业道德，为人正直、处事公平，保证舆论监督动机的纯洁性。新闻记者只有时刻注重职业道德修养，坚持廉洁自律，舆论监督报道才能更好地宣传党的主张、弘扬社会正气、通达社情民意。2014 年年初，不少群众来电、来信反映驾考中存在的诸多问题。《怀化日报》决定推出系列报道关注驾考问题，发挥舆论监督作用。在为期 5 个多月的追踪采访中，我们的新闻记者面对了一定压力，但是大家坚守职业操守，确保报道任务的圆满完成。

（三）增强业务素质

要做一名合格的舆论监督记者，除了要坚持正确的政治方向外，还应该具有一定的写作功底，丰富的综合知识，这就要求新闻记者要有“钉子”精神，干一行、钻一行、爱一行。舆论监督记者只有具备了娴熟的业务能力，精通新闻采访、写作等技能，才能掌握工作的主动权，在舆论监督新闻采写上游刃有余。

二、坚持求实精神

真实是新闻的生命，新闻舆论监督更是如此。我们写出的舆论监督报道要做到公平公正就必须在事实和细节上严格核实，不允许有丝毫的虚假和模糊。

（一）采访谨慎严肃

采访舆论监督稿件时，记者一定要恪守客观公正，这样才能使新闻报道既有针对性又有指导性，从而克服主观片面。在采写关注“学车难、考证难、收费高”这组系列报道时，为使报道客观公正，我们记者兵分几路，连续1个月时间深入到中方县泸阳考场、鹤城区杨村考场调查暗访，不仅采访了学车学员、驾校等当事方，还采访了市交警支队、市物价局、市交通局等部门，对怀化存在的学车难、考证难、学费高等问题进行了全方面翔实的了解。

（二）掌握事实材料

舆论监督权是新闻记者的一项极为有力的权利，但它是一把双刃剑，在你认为是行使舆论监督权，而监督对象则认为你侵犯了其名誉权、隐私权。因此，记者必须去事件发生地深入调查，了解真相，获取第一手材料，收集证据，而不能“坐堂办案”。为采写好这组系列报道，任何一个细节、一句话，记者都坚持到现场获取，第一手掌握准确无误的新闻事实。

（三）不带私心杂念

在新闻采访中，尤其是舆论监督报道，利益诱惑在所难免，记者应少点私心，坚决地抵制住各种诱惑，才能避免出现因为利益而带来报道有失偏颇。写报道时要让事实说话，让证据说话，如果因为我们个人感情因素，不重视事实或缺乏事实依据，这样的舆论监督报道出来后必然经不起推敲，不能真正起到舆论监督的作用，对我们自身也不利。

（四）争取实效

舆论监督报道，最关键的就是要有实际效果，尤其是在新媒体环境下，否则，问题报道了，但没有得到重视和解决，群众不满意，报纸自身的公信度也会下降。在实际工作中，我们发现，很多问题的解决并不是一帆风顺的，有时一件小事的圆满解决都需要记者多方奔走于各有关部门之间。因此，要想出实效，记者的社会责任感至关重要。

在采写关注“学车难、考证难、学费高”这组系列报道中，我们共开展了两波声势较大的宣传，首先根据连续 1 个月时间的调查暗访情况，于 6 月 19 日、6 月 26 日、7 月 1 日先后在“E 媒热线”版头条推出了《驾培费，如雾里看花！》《学时未满，为何强行报考？》《驾考费：“乱花”迷人眼》3 篇曝光驾考乱象稿件，怀化新闻网、掌上怀化客户端也同步跟进报道。报道刊发后，市政府分管副市长专门召开物价、交通、交警、驾考中心等部门参加的协调会议，制定措施，严格纪律，遏制驾考乱象。市委副书记、代市长又带领相关部门到驾考考场检查收费和设施配备情况，对驾考存在的强制性收取食宿费现象，责成相关部门组成联合调查组严厉查处。整治过程中，记者全程参与，进行了第二波宣传，于 7 月 22 日、8 月 21 日、9 月 25 日又先后在“E 媒热线”头条推出《重拳出击：整治“驾考乱象”》《整治“驾考乱象”成效初显》《驾考，在规范中前行》3 篇后续报道。到了 10 月份，怀化驾考各种乱象基本消失。该组系列报道见报后，因主题鲜明、事实清楚，在读者中引起强烈反响，半年时间内，近万名网友发帖热议系列报道，称赞《怀化日报》为群众办了件大好事，彰显了党报的精气神。报道先后获《怀化日报》2014 年度新闻报道总编辑奖，2014 年度湖南新闻奖市州好新闻奖。

◆ 附作品

关注“学车难、考证难、收费高”报道之一

驾培费，如雾里看花！

近几年，怀化学车人数激增，各驾校生意火爆。但伴随着火爆的学车现状，学车难、考证难、收费高也成为市民普遍关注的话题。近日，本报不断接到市民致电反映，城区驾培机构收取的学费高低不一，让人心里没底。记者就此进行了调查采访。

市民吐槽——驾培机构收费不统一

“我与2名朋友分别在3家不同的驾培训机构报考了C1照，但是我们交给各驾培机构的培训费却不一样。我当时报名的时候，培训费是3500元左右（不包括各科目考试费用），其中一位朋友交的培训费是3800元，另一位则是3900元。都是报考C1照，培训费怎么会相差好几百元呢？”在城区某驾校学车的申女士向记者反映说。

“学车前，我也去了一些驾培机构了解收费情况。我发现，各驾培机构向学员收取的培训费都不一样。后来我朋友向我推荐了一位驾培机构的教练员做中介人，报名时，他给我优惠了200元钱，只收了我3800元。但收费后，该教练员没有与我签订任何书面合同只是给我开了一张收据。”在城区某驾校学车的舒小姐说。

不同驾培机构收取的培训费相差过大，让很多市民心里产生疑惑。采访中，对不同的收费价格，学车一族表达了自己不同的看法。部分学员认为，可能收费高的驾校办学条件好一些，收费偏低的驾校办学条件相对弱一些。部分学员认为，学费贵几百元不是大事，关键是要能和教练“搞好关系”，多获得练习机会，争取一次通过。然而更多的学员则表示，怀化的驾培市场还是需要规范，价格不能由驾校自己随意定价，价格不统一，只能让学车族心里没底，不知如何择校。

记者调查——驾培机构报出的培训费确实相差较大

究竟怀化城区各驾校收取学费是否不同，价格相差多少？随后记者走访了城区部分驾培机构了解情况。

在怀化市四中旁边的树仁驾校综合营业厅，了解到记者想要报考C1照，该驾校的工作人员杨女士向记者介绍说：C1照的基本培训费为3100元，后期科目考试费还需再交1315元钱。如果第一次考试没通过要补考的话，还需缴纳补考费用分别为：科目一70元/次，科目二440元/次，科目三580元/次。C2照的基本培训费为3800元，其他费用同上。学员缴纳的以上费用，只有基本学费可开具收据，其他费用均没有任何收据或者书面合同。

那么其他驾培机构情况如何？记者又联系到了怀化市汽车一驾校的工作人员伍先生。他向记者介绍说，目前汽车一驾校C1照的培训费为3640元（包括第一次的考试费，不包含照相费和体检费）；C2照为4580元（包括第一次考试费，不包含照相费和体检费）。当记者询问报名都签合同吗？伍先生回答说："有是有合同，但签合同对学员不划算，因为合同上规定除科目一和科目四外，科目二和科目三只允许实车练习31小时，超过时间另收费，所以一般学员不选择签合同。"

采访中，记者还了解到，汽车二驾校C1照的培训费为3480元（包括照相费和体检费，不包含各项科目考试费）；C2照为4580元（包括体检费和照相费，不包含各科目考试费和食宿费）。汽车三驾校和湘英驾校最基本的培训费均为3740元，其中汽车三驾校包含各科目的考试费不包含科目二和科目三的食宿费；湘英驾校3740元不包含照相费、体检费和科目二、科目二的考试费及食宿费。

记者发现，各驾培机构报价中，费用最为混乱还是基本学费，市民普遍选择考取的C1照培训费从3100元到3800元不等，差价为700元。

据了解，怀化城区普遍存在熟人介绍，驾校教练员代收学费的情况，所以不少教练员利用自己的权限收取培训费，才导致培训费用有高有底的情况出现。而且，大多数学员都没有与驾培中心签订书面合同，只有教练员开的一张收据，收据里的收费名目也是含糊不清，体检费等费用是否已包含在学费里也没有明确注明。

一张含糊的收据单，费用最终解释权最后变成了都是教练员说了算。

市机动车驾驶员培训管理处
——学员要签书面合同，避免不明白消费

为何各驾培机构收取的培训费不统一？对此，有关部门是否知情？如果遇到这种情况学员该如何维权？带着种种学车族关心的问题，记者采访了市机动车驾驶员培训管理处的处长欧家友。他向记者介绍说：“我们近期也接到不少反映驾培机构培训费用高低不一的电话。存在这种情况的主要原因是：各驾培机构的教练员有权自行收取学员，不用通过驾培机构报名，而教练员收取培训费后，只要交一部分费用给驾培机构，剩余的全归教练员所有。同时，怀化又普遍存在熟人直接介绍学员给驾校教练员这种现象，基本上没有通过驾培机构，所以价格有所浮动。”

按照规定，2010年怀化市物价局下达给各驾培机构的C1照的指导价为2950元钱（不包含各科目的报名费和空调费）。怀化各驾校当前的收费现状，合不合理？欧家友介绍说，产生收费差距主要原因是物价局给出的是市场指导价，并没有硬性规定各驾培机构必须按照指导价执行。为维护学车族的合法权益，欧家友表示，市机动车培训管理处明确要求各驾培机构与前来培训的学员必须签订书面合同，合同上面还需要注明学员所要向驾培机构缴纳的所有费用，做到让学员明明白白消费。在学车过程中，学员若遇到教练员向学员索要好处或者乱收取费用等情况时，要及时收集证据并投诉，每个教练车上都印有监督投诉电话2721102。

（原载2014年6月20日《怀化日报》）

关注“学车难、考证难、收费高”报道之三

“场地训练费”“考试指标费”“选车费”“食宿费”……五花八门的费用名目让不少驾考学员难以招架，他们纷纷质疑为什么考个驾照的花费那么多——

驾考费：“乱花”迷人眼

“我已经花了近6500元了，可是驾照还没到手，不晓得还要花多少钱，搞不好怕是要过万。”去年10月份在朋友介绍的教练处报名学车的周女士对记者说，她当时报名只花费了3100元，现在花的钱却比报名费多了一倍多。

记者走访市内多个驾培机构发现，各驾培机构收费标准基本都在3000元至4000元之间，但真正要拿到驾照，花费一般在五六千元以上，多的甚至超过了1万元。那么这多出来的几千元又花在了什么地方呢？日前，记者就此进行了调查。

“名不副实”的体检收费

“医生先让我做视力测试，然后翻开一本测试红绿色盲的册子，指着上面的图案让我辨认，在辨认了三个图案后，医生让我摊开双手，看是否有残疾，然后问我了身高，之后就在体检档案上开始写字、盖章。连仪器都不要用，一分钟就做好了。但体检费却收了30块钱。照相也花了我15块钱，我说，‘用自己的证件照行吗？’工作人员一句‘不可以，是规定。’就打发了我。”刚报名驾考体检后的蒋先生告诉记者。他说，其实钱也不多，但是就这样一下就收这么多钱，真跟捡钱一样。其实也是对学员的不负责任。更觉得照相费就是强制收费，现在谁还没有几张证件照，为什么非得重新照呢。

“交体检费是天经地义的。相对驾考来说，也只是九牛一毛。”驾考学员陈女士说。多数的学员对体检收费的几十元不在意。但是也表示体检“名不副实”是事实。“体检太过简单，我还担心我的视力会不过关。但是教练陪我去体检时，就在旁边打手势。轻轻松松就做完了，体检完全就是走形式。”学员蒋女士如是说。

不得不交的场地训练费、考车仪练习费

“第一次考试要收考试费、场地训练费，还有一些‘孝敬费’。”好不容易考完驾照的周先生讲起驾考费来“一肚子苦水”。由于没有“关系”，周先生虽然前年6月份就报名了，但一直拖到最近才考完最后一门。“报名时说比别人少收几百元，结果每门考试都要另外交钱，交的钱全凭教练的心情。去看一下考场、练习一两把也要交100元。教练带一次去泸阳考场熟悉环境就收取了练习费100元，还要给教练交加班费、生活费。场内考试一次就要花掉800元左右。”

“路考更坑人，就让练习一圈结果就要交180元的‘考车仪练习费’。”学员蒋女士说起“考车仪练习费”感触颇深，“平时教练给的练习时间少，考试特别没把握，想想要是补考的话就要多花掉800元左右，还不如拿那些钱来多练习。于是我就花了3个180元，就为用安装了考车仪车辆练习几把。结果还算好，通过了路考。”

实际上，所谓的“考车仪练习费”，是指在路考前学员可以在考试路段练习一下考试用车，类似于模拟考试。练习之前，驾考中心陪练员会让学员在一份“参加考前适应性模拟训练凭证”上签字，上面清清楚楚地写着：学员自愿参加。虽说是自愿，但是绝大多数的驾考学员都交钱去练习。怕的就是考试通不过。就如一位教练员就要求自己的学员一定去练习：“人家考试中心要收的费用，不去，肯定很难通过。”也有的教练员丢给学员的话就是简单一句：“去不去随你，考不过莫怪！”

不管吃不吃、住不住都要交的食宿费

“鹤城区泸阳镇建立了占地数百亩的考场，除了办公、考试设施外，因离市中心有15公里，为方便考生，该考场还建立了食堂、住宿楼等

配套设施。本是便民好措施，现在却因为收费问题成了我们驾考学员的心头之痛。”学员李先生说起食宿费就“一肚子的火”，“凡是考驾照的考生，报考前时，除交考试费外，不管吃不吃、住不住都必须缴一晚考场宾馆的食宿费，一晚就要两百多。吃的饭菜更是难以下咽，住的地方也小，一间房住三四个人，条件差，收费却这么贵。”

“怀化市中心一些营利性的条件还不错宾馆标准双人间价格也就一两百元左右。一间房住4个人，每人都要交200多元，一间房收费就达800多元，这完全就是‘捞钱’吧。我们也不知道谁收了钱，反正要考试必须交，要么是交给教练，要么交给驾校，而且没有任何收据。收钱的人就说是考试中心要求交的。”学员黄女士对此颇为不解。

学员尹先生说得更直接，“每个驾考学员都不得不交这笔‘冤枉钱’。我从来就不曾在考场住过、吃过。结果还不是要交这笔钱。”

想方设法去交的“选车费”

“泸阳驾考中心车辆有好多是破烂的，严重影响学员考试通过率。有些学员运气不好，每次都碰到破车，害得不少学员补考几次都不过。我就是这样的例子。现在我对一些考试车辆都比较了解了。比如，考试车编号为1号3号6号等车都有不同程度的问题。1号车离合器下面不平，离合器抬低了不启动，抬高了速度太快，带油门或者刹车就熄火，在倒桩时候经常出现中途停车或者入库不能问题。3号车问题最大，方向盘根本打不死，倒桩很难倒进库，这辆车和6号车都是出了名的考试必不过车，这台车的通过率极低。比较正常的车只有5号7号9号车。11号车方向盘也不好。我考试就是栽在了这些车上。”学员周先生对考试车辆颇有微词。

“考试车辆不好，这不是秘密。我们教练就说能够找到关系，可以选好车考试，就是要交150元。我们教练带的几个学员都交钱选车了。”学员陈女士并不担心考试车辆的问题，主要就是要交钱就可以解决。

“我们教练就没能耐找到交钱选车的关系。我们就明显吃亏。好车都被人选了，就剩下差车给我们考试，根本就不公平。要是我也能交钱选车，我也愿意。”学员谢女士说起可以交钱选车的事就又气愤又无奈。

一些教练员收取的考试指标费、分摊的过路费、吃饭烟酒钱名目繁多

报名考试本来是天经地义的事，可是如果你想早点考完过关你就要跟教练员打通关系。“我学了一个月后，觉得能够参加考试了，就跟教练讲要参加考试，但是教练以没有指标为由，让我等。等的时间过长的话练好的东西也会忘的。于是就给教练交了300元的指标费，结果立马就让我去参加考试了。”学员小谢无奈地说，“驾考什么都要钱啊。”“我没交指标费，就让我等啊等，等了2个月，教练才安排我去考试。”和小谢是同一教练的尹女士如是说。

“去泸阳考试，或是在练习场外都要交钱。去泸阳的路比较烂，就要走高速，过路费、油钱都是由学员分担的。进泸阳考场的车要干净，教练要洗车，费用也是由学员分摊。特别是练车时间在下午5点以后，一般练到晚上8、9点后，教练就会把车开到考场外的酒楼吃饭，教练员还要拿烟酒，这些钱都算在学员头上，由几个学员分摊。”刚到泸阳考场考完的小蒋觉得这些隐形费用也花费不少。

更大的花销要数补考费

另外一笔大支出来自补考费用。小张介绍，他参加新规后的考试，场内、场外考试费用分别为440元和540元，但两次都没能一次性通过，参加补考的费用就要高得多，达到了七八百元。“这还仅仅是补考考试费，之前交过的看场地费、训练费，给教练的加班费、‘孝敬费’都得重新交过。”

“我场内都补考三次了，每次都要交680元的补考费，再加上其他七七八八的费用，一下就去了两三千。按理说补考价格应该优惠些的。但是算起来，补考花费比初考更多。”作为在校大学生的学员小夏觉得补考费用更难以招架。

（原载 2014 年 7 月 1 日《怀化日报》）

关注“学车难、考证难、收费高”报道之六——

驾考，在规范中前行

本报自六月底开始刊发的关注“学车难、考证难、收费高”系列报道引起社会广泛反响，市委、市政府领导高度重视，相关职能部门积极开展整治行动。如今，3 个月过去，驾考行业存在的问题解决得怎样，社会反响如何？记者就此再次进行了回访调查。

政府重视：职能部门联合执法整治驾考乱象

早在 7 月初，怀化市政府就召开物价、交通、交警、驾考中心等单位参加的协调会议，会议要求各职能部门密切配合，各尽其职，遏制驾考乱象。到 7 月底，“选车”“包过”“孝敬教练”等现象已得到及时有效制止。但群众意见大、社会关注度高的强制性收取食宿费现象解决情况却进展缓慢。

9 月 10 日，市委副书记、代市长赵应云带领相关部门到科目二、科目三考场检查收费和设施配备情况，对我市驾考存在的强制性收取食宿费现象，要求物价、交通、交警等部门立即行动，组成联合调查组对乱收费行为进行严厉查处，并以此为契机，进一步规范管理，优化服务，加快改革，促进怀化交通驾考行业上新台阶。半个月来，各相关部门联合行动，多次出击，重拳整治，驾考乱收费现象得到有效遏制。

成效明显：强制收费、捆绑收费被叫停

连日来，不少驾考学员致电本报称：感谢《怀化日报》驾考系列报道反映百姓呼声，现在有效果了，食宿费、考车仪练习费不是强制收取

而是自愿交。其中一位学员这样说："本来在8月底就把考试费交到了驾校，考试费中间还包括了强制收取的食宿费和考车仪练习费。然而在9月13日时，驾校通知我说，要把这部分费用退给我，说是自愿交的自己去交，驾校不再代交。真好，驾考时吃住问题终于可以自己做主了。"

9月23日，记者随同市物价局检查小组来到城区一些驾校的科目二、科目三考场。在考场，记者了解到，以前科目二考场收取食宿费100元（其中住宿费40元）；科目三收取食宿费140元。两项共计240元，本来属于服务性收费，应该在考生自愿的情况下收取，并提供相应的服务。但具体运行中，都是由驾校或教练员代收，无论学员是否在考场食宿，均需交纳费用。目前，这些强制收费和捆绑收费已被叫停。检查小组此次检查工作就是看考场和驾校是否落实到位。

在科目二考场，记者采访到在此候考和缴费的驾考学员。他们均表示，缴费是自愿的。"住，50元一晚，还包早餐。早餐10元一餐，中午20元一餐，两荤两素，晚上15元一餐，一荤两素。住的环境比以前好了，一间房只有三个床位，伙食也不错。关键就是可以愿住就住，愿吃就吃"。"场地训练按车算，一台车50元一小时。一台车4个人平摊，比以前划算，就是觉得练的时间不够。因为场内一次只能是25台车练。要多练些时间就会到很晚。"一些学员纷纷坦言，现在确实是自愿缴费了，吃住有了较大改善。

在科目三考场，一名来自芷江的学员告诉记者："现在考车仪练习、吃住都是自愿的。我们县里来的肯定是要练习和吃住的，自不自愿对我们影响不大。"而城区的一名学员则说："食宿费省了一笔开支，考车仪练习费是自愿交的，但是考车仪练习能熟悉环境和考试车辆，这笔钱是少不了的。就是觉得90元一圈贵了，模拟一次白天考试和夜间考试就得花180元。"

收费规范：考场、驾校收费公示醒目

在科目二、科目三考场，记者发现在缴费窗口和醒目位置均有公示牌，公示了服务费的收取由驾校统一代收代交改为考生交费办理手续。主要内容有食宿费的标准；场地练习和考车仪练习的收费标准；取消原来30元每人的保险费。执行标准的时间为2014年9月11日起。公示的收费标准与学员反映的一致。

在金鹰、树仁多个驾校的报名场所发现，醒目位置均公布了培训内容（含车型）、培训方式、培训学时、培训教练、训练场地、收费项目、收费标准、服务承诺、价格监督举报电话12358等内容。按照有关规定，机动车驾驶员培训机构和教练员等工作人员不得违背学员意愿，代驾驶员考试机关等相关机构收取考试费、发证费、考场训练费、考场食宿费、加班费、约考费和驾驶证数码照相费等，也不得以其他任何方式或任何名目索取、收受学员财物，接受学员请客送礼。学员自愿委托机动车驾驶员培训机构代收以上费用的，必须由单位财务执收，并提供由执收机构出具委托人（学员）姓名的收费票据。

市物价局总经济师尹希平介绍说，在检查中情况良好，各单位按照价格部门的要求做好了公示工作。他表示，驾校要改变公示的价格费用必须到物价部门报备。而如果有价格欺诈、价格倾销、价格歧视、牟取暴利等扰乱市场价格秩序的行为，将由价格主管部门依法处罚。

（原载2014年8月24日《怀化日报》，
此系列获2014年度湖南新闻奖市州好新闻二等奖）

适应新媒体要求　讲好正能量故事

——人物系列报道优稿这样创新

习近平总书记指出："随着形势发展，党的新闻舆论工作必须创新理念、内容、体裁、形式、方法、手段、业态、体制、机制，增强针对性和实效性。要适应分众化、差异化传播趋势，加快构建舆论引导新格局。"

如今，读报纸的人越来越少，看手机的人越来越多，这已是一个不争的事实。随着安卓系统的进一步开拓完善，今后大众通过手机移动新媒体获取各种资讯将成为一种潮流。作为党报记者，要积极主动地去适应这种潮流，去探索稿件的新写法、新布局才能彰显主流媒体影响力。我采写的《坚强小伙，好样的！》系列报道，正是进行了这方面的积极探索，收到了不错效果。

一、稿件写法上适应新媒体要求

在与机关、学校、社区等不同读者朋友打交道中发现，现在七八成的人都是低头族，看手机了解各种资讯已成为他们的习惯。通过对手机族阅读习惯观察，现在的安卓手机用户 90% 以上都是用 5.5 英寸屏幕，按照手机字体大小，每页字数在 300 ～ 400 字之间，一般翻到三到四页，就不愿意下翻了（除非稿件特别吸引人），所以从阅读习惯来看 2000 字之内的文章适合阅读习惯。而通过今日头条、搜狐、凤凰资讯等对怀化新闻网转载文章的点击率和回帖情况看，最热的稿件也基本集中于篇幅 1000 字左右内容涉及社会热点和民生方面的稿件。在写《坚强小伙，好样的！》首篇报道时，原本主人公的故事洋洋洒洒可以写几千言，我根据大众阅读习惯，将篇幅控制在 2000 字之内，主题突出残疾小伙李叶多不等不靠、自强自立的精神，语言上尽量使用群众语言，同时配上合适图片，让读者有身临其境之感。在较短的篇幅上，怎么刻画好人物的形象，我坚持用画面细节片段来解决这个问题。如系列报道首篇开头，我写道："一张小凳、一把雨伞、几个箩筐，这些就是他维持生计的全部家当，从卖生活用品到卖水果蔬菜，不管一天收入十几元还是几十元，他都风雨无阻坚持每天出来摆摊，用自己的劳动养活自己。"这种写实的白描手法，几个镜头点明了文章主人公是一个自食其力、自强不息的人。从农村到怀化，作为残疾人谋生是不容易的，这个过程中，我了解到了李叶多很多辛酸的故事，同样，也有很多励志的故事。在故事的选择上，我选择了后者，因为我写这篇稿件的主旨并不是要大家去同情这个人，而是要传递李叶多这个残疾小伙面对困境不放弃，以积极向上的生活态度追求进步的励志精神。于是在这一个过程中，对于李叶多吃过的苦，受过的累，我用极短的文字带过，对他自强不息的努力则用生动的细节来描述。如写李叶多学摆地摊养活自己的故事，我在文中写道："帮人守象棋摊、书摊、杂货摊，一来二去，他也长了不少见识、摸索出了一些经验，去哪里进货、走什么路线、坐哪路公交，李叶多看在眼里记在心里。以前帮人做事是包吃包住，半年后，李叶多对摆摊的各个流程基本熟悉，就租了一个租金每月 70 元的柴棚，自己开始摆摊做生意，一年下来还能存点钱。"

通过这些细节的描写，让读者更为钦佩这个残疾小伙的坚强人生。

二、与读者积极互动

这里说的读者不仅仅包括阅读报纸的读者，还包括看了报道的网民。现在玩手机最热门的就是互相点赞、吸引粉丝，如果让读者的点赞在报纸上露脸，再通过网络媒体转发，将会更加吸引网民的关注度。于是我又采写了以网民和市民为李叶多自强不息点赞为主要内容的系列报道第二篇《李叶多：感谢你们的关心》。如"今日头条"手机用户"5207419283"的留言："这小伙子我见过，还特意照顾了他生意，为人可以。当时我老婆买了他点儿水果，他说这个有点儿坏了不卖，我老婆以前听说过他，所以说没关系，他说那便宜卖你，我老婆听了好感动。希望怀化的人去照顾他生意。地址：市委旁边大马路旁的小角落。”还有怀化头条播报“大大大表哥 1994”的留言：“我每天都在从市委过，每天都看见。从夏天到现在！这教育我们，人穷不可怕，就怕没想法和斗志，连一个这样的小伙都能靠自己赚钱，相比较那些动不动就跪在路边乞讨的人，你们的一跪太廉价，或许期中有我所不了解的隐情，但是对于大部分这样的人而言，跪天跪地跪父母！你们的膝盖太廉价。”

这些留言原本也是读者看过文章后的反馈，对主人公的赞扬，对正能量的传扬。这篇报道出来后，我接到不少电话，说这种报道形式不错。

三、充分利用媒体资源联动作战

遇到好的题材，不要轻易放过，要积极调动媒体资源共同造势，这是我采写李叶多系列报道最大的感触。报道前期，通过《怀化日报》首发，旗下的《边城晚报》、怀化新闻网和“掌上怀化”手机客户端快速跟进，李叶多的故事在市民中间形成了一定影响。为进一步造势，我又先后致电怀化广播电台新闻时政栏目主编、怀化电视台《直播怀化》主编对李叶多的故事进行报道。通过《怀化日报》发起，怀化本土主流媒体的联动参与，影响力是不言而喻的。后来我与迎丰执法大队队长来到迎丰市场管理部时，工作人员都纷纷表示报道影响力大，并免费为李叶多提供了摊位，于是，我又采写了第三篇稿件《李叶多有正式摊位了》。

可以说，从发现李叶多到李叶多有了正式摊位，我通过主动适应新媒体稿件的谋篇布局，达到了一定效果，而最关键的是彰显了主流媒体的影响力。后来在李叶多的摊位旁，迎丰市场管理部还专门做了一块醒目的《爱心传递》招牌，上面注明“《怀化日报》、怀化新闻网对李叶多事迹进行了报道……”，这块招牌将一年四季挂在李叶多摊位旁，无疑对主流媒体也是一次极好的形象展示。

◆ 附作品

坚强小伙，好样的！

一张小凳、一把雨伞、几个箩筐，这些就是他维持生计的全部家当，从卖生活用品到卖水果蔬菜，不管一天收入十几元还是几十元，他都风雨无阻坚持每天出来摆摊，用自己的劳动养活自己。

在迎丰中路刘霖第一街同心网吧门口摆摊的残疾小伙李叶多，因为他的勤劳，让越来越多的人熟识；因为他的坚强，受到越来越多的人称赞。

李叶多今年22岁，辰溪人，先天性残疾，言语不畅、腿脚不灵。与人说话，每次要使很大劲才能吐出几个含糊不清的词。行走也是一步一瘸很费力。李叶多父母体弱多病，有一哥哥，身体健康，在杭州打工，多年来，一家的重担都是靠哥哥扛着。

李叶多年满18岁后，不愿在家吃闲饭，想要出门自己养活自己。母亲抹着泪舍不得，毕竟是自己的心头肉，担心李叶多在外受苦。李叶多安慰母亲说，虽然自己身体残疾，但人不傻不呆，父母从小将自己拉扯大不容易，不能在家靠家里人养一辈子，再说父母年纪一年年见老身体也不好，自己不能自食其力，对父母就是不孝。

离开家，李叶多先是到辰溪县城找事做，由于说话不灵光，腿脚不利索，李叶多找不到合适的事做，后来一位好心的餐饮店老板收留他在小餐馆帮忙。每天扫扫地，收拾一下碗筷，李叶多做得踏踏实实。

但小餐馆有时候来的客人多，李叶多的速度就有些跟不上，很多时候都是老板娘那边刚点完菜、安排好客人，这边又来帮李叶多打扫卫生、收拾碗筷。一来二去，李叶多觉得自己这样实在对不起老板开的工资，便萌生了离意。这个时候，一些来吃饭的客人也好心地为李叶多出主意，说现在很多假冒的残疾人在街上乞讨收入都不少，像他这样真残疾、家里负担又重，完全可以走这条路，收入应该不会少。李叶多不为所动，他说自己身残心不残，再苦再累也得靠自己的劳动吃饭。

听人说怀化城市大、做事机会多，2013年，李叶多又只身来到怀化。帮人守象棋摊、书摊、杂货摊，一来二去，他也长了不少见识、摸索出了一些经验，去哪里进货、走什么路线、坐哪路公交，李叶多看在眼里记在心里。以前帮人做事是包吃包住，半年后，李叶多对摆摊的各个流程基本熟悉，就租了一个租金每月70元的柴棚，自己开始摆摊做生意。从卖日常生活用品到卖菜、卖水果，每天生意差的时候也能赚个十来元钱，好的时候能赚个三四十元。李叶多说，自己每月房租和吃喝全部开支不到400元，摆地摊基本能养活自己，一年下来还能存点钱。

经常从李叶多的摊子经过，在他摊子上买菜时，我总想和他多聊几句。但每次看他比画讲话那么费力，就不忍心聊得太久。但或许是一个人在这陌生的城市闯荡太过不易，尤其像他这样的残疾人，对于热心人的关心问候，李叶多会显得分外开心。他会和你分享他在这座城市遇到的好心人，也会和你倾诉他遇到的不开心。

从他的比画和吃力的言语中，我知晓了，在怀化这几年，李叶多也结识了一个好朋友，这个好朋友虽然身体残疾但也是靠自己双手吃饭，平时下得一手好象棋，有空的时候就会来找他，和他扯扯谈教他下下棋。

在怀化这几年，李叶多也认识了李德石、谷国松几位好城管。为了维护城市的市容市貌，哪些路段和区域不能设摊摆点，李德石、谷国松都会告诉李叶多。有时候看见李叶多的生意不好，李德石、谷国松就会发动执勤的城管工作人员买李叶多的蔬菜水果。

在怀化这几年，李叶多也遇到过不开心。他说，虽然好心的市民不少，但并不是所有人都是热心肠。在怀化摆地摊这几年，李叶多就经常会收到假钱，有时候他当场能认出，有时候，当场认不出只能自认倒霉。最多的一次，他一个星期连接收到了三张百元假钱，那一个星期不但白干还要倒贴。

虽然遇到不开心，但日子还得继续，李叶多说。来怀化三年，李叶多除了工作还是工作，没有手机、没有电视，爱情更是从未奢望。好好摆摊，养活自己，让家人少些牵挂，就是李叶多最大的动力。平时打电话给母亲报声平安，这是李叶多最为开心的事。虽然讲话不灵便，但每次母亲听到儿子到电话里喊声妈，这个家就会感觉格外的幸福。李叶多说，三年了，春节他都是一个人在租住的柴棚过的，不是不想回家，但回家不给家里人带点礼物带点钱回去，做儿子的心中总会过意不去。

李叶多说，一年总会比一年好，现在比刚来怀化时就好些，今年他准备回老家过年，给家里人买什么礼物他都计划好了，钱也存了一点春节回去带给母亲。

上周从李叶多的摊点路过，他颇为兴奋地从挎包里小心翼翼地掏出一张《边城晚报》易达记者的名片，说这个记者前不久采访了他。“要是我妈，还有我们老家的人，知道我也能上报纸，不晓得他们会多惊讶。”李叶多兴奋而害羞地说。那张名片在他手里紧紧捏着，生怕不小心弄掉。

早上五点起床去批发市场进货，晚上七点收摊回家，走每一脚都艰辛，说每一句都费力，晴天也好，雨天也好，开心也好，不开心也好，他都坚韧地前行，用自己的双手养活自己，让家人少一份牵挂。这就是李叶多，一个残疾小伙的坚强人生。

加油，李叶多。

（原载 2015 年 11 月 23 日《怀化日报》）

《坚强小伙，好样的！》后续之二：

李叶多有正式摊位了

12 月 8 日，对本报连续跟踪报道的《坚强小伙，好样的！》的主人公李叶多来说，是个开心的日子，因为他不用再风里来雨里去奔波街头摆地摊了。从 12 月 8 日起，他在怀化迎丰市场安了新家，摊位号 015。如果您经常在迎丰市场买菜，从今天起，您有空也可以光顾一下李叶多的摊点，为这个自强不息的残疾小伙子加油、点赞。

今年的冬天，感觉比往年要来得更快一些，气温更冷一些。然而对残疾小伙李叶多来说，对熟悉李叶多的市民来说，这个冬天让人感觉很是温暖。11月23日，本报刊发了《坚强小伙，好样的！》，介绍了脑瘫小伙李叶多身残志不残，在怀化坚强创业、自力更生的故事，在社会各界引起一定反响。

11月30日，本报又刊发了后续报道《李叶多：感谢你们的关心》，李叶多的感人故事得到更广泛传播，怀化市民和天南地北的网友纷纷为自强不息、懂得感恩的李叶多点赞。

在为李叶多加油、点赞之余，很多市民朋友和网友也为李叶多这个残疾小伙天天在街头摆摊担忧。网友“风云劫64713406”留言说：“为你点赞，天气变冷，保重身体。”网友“大约在冬季”留言说：“这个，是真正的正能量。只是残疾在身，大雨天，大雪天，天天在街上摆摊，吃得消吗？”

为了能让李叶多早点卖完菜，早点回家，一些热心的市民举动让人很是感动。李叶多告诉记者，一位住在市委附近的张女士，不仅自己天天来地摊买菜，还发动邻居来买菜。在李叶多的地摊上，遇到买菜的市民总会说，李叶多要是有个正式的摊位就好了。连日来，一些热心的市民也纷纷致电本报，希望通过呼吁，能让更多的部门来关心李叶多。

带着市民的关心与牵挂，本报记者与《边城晚报》记者积极与相关部门联系。同样，这些日子，怀化的城管也牵挂着李叶多。根据近段时间怀化文明城市创建及清街集中整治行动要求，李叶多摆地摊的地方已经不能再摆摊设点。接到城管队员的通知后，李叶多第一时间就将货物搬回了租住的柴棚。“李叶多不能摆地摊了，他今后的生活怎么办？”虽然李叶多离开了，但城管队员没有忘记这个懂事自强的残疾小伙。

“李叶多虽然残疾，但他靠自己的双手吃饭，而且一直以来都配合我们的工作。哪些地方不能设摊摆点，只要告诉他，他从来不说二话就将摊点搬走了。现在市民和网友都很关心他，我们这些天也正和相关部门衔接，准备给他找个合适的地方摆摊。”迎丰执法大队大队长薛昌权告诉记者。

12月8日一大早，薛昌权给记者带来了好消息："迎丰市场已经为李叶多找了一个摊位。"上午9时，记者来到怀化迎丰市场，薛昌权和迎丰市场服务部部长雷鸣正带着李叶多看摊位。

雷鸣告诉记者："虽然迎丰市场摊位紧张，市场服务部还是想方设法专门为李叶多调了一个摊位，以后李叶多不用风里来、雨里去摆地摊了。"

能有一个正式的经营场地，这是李叶多来怀化后多年的梦想。如今梦想成真，李叶多这个坚强的小伙眼圈不由自主地红了。"谢谢你们，真好，真好。"站在迎丰市场，虽然说话吃力，但李叶多还是不停地说着感谢的话。

"走，我们去你家帮你把货物都搬来。12月8日是个好日子，你就今天开张做生意。"薛昌权拍拍李叶多的肩膀说。

"欢迎你，小伙子。好好干。"雷鸣握着李叶多的手说。

是的，今天是个好日子，看着李叶多开心的笑脸，看着这群热心人，没有理由不为正能量点赞。当然，也要谢谢你，一直以来关注李叶多，关注《怀化日报》每篇正能量报道的热心读者。相信有你，有你们的温暖，怀化一定会越来越好。

（原载2015年12月9日《怀化日报》）

《坚强小伙，好样的！》后续之三：

李叶多：用勤劳善良感恩社会

11月23日起对辰溪脑瘫小伙李叶多摆地摊创业进行跟踪报道并通过怀化新闻网转载后，李叶多自强不息的故事在怀化市民和网民中产生了一定反响，12月8日，怀化迎丰市场服务部专门为李叶多提供了正式摊位，让李叶多在迎丰市场安了家。如今，半个多月过去，李叶多在迎丰市场经营如何？带着读者朋友的牵挂，12月26日上午，记者再次来到迎丰市场走访李叶多。

来到迎丰市场15号摊位，李叶多正在用电子秤为顾客称菜，“3.4元，给3元钱就行。”因为说话不流畅，李叶多边说边打着手势。顾客留下5元钱提着菜转身就走，李叶多颠簸着脚步追上顾客退还2元钱。

看见记者，李叶多显得兴奋而开心。他指着摊位上方的招牌比画着说：“市场服务部专门为我制作的。”记者抬头望去，摊位上方的招牌漂亮而醒目，上面写着“自强不息的棒小伙——李叶多摊位。”

除了醒目的招牌，在摊位左侧的墙壁上，市场服务部还制作了一块爱心传递的牌子，上面写着“怀化新闻网对辰溪脑瘫小伙李叶多坚持自立的相关事迹进行了报道，如今，李叶多有了一个正式的经营场地，望社会爱心人士多关注！”招牌的背景是一个爱心图形，让人颇感温暖。

“在市场还适应吗？”记者问道。

“适应，市场里摆摊的叔叔阿姨对我挺好的，市场服务部的工作人员都很热心地帮助我。”李叶多说。

“他以前摆地摊场地不受限制，竞争也不大，生意要好些。现在在市场里，场地要小些，竞争也大些，生意要差一些。这些天，我们都在教他，怎么进货，怎么充分利用自己的摊位空间。孩子勤奋好学，吃得苦，生意会一天天好起来的。”附近的摊位业主告诉记者。

“勤劳、善良、懂事。”在市场走访李叶多时，这是大家对李叶多的评价。

“冬天天冷，谁都想多睡一会儿。但是为了生意，我们不得不起早床。一般早上我们都是6点前进市场。每次到市场，李叶多这孩子已经早到市场将货物摆放得整整齐齐了。比我们还早，真不容易。”市场的摊贩们说。

“虽然李叶多说话很费劲，但我们工作人员每次经过他的摊位，他都会说感谢的话。其实，这段时间李叶多的生意不怎么好，但每次顾客多给他的钱，他都要退回去，他说自己说话行动都不是很灵便，有人来他摊上买菜对他就是一种鼓励，他不能再多收顾客的钱。”市场服务部部长雷鸣向记者不停夸奖李叶多。

雷鸣还告诉记者，市场服务部还专门为李叶多设立了创业基金，都是工作人员你50、他100凑的，虽然钱不多，但也是大家的一片心意，主要是帮李叶多有时进货钱不够应个急。

说起李叶多的善良、懂事，怀化微光公益联盟的戴女士也是满满的感动。她告诉记者，别看李叶多言语不畅、腿脚不便，微光公益组织义工去福利院搞活动，李叶多就参加过几次，用自己的双手去帮助别人，实在是难得。

怀化微光公益联盟的蒋先生还记得“微光行动”第一次在市委门口义演时，李叶多捐了5元钱。“当时我们知道他也是摆地摊养活自己，不肯要他的捐款，后来被他的善良和诚意感动，收下了他的捐款。”

“听人说，这段时间，怀化电视台《直播怀化》和怀化广播电台《时政频道》的记者也会来采访我，我租住的地方也没有电视，看不到节目。麻烦你遇到他们，替我感谢他们。怀化好人真多，我会努力做的。”李叶多说。

心中有爱，与人为善。谢谢怀化电视台、怀化广播电台的同行，谢谢迎丰执法大队、迎丰市场服务部及热心的市民网民朋友们对坚强小伙李叶多的关心支持，相信有大家的关心支持，李叶多自强不息的创业路会越走越通畅。

（原载2015年12月28日《怀化日报》，
此系列获2015年度湖南新闻奖市州好新闻二等奖）

第五章　专栏

服务民生有担当

——新闻好专栏这样做好民生新闻

2013 年，我在《怀化日报》群工部参与策划并担当主要采写者的新闻专栏《记者调查》立足于群众路线，坚持“三贴近”，不论是反映民生还是舆论监督都秉承理性、平衡、客观的新闻专业主义原则，用记者的笔记录老百姓的喜怒哀乐，用记者的笔弘扬真善美、鞭挞假恶丑。

该栏目推出的大量稿件都在社会引起一定反响，解决了一批民生问题，同时发挥了党报的舆论监督功能，为社会和谐建设贡献了自己力量，受到读者群众的称赞，该专栏还荣获 2013 年度湖南新闻奖新闻专栏三等奖。

一、反映群众心声

关注民生是党报义不容辞的责任。党的十八大以来，习近平总书记在一系列重要论述中，阐明了着力保障和改善民生的重要意义。地方党报作为党的喉舌，理所当然地担负着宣传党的民生政策，引导舆论导向的历史重任，理所当然地应该把更多功夫和精力放在民生新闻的经营上，将民生新闻做成既上情下达，又下情上达，既为政府分忧，又为百姓解难的平台，充分发挥地方党报在推进以改善民生为重点的和谐社会建设伟大实践中应有的作用。

做好民生新闻，地市报有自己的特点和优势。地市报身处基层，直接与基层群众接触的机会多，与他们之间的交流多，能够快速直接地反映基层前沿的情况。地市报新闻记者应立足这种特点和优势，把握主动权，在民生新闻转型和提升上取得更大突破。要主动出击融入新媒体，借助互联网、微信公众号、移动客户端等新兴媒体平台，进一步扩展传播渠道，创新传播方式。例如，我们《记者调查》的每篇民生报道，除了在《怀化日报》刊登之外，还通过网络、手机报、客户端、微信等各类传播形态和终端广泛推送。同时，在怀化新闻网和“掌上怀化”客户端推出《记者调查》专栏报道，通过报网互动的运行模式，进一步增强了报道的吸引力和感染力，使报道拉近了读者距离，报道效果更加突出。

二、谋好策划创新文章

民生新闻要成为地方党报的亮点，让群众爱读爱看，产生共鸣，离不开好的策划。《怀化日报》将《记者调查》栏目稿件策划作为一项重要工作来抓。每周一上午，各部室会召开部室选题会议对部室本周的民生报道选题进行统筹调度。每周一下午，由社长、总编辑及各部室主任参加的编前会将民生新闻选题策划列入编前会议题，对如何做好选题，如何搞好采写，集思广益，博采众长。

首先，将党委、政府的工作重点与基层群众反映的热点问题统筹策划，寻找民生报道的结合点。例如，近两年，市民群众对“办理房产产权证”问题的反映得比较多。在策划这一报道时，我们获悉市委书记、市长分别在不同会议上就市民反映的“房产产权证难办”等相关问题做出了重要批示，我们敏锐地感觉到报道有了结合点。于是，报社记者对这类问题进行了全面深入的调查采访，在编发了两期《内部参阅》后又在《E 媒热线》版头条位置刊发了《记者调查》栏目《“两证”办理进行时》系列报道，受到了市委、市政府领导的充分肯定和市民群众的称赞。

其次，充分发挥图片宣传作用。我们改变过去揭露问题、曝光问题的民生新闻弱化图片报道的做法，对《记者调查》栏目群众关注的热点民生新闻配发醒目图片，让报道的直观性、可信度更高。像曝光企业拖欠农民工工资的《风雪中，他们等待工资回家！》、反映城区建筑工地噪音扰民的《建筑噪音何时不扰民》等报道，既有文字消息又配发大幅图片，在报纸醒目位置刊发后，都收到了良好效果，促进了问题的解决。

三、实现媒介价值

（一）处理好舆论监督和正面引导的关系

新媒体环境下，民生报道同样要坚持舆论监督和正面宣传相统一。当前，一些媒体特别是部分移动新媒体只注意了舆论监督，而忽视了正面宣传引导，这是一种误解。更有甚者，将批评揭露作为扩大媒体影响力、博取点击量的手段，更不可取。《记者调查》栏目推出的民生报道始终坚持既进行舆论监督又进行正面舆论引导，如推出的报道《城区绿化花坛，期待您的关爱》《"圈地"种菜何时休？》《让消费者练就一双慧眼》《爱心妈妈的病儿盼救治》《火车站出租车市场乱象丛生》《炎热天气，城区游泳池卫生达标吗？》《湖天桥下市场何日搬"新家"？》《我们的两证何时能办好？》《偏远新校区学生乘车难》《人行道被压坏，市民出行常"踩地雷"》《非法化工小作坊，查！》《排污管道堵塞究竟该谁来管？》《宣传海报为何"铺天盖地"？》《工地围挡成画廊，很美！》《让太平溪靓丽起来》等都收到了很好的效果。

（二）处理好报道方式与报道策略的关系

民生新闻怎么报道，运用什么样的形式报道才能产生积极作用。我们的做法是针对不同类型的矛盾和问题制定不同的报道策略，采取不同的报道方式。对于经过充分采访、反复推敲的选题，舆论监督要发挥作用，采用重头报道的方式，对被监督对象形成压力。如 2013 年 11 月，有市民反映，在怀化芷江路朱溪村路口，一非法提炼塑料袋的化工厂向河流直接排放污水一年多，导致大量鱼虾死亡，附近群众生活用水极为不安全。接到网友反映后，记者到现场核实了情况，并采访了环保部门，在《怀化日报》二版头条推出了《记者调查》栏目报道《非法化工小作坊，查！》，同时，《怀化新闻网》也同步推出相关报道，在社会上引起一定反响，小作坊很快被取缔。对一些舆论监督报道之后就拖延解决的问题，如果媒体没有跟踪报道，则很容易造成半途而废，功亏一篑。为此《记者调查》栏目专门开辟《报道之后》子栏目，进行跟踪报道，促使问题真正得到解决。2013 年 8 月份，有市民反映沿河路改建完成后，施工方没有将施工过程中产生的杂物清除干净，使得排污管过水面积变窄，污水经常回流到地势较低的居民家。于是，《怀化日报》先后在《记者调查》栏目发表了《排污管道堵塞问题究竟该谁来管？》《谁的责任，污水进家门何时是个头？》《沿河西路排污管道堵塞问题正在解决》等连续跟踪报道，促使问题得到圆满解决。

（三）处理好快速报道和适时报道的关系

民生报道，社会关注度高，一旦见报，并被网络媒体转载，必然会产生一定的社会影响。因此在进行民生新闻报道时，我们不能一味追求时效至上，而要多问几个为什么，采访要深入，写作要细心，审稿要斟酌，发稿要慎重。

◆ **附作品**

《记者调查》专栏作品一：

让建筑噪声深夜不再扰民

近段时间，住在学林雅苑、市机关大院、金滩春天的居民纷纷致电本报反映，顺天北路有建设工地通宵施工，噪声太扰民。他们希望相关部门加强管理。

现场直击：工地通宵达旦施工，建筑噪声格外刺耳。建筑工人称，24小时施工已有20多天，工地附近每天来往居民很多，但从没看到他们直接来反映噪声问题

10月14日晚上9点30分，记者来到金滩春天，确实听到附近有轰隆隆的建筑噪声，在静寂的夜里，格外刺耳。在金滩春天对面有两个工地，但是没有人施工。根据建筑工地的声音方向，记者沿着金滩春天附近的小田村小溪流而上100米，发现了噪声源——鹏程商务会馆项目工地。在施工现场，有六七名工人师傅正在忙碌着。"这么晚还在施工，辛苦了。"记者走向前去和他们攀谈。工人们告诉记者，在建的是鹏程商务会馆项目，目前正在进行打桩施工环节，全天24小时施工，已经打桩了20多天，预计还要30～40天才能完成打桩任务。工人师傅说，他们10多个人，24小时施工，虽然也轮班，但是每天休息的时间很少，强密度的工作，感觉有些辛苦。"没办法，在外打工都是为了养家糊口，再累再辛苦也得干。"工人师傅说。

对夜间施工过程中桩基所产生的噪声对周边环境造成一定影响，引起周边居民投诉的问题，工人们表示，通宵施工可能会对周边居民产生影响，以前他们承接的工程，也有通宵干的，但大部分是施工到夜间22时就下班了。这几位工人师傅觉得很奇怪，目前项目24小时施工已经有20多天了，附近的居民每天都从工地经过，却从没听到他们反映过夜间施工噪声的问题。

居民心声：每晚都在噪声中难以入眠，不知向何处投诉，哪个部门来管这个事

10月15日上午，记者分别走访了金滩春天、教师新苑的部分居民，对噪声问题，他们苦不堪言。

金滩春天的李先生说："我也向新闻单位打了投诉电话，这段时间实在是受不了建筑噪声了，希望你们媒体监督反映一下。如果是一天两天还可以理解，这里晚上施工都有20多天了。深夜的噪声不是一般的大，有拉钢绳嘎啦嘎啦的声音，有比放筒子烟花炮还声音大的那种咚咚的声音。有几次我都是晚上3点多钟被吵醒了。每晚睡不好，第二天上班都没精神。”教师新苑的刘女士说，自己的小孩在读初中，建筑工地每晚的噪声，既影响了孩子学习，又影响了孩子休息，真是盼望相关部门能管一下。

在采访中，大部分市民感慨，面对夜晚施工噪音，他们也不知道向何处投诉，只能忍。“除了忍，还能怎样，懒得去惹麻烦。每天晚上只有将窗户关紧，降低噪声，希望项目早点建好，晚上就不会有建筑噪声了。”

环保部门：遇到噪声污染，可拨打“12369”，我们来管

10月15日，记者来到怀化市环保局相关科室，他们都表示，确实还是第一次听说这个情况，对群众的反映，他们将立即开展调查处理工作，让市民有一个好的休息环境，不再受噪声干扰。市环保局办公室的同志将工地噪声的问题与鹤城区环保局进行了交办。

16日晚10时，鹤城区环保局工作人员来到顺天北路鹏程商务会馆办公所在地，就工地晚上施工噪声影响居民问题展开调查，面对正在施工的项目，区环保局的人员责令他们停工，并进行了处罚。施工方表示，他们抢工期，如果不抓紧施工，各方面损失大，对噪声问题，他们尽最大努力调控施工时间。鹤城区环保局表示，针对附近居民反映的噪声问题，他们将依法监督其施工作业，要求该项目严格遵守环保法律规定，严禁在夜间22时之后进行夜间施工，只要发现环境违法行为，将依法下达《环境违法行为限期改正通知书》，限期整改。市环保局的工作人员表示，广大市民发现噪音影响工作和生活可以拨打环保“12369”投诉热线，他们将及时调查处理，让市民不受噪声影响。

（原载2013年10月28日《怀化日报》）

《记者调查》专栏作品二

朴实典雅的中国传统文化美图、简洁明了的广告宣传词。近日，我市部分建筑工地的围挡都换上了公益广告“外衣”，不仅扮靓了建筑工地，也向社会传递着正能量，市民纷纷称赞——

工地围挡成“画廊”，很美！

工地围挡：变一变，感觉很好

最近，一些细心的市民发现，怀化城区的部分建筑工地围挡一夜之间突然大“变脸”，上面布满了美观大方的图案，印刷上了内容丰富的公益广告，这些围挡在阻隔工地扬尘的同时，也成为宣传文明新风和展示城市形象的新窗口。

11 月 30 日，记者来到太平桥地下人行通道附近工地看到，一组“中国梦·讲文明树新风”公益广告将工地围挡装饰一新，不少路过行人都驻足观看。“汇聚正能量、实现中国梦”“一城文明风气、满目和谐情”“实干兴邦、成就梦想”“中国梦，就是咱们的好日子”……记者看到，这一系列以“中国梦”为主题的“讲文明树新风”公益广告取材着重于时代精神，每件作品上方都印有“中国精神”“中国文化”，落款是“中国梦”红色印章，整组作品采用剪纸、绘画等多种中国传统艺术形式，韵味十足。

而在石油宾馆附近工地围挡的公益广告则着重于老百姓身边事，在“片言只语体现形象，小事细节彰显文明”这幅公益广告作品上，画面中央是一个年轻人在公交车上对一位老爷爷说“请坐”，老爷爷乐呵呵说“谢谢”。在一副“创建交通管理模范城市、打造路畅人安交通环境”的作品上，一位交警阿姨正牵着小学生的手过马路，交通文明之风跃然纸上。而提倡“孝道”和“行善”的“人敬老、己得福”“积德行善、收获吉祥”等公益广告也让人过目难忘。

工地负责人说，没想到，工地围挡变一变形象，效果这么好，不仅市民喜欢，工地工人每天上下班看看这些公益广告，感觉温暖、有劲。

市民：小细节彰显文明大品位

将“讲文明树新风”公益广告搬上街头，融入市民日常生活、送到群众身边，一幅幅主题鲜明、内涵深刻、通俗易懂的公益广告，让市民在潜移默化中受到熏陶和教育。自工地围挡公益广告亮相以来，受到广大市民的热议和好评。

家住在太平桥附近的怀化四中初三学生李同学告诉记者，她每天上学、放学都会经过这一排公益广告。其中倡导的讲文明、树立梦想等内容，她和同学都非常认同。李同学认为，工地围挡公益广告用“寓教于图”的形式倡导人们讲文明，很容易为市民所接受。

位于石油宾馆旁的建筑工地近200米长的围挡都刊载了“讲文明树新风”公益广告，吸引了不少路人的目光。“这些公益广告语言优美平实，画面栩栩如生，孩子们很喜欢，每次我送孙子上学都要看一看。良好习惯的养成，耳濡目染很重要，这种正面的东西就应该多宣传。”退休干部张老伯说。

采访中，市民纷纷称赞，工地围栏变成文明景观墙，小细节彰显文明大品味，这种形式好。

市文明办：让更多工地围挡靓起来

据了解，长期以来，我市城区各建设工地施工围挡上多为楼盘宣传或各类商业广告，造成市民视觉疲乏，许多市民“懒得一看”。今年以来，我市按照中央文明办《关于广泛运用建筑工地封闭围挡刊载“讲文明树新风”公益广告的通知》精神和省文明委相关要求，明确要求建设单位在施工围挡印制“讲文明树新风”公益广告，使工地围挡成为城市建设中的一道独特风景，深受广大市民欢迎与喜爱。

记者从市文明办获悉，目前，我市已在城区重点地段、主要路口及人口密集区等区域的工地围挡打造了部分“讲文明树新风”公益广告刊载工作样板区，下阶段，将以这些样板区为引导，以点带面，全面推进，让更多的工地围挡靓丽起来，成为文明景观墙。

（原载2013年12月3日《怀化日报》，
此专栏获2013年度湖南新闻奖三等奖）

做好专栏策划　唱响时代主旋律

——新闻好专栏这样挖掘故事

当“老人摔倒了该不该扶”成了全民讨论的话题，当“只爱高富帅，只追白富美”的相亲节目充斥电视荧屏，当娱乐花边消息占据媒体越来越多版面时，作为“党和人民喉舌”的地方党报，如何唱响时代主旋律，传递社会正能量，壮大主流舆论场，策划就显得尤为重要。

在群工部、综合部、本地新闻中心，我始终坚持正确的舆论导向，坚持策划办报、贴近办报，近年来先后参与策划推出了《记者调查》《身边的感动》《百姓故事》《支书故事》《艺瑶倾听》等一批品牌专栏，彰显了党报的精气神，增强了党报的亲和力，受到广大读者欢迎。其中，2014 年，我在《怀化日报》群工部参与策划并担当主要采写者的新闻专栏《身边的感动》，共发表人物故事报道 50 余篇，在干部群众中产生了积极影响。

新闻专栏《身边的感动》能够得到读者认可，我最大的感悟就是超前谋划，让地方党报专刊出深度、出特色、出影响。

一、策划先行

凡事预则立，不预则废。毛泽东同志在战争年代有一句名言：不打无准备之仗。新闻采访虽然有别于打仗，但同样需要事先做好准备，超前谋划，尤其是专刊报道，涉及面广、信息量大，如果没有周密的策划，很难出深度、出特色、出影响。在《身边的感动》专栏推出前，我们首先明确了“发现、挖掘、歌颂平凡人物在绘就美丽中国梦路途中的精神风貌”办栏思路。并对版面安排、素材选择、采访落实、首期内容都进行了精心策划，做了详细方案，确保高质量推出栏目。

二、栏目特色

《身边的感动》专栏的最大特色是以人为本，充分体现“三贴近”，专栏作品歌颂了一大批身边的平凡人物，他们用平凡推动着社会进步的步伐，他们用平凡绘就着美丽中国梦，他们的精神感染人、激励人。不论是记者采写的稿件，还是通讯员来稿，每篇稿件都坚持捕捉时代思潮，围绕社会热点和人的精神文化生活需求选择报道内容、报道角度，充分体现了以高尚的精神鼓舞人的原则。

三、版面设计

整个版面讲究图文并茂、内容丰富、重点突出。每期以平凡人物的不平凡事迹的通讯报道文章为核心，同时配发与文章相关的图片，多角度、全方位展示平凡人物身上的积极向上的闪光点。

四、素材准备

人物素材定位为推介我们身边各行各业的平凡人物身上的感人事迹。通过 3 个渠道寻找人物素材：一是向街道社区了解感人事迹。二是向怀化各县（市、区）通讯员征集人物素材。三是通过书信、电子邮件、网络论坛等渠道获取新闻线索。

五、采访落实

美丽的设想最终还得有人去落实，为确保专栏成功运行，怀化日报社群工部确定了我和苏知花、罗艺瑶 3 名记者负责《身边的感动》稿件的采写编工作。在这个团队里，我从事新闻工作已有10多年，采访经验相对丰富些，苏知花和罗艺瑶从事新闻采编工作时间不长。为了提高整个团队的作战能力，我在完成自身采访工作之余，经常和苏知花、罗艺瑶分享我的采编工作经验，让她们能够快速进步提高，以确保出色完成《身边的感动》专栏稿件的采写任务。通过采访团队的共同努力，我们推出的专栏报道《母爱如山》《怀化义工创新志愿者服务模式》《我市着手建立空巢老人和留守儿童关爱服务中心》《危难时刻挺身抢救溺水学生》《爱心接力演绎生死大救援》《大山里的广播员》《万线千杆总是情》《青年志愿者慰问光荣院老人》《谢谢你，交通协管员！》《“奋斗的青春最美丽”》《一位抗战老兵的情怀》《“退伍兵”带富众乡邻》等都在社会引起一定反响。

六、打响首期

对报纸专栏报道来说，首期稿件的成功与否十分关键。《身边的感动》开篇报道的人物到底选谁，我们对手中掌握的新闻线索进行了深入探讨，最后大家选定了《母爱如山》这个选题。《母爱如山》讲述了一位87岁的老母亲照顾瘫痪女儿近40年的故事。在老人87年的岁月长河里，如何采撷其中的片段，如何写出新意？当时，负责这篇稿件采写的苏知花记者很忐忑，我与她进行了深入交流，我告诉她，这样的题材并不新颖，那就只能在写法上找突破，确定把老人几十年照顾女儿的经历浓缩为一天来写。老人的一天，多是一些生活日常，很平淡。我举例说，平常生活的细节才能打动人，平常的事能坚持几十年就不平常了。写作方法可借鉴《英雄母亲的一天》，老人也有自己的喜怒哀乐，要细致观察才能写出有血有肉的人物形象。我们新闻写作者都知道，一个好的细节胜过千言万语。苏知花后来告诉我，她在采访中，跟随老人观察她一天的生活后，发现老人给女儿穿衣、喂药的动作娴熟，这与老人颤颤巍巍的动作有极大的反差，现在照顾女儿她还说“耐得何”以及她女儿的潸然泪下，等等这些细节都给了苏知花震撼和感动。对人物通讯来说，这些正面、侧面的细节都是很好的新闻素材。因此苏知花觉得只有深入采访，栩栩如生的细节才会在眼前、在笔下。苏知花回忆说，一天的观察，有太多的材料，而如何取舍是关键。采访中，最打动她的是老人心中的爱，这也是老人坚持近40年依旧能乐观坚强面对生活的原因。于是苏知花就确定了母爱这个主题，再依据主题确定文章框架为3部分：老母常顾半百女；蹚过岁月的长河；不恐归去唯有念。从人物现在的生活状态、过去的经历、未来的牵挂来组织材料，至此如何取舍也就水到渠成。结果证明我们的选择是正确的，以反映伟大母爱为主题的《母爱如山》栏目首篇报道赢得了广大读者的肯定，他们说《怀化日报》推出《身边的感动》专栏报道体现了党报的责任担当，营造了怀化的主流舆论，展示了报人的专业水准。

在读者的肯定鼓励下，我们将栏目办好办出特色的劲头更足了，相继推出了一批有影响的好稿件。如发表于《怀化日报》2014年6月10日的《身边的感动》栏目稿件《爱心接力演绎生死大救援》，作品生动记录了溆浦县桥江镇蛇湾村党支部书记夏建军与年逾古稀的舒均发老人、村民邓必祥三人“爱心接力”，滔滔洪水中演绎出了一首“生死大救援”的“见义勇为之歌”。作品见报后，很多读者来电说夏建军带头跳入洪水中救人，不仅体现了党员干部将群众的安危放在心上，发挥了先锋模范作用，更重要的是他用自己的实际行动，带动身边人弘扬正气、树立道德新风。发表于《怀化日报》2014年10月1日的《身边的感动》栏目稿件《谢谢你，交通协管员！》，文章用朴实的文字记录了交通协管员蒲进，这样一位普通得不能再普通的平凡人在属于自己的平凡岗位上，春夏秋冬，默默无闻地奉献与付出。文章见报后，蒲进的精神引起了较大反响，蒲进被市交警、怀化市二中、怀化市二完小邀请去做事迹报告，成了大家学习的典型。

◆ 附作品

《身边的感动》专栏作品一：

母爱如山

都说父爱如山，母爱如水，可在陈小燕眼中，母爱更厚重如山。

家住鹤城区天星社区三医院家属楼的陈小燕，20多年前，因病半身瘫痪，手脚变形，用不了力，从此不能像常人那样行走或做事。如今，陈小燕已经40多岁了，能与病魔抗争多年，乐观地活下来，多亏了一直在身边悉心照顾她的老母亲。家中唯一的姐姐远嫁邵东，在三医院食堂工作的父亲也在1983年过世了。这么多年来，就只能与年过八旬的老母亲相依为命。

“陈小燕母女日子过得艰难，如今老母亲殷顺秀也已84岁了，每天还要照顾瘫痪的女儿。要是哪天倒下了，可怎么办？说起来这真是一件很不容易的事情。”日前，天星社区的工作人员说。

3月14日，天星社区的民政专干付毅军听说殷顺秀生病了，就打电话询问情况。当听说母女都在家时，决定和记者前去探望。“如果是陈小燕一人在家的话，是开不了门的，去了也白去。”付毅军说。

三医院老旧的家属楼里，陈小燕坐在轮椅上，老母亲慈善地坐在女儿旁边。由于患上了类风湿性关节炎，陈小燕从起初两三年还能拄双拐勉强行走，到后来瘫痪不能动了。

女儿病后，殷顺秀每天早上将女儿从床上抱到客厅，天气好就在外面晒晒太阳，晚上再抱回床上；每天买菜做饭做家务；带着希望为女儿按摩……在母亲的照料下，女儿从来都是干干净净的，齐耳短发梳理得一丝不乱，一年四季身上从来都未生过褥疮。就这样年复一年，日复一日地过日子，尽管八旬老母照顾一个瘫痪女儿充满了许多艰难，可看着女儿每天都健健康康的，做母亲再累再辛苦也感觉充实。

“社区为我们申请了低保，也有领导看望慰问我们，还有不少好心人来帮助我们。小付为我们的事也操了不少心，经常看望我们，说有什么困难尽管讲，现在和小付也算是老熟人了。”陈小燕对记者说。

这几年，老母亲年龄大了，身体不好了，患有冠心病、高血压等多种疾病，照料女儿很吃力了，以前还能背女儿下楼到院子里晒晒太阳，现在背不动了，陈小燕就只能坐在家里。前一个星期老人还在三医院看病拿药，她还放心不下女儿，好在医院和家就隔一两百米，本来是需要别人照管的老人，却还在病中照顾女儿。

“住院看病，根据你们的情况可以申请救助，把发票拿到社区来填申请表。”付毅军告诉陈小燕，并交代了一些细节。由于老人年老耳背，只能是告诉陈小燕，陈小燕再示意老人到她身边，然后大声告诉老人。老人明白后，连声说谢谢。

当民政专干和记者告辞时，老人还一个劲地自顾着说：“祝你们工作顺利啊！”

（原载 2014 年 3 月 19 日《怀化日报》）

《身边的感动》栏目作品二

谢谢你，交通协管员！

“红灯亮了，请大家不要再往前走了。”

“小朋友，往后退退，小心右转车辆蹭着你。”

“车主，车辆不要超过斑马线，这里的学生多。”

9 月 29 日，在榆市路和人民南路的交会路口，交通协管员蒲进正不停地吹着哨子，穿梭于行人车辆中间，指挥着行人过马路、车辆通行。

天空正飘着雨，在蒲进的脸上的水滴不断流下，分不清是汗水还是雨水……

当我准备把平凡人的故事作为选题时，一个鲜明的交通协管员的形象呼之欲出。记得儿子在氵舞水路小学读书的时候，一些家长对我说，你不是记者吗，应该多报道市一中路口那位戴眼镜的协管员，最认真负责，有他在，小孩过马路放心。家长所说的就是蒲进。

一天要在马路站7个多小时，来回上下班走8公里路

蒲进，家住南站附近的毛纺厂，今年50岁，他成为交通协管员已经有7年了。以前负责氵舞水路怀化市二中路口的交通疏导工作，现在负责榆市路与人民南路交汇处市一中路口的交通疏导工作。

“在二中路口时执勤时，他就特别认真，平时见他工作是总精神饱满，面对学生是咪咪笑着，对一些车辆违法行为总是神情严肃地加以阻止。现在偶尔在市一中路口见到他还是这样的状态。”市二中的姚老师告诉记者。

“这段时间天气凉快点好过些，前段时间天气热难过多了，站在马路上7个多小时，到了冬天站这么久就更难受。”蒲进说。

蒲进工作时间为上午7点20分开始至10点30分，下午4点至晚上8点。上班地点到家里有2公里左右，平时上下班都是走路，一天要走8公里。

开心的时候就是看着学生安全过马路，日子会越来越好

交通协管员平时还会遭到高温、寒冷、灰尘、汽车尾气，等等肉体上的“折磨”，蒲进说，工作辛苦点没关系，做好自己的事情，看到学生娃平安幸福上下学，心也是乐的。

蒲进每个月拿到手里的工资只有1100多元，老婆没有工作，做点小生意，孩子还在上大学。“我们工资是低了些，那么多人，想想领导也有难处。现在听说工资要加100元了，但还没发到手上的。只要放平心态，就会很开心，日子会越来越好的。”蒲进说。

他对老婆感到十分愧疚，平时下班晚，一个月只有4天休息时间，就是星期六不上班。没能帮家里干一些家务活。说到过两年孩子大学毕业参加工作时，蒲进咪咪笑着，满是憧憬。

不想行人、车辆出状况，做的都是分内事

“为什么能够一直坚持做好交通疏导工作，没有累的时候吗？”

“我工作的地方车流量大、学生特别多（附近有二中、二完小、鹤城区幼儿园、氵舞水路小学、市一中）。稍有大意可能就会对学生娃造成伤害。特别是人民路封路期间，交通经常是种无序的状态，更要打起精神。我只盼着车呀、人呀不出事就好。再累，工作时不能松劲。”蒲进说，他只是一名普通的交通协管员，他做的都是小事，当走上工作岗位时，他就不在乎自己能得到什么，更多希望给人们带去些什么。

“平时，我喜欢看到一些孩子笑呵呵地冲我招手。一些家长也会跟我说，辛苦了，这就够了。也有一些车主不理解我们的工作，违规了不找自己的原因，还说一个协管干吗管我。管他是为他好，只要是凭良心做事，也就没什么不开心了。”

说完，蒲进又投入交通疏导工作中，留下的只是他那忙碌的身影……是呀，每天当我们迎着晨光走在上班的路上，或是踏着夕阳回家，经过各个道路路口的时候，都会看到这样一些手持旗子和哨子的协管员。他们像路口的指挥家，演奏着由车辆谱写的马路协奏曲，其实也就是平凡得不能再平凡的劳动者。

（原载 2014 年 10 月 1 日《怀化日报》，
此专栏获 2014 年度湖南新闻奖市州好新闻名栏目奖）

为时代而歌　为人民而歌

——新闻好专栏这样践行“走转改”

在新的时代条件下，党报记者如何适应新媒体要求，让正面宣传出新出彩，从2016年开始，我立足贴近生活、贴近群众、贴近实际推出了以草根人物为主角的新闻栏目“百姓故事”。经过两年来的努力，“百姓故事”正被越来越多读者熟识，走进越来越多读者的心灵空间，成为《怀化日报》深化“三贴近”、践行“走转改”的代表性栏目之一，为构建和谐社会、弘扬社会主义核心价值观发挥了媒体应有的作用。

一、捕捉草根人物闪光点

《百姓故事》栏目推出每一期草根人物故事时，我们都认真对待，精心策划，通过捕捉草根人物身上的闪光点，增强党报正面宣传的吸引力和感染力。如2015年暑期，《百姓故事》栏目推出的《酷暑中的劳动者》系列报道在《怀化日报》刊登之后，又通过怀化新闻网、“掌上怀化”手机客户端、微博、微信等新媒体广泛推送，得到了读者的好评。

（一）准备充分，磨刀不误砍柴工

我在谋划这组《百姓故事》栏目系列报道时，对选择哪些行业、哪些人物，在采访前都进行了认真思考，精心策划。总体而言，选择的这8个行业的平凡劳动者他们或为城市建设添砖加瓦，或为居民生活提供服务，在他们身上传递着社会所需要的正能量。这些草根人物，都是读者身边的人物，写他们的故事，读者会有亲切感。确定了8篇主题后，我又根据每篇报道的人

物和内容拟定了采访提纲，基本上做到每篇报道侧重点不同，报道形式不同。

（二）开门见山，聊天中捕捉亮点

采访中，我发现在单位上班的基层劳动者容易采访些，可以开门见山直奔主题。对这些人物的采访，我根据采访前的准备，每篇人物问哪些内容基本有底。采访时，我基本上是和被采访者聊天，聊工作、聊家常，采访时也基本上不用采访本，只是对一些关键性的数据才会记在采访本上。这种聊天式的采访氛围，让他们容易接受，他们也愿意说，我也能捕捉很多动人的故事和亮点，这些故事和亮点让报道有血有肉不空洞。如采访快递哥何涛涛时，原本公司规定快递员领件后就要派件，公司负责人看我和何涛涛聊兴正浓，就专门给他这条线路加派了一个快递员，不影响我采访。采访巡防队员谢于寿和张小毛时，因为采访氛围宽松，他们不但和我讲述工作的点点滴滴，还带我到他们处理社情的现场与我分享工作的苦与乐。

（三）转换角度，拉近受访者距离

在采访搬运工肖建立、废品回收师傅肖志平、筑路工人杨建庚、建筑工地农民工毛瑞友这些基层劳动者时，我发现以开门见山的采访方式，很难让他们接受采访。这时候就需要灵活转换采访角度，才能让采访不冷场。在采访搬运工肖建立师傅、废品回收师傅肖志平时，我问他们城区“限摩规电”对他们有没有影响。在采访筑路工人杨建庚、建筑工地农民工毛瑞友时，我问他们的报酬情况，工资能不能按时到位。这些都是当前他们最关心的问题，通过这些话题拉近了与他们的距离，让采访能够顺利进行。采访中，我发现当以朋友式的方式尊重他们、理解他们，这些劳动者很乐意和你分享他们的故事。故事越丰富，他们身上的闪光点也就越多，写出来的稿件也就有温度有情感，读者也更喜欢看。

二、挖掘草根人物人性美

要让读者从新闻报道到感受到这些草根人物离他们很近，触摸到这些草根人物的真实，就离不开新闻记者深入这些草根人物和他们做心与心的交流，挖掘这些草根人物身上的人性美。

如我采写的栏目稿件《菜地守望者——怀化的城市租地种菜人》。在怀化郊区租地种菜的外地菜农有几百人，他们用自己的辛勤供应着城市每天30%的蔬菜量。他们在城市打拼的生存状况如何，又有怎样的梦想追求？我深入到鹤城区杨村乡杨村，对来自中方县花桥镇的菜农李景生、彭茂秀夫妇进行了深入采访。对于我这样的陌生人，如何让他们对我有话说，我采取了聊天的方式采访，从采访开始到采访结束，我都没有取出采访本。刚见到李景生、彭茂秀夫妇时，他们正在自己搭建的简陋木板房里吃早饭。一方小桌，上面搁着一盘腊肉、一碟青菜、一碗酸菜汤，老两口吃得津津有味。“你吃早餐了吗，和我们一起吃点。”刚一落座，老两口热情地打招呼，老李拿起一个空碗准备去帮我盛饭。听说我吃过早餐了，老两口又从柜子里取出水果和奶糖放在我跟前的小方桌上，“尝尝，这都是过年，儿子女儿来看我们时拿来的。”“我们生活习惯还是和农村一样的，不像你们一日三餐那么准时。平时早上起来先做一些农活，上午9点多吃早饭，下午3点左右吃中饭，晚上做完活要到8点多钟搞晚饭吃。”老李笑着说。“早上刚刚挖了一块地，这两天可以下点种子。”老李指着门口的一块新翻的地说。在他们住的木板房旁边就是老两口夫妇租种的四亩大棚蔬菜，从早到晚，他们都是围着这几亩地转，看见棚里一茬茬的菜长势好，老两口的心底就踏实。

正是因为轻松的聊天氛围，老两口和我的聊天内容，都是生活化的细节，让我的文章充满了泥土芬芳。这篇报道刊发后，新湖南、“今日头条”、搜狐、中国农业信息网等媒体转载，在怀化新闻网“五溪论坛”，很多网友跟帖表示菜农李景生、彭茂秀夫妇的勤劳质朴让人感动，并祝福他们有个好收成。

三、传播草根人物精气神

《百姓故事》栏目创办两年来，始终坚持以人为本，深化“三贴近”，践行“走转改”，栏目组记者走进社区弄堂、田间地头，将镜头对准草根人物，用笔记录他们的凡人善举。一篇篇用心采写的报道，向广大读者展示了这些草根人物在追求梦想路途中的诚信友善、坚韧不拔……他们用一个个不平凡的闪光点，凝聚起一股向上的力量，引人向善、催人奋进。栏目稿件在《怀化日报》刊发的同时，通过怀化新闻网、“掌上怀化”手机客户端和微信公众号同步推出，被新华网、人民网、光明网、“今日头条”、新湖南等转载，点击量过百万，受到广大读者称赞。网友“爱1988”点赞《菜地守望者——怀化城市租地种菜人的故事》说：“希望有好收成、有好收入。”网友“渐行渐远”点赞《快乐，不只是晴天——80后小夫妻摆摊故事》说：“都是为了生活，不觉得累，生活就是如此。”网友“天天快乐”点赞《铿锵玫瑰为爱绽放》说：“好一段感人肺腑的爱情！”网友“中国移不动”留言《晨练者说》：“哈哈，不错的民生寓言。”网友“噼里啪啦”留言《怀化舞水河畔的井底疏通工》：“各行各业都是为人民服务，劳动者光荣！”网友“邂逅123”点赞《篮球，点燃留守女童的梦想》：“听说过那位体育老师，用自己的工资去买体育用品，人民的好老师，燃烧自己，照亮别人！”网友“微风”留言《初冬花儿似春艳——一位手机摄影爱好者的周末时光》：“爱上手机摄影，你就会发现身边很多以前未曾发现的美好。”说得真不错，周末有追求，就会开心充实。

◆ **附作品**

菜地《百姓故事》栏目作品一：

他们背井离乡，来到城市之郊租田种菜、在市场里挑担卖菜，吃住就在田边搭建的简易木板房里。日复一日、年复一年，他们用勤劳的双手在田土上播下种子，播下希望……

菜地守望者

——怀化城市租地种菜人的故事

4月8日上午9点，在鹤城区杨村乡杨村，来自中方县花桥镇的李景生、彭茂秀夫妇正在自己搭建的简陋木板房里吃早饭。一方小桌，上面搁着一盘腊肉、一碟青菜、一碗酸菜汤，老两口吃得津津有味。

“你吃早餐了吗，和我们一起吃点。”刚一落座，老两口热情地打招呼，老李拿起一个空碗准备去帮我盛饭。听说记者吃过早餐，老两口又从柜子里取出水果和奶糖放在记者跟前的小方桌上，“尝尝，这都是过年，儿子女儿来看我们时拿来的。”

“我们生活习惯还是和农村一样的，不像你们一日三餐那么准时。平时早上起来先做一些农活，上午9点多吃早饭，下午3点左右吃中饭，晚上做完活要到8点多钟搞晚饭吃。”老李笑着说。

“早上刚刚挖了一块地，这两天可以下点种子。”老李指着门口的一块新翻的地说。在他们住的木板房旁边就是老两口夫妇租种的四亩大棚蔬菜，从早到晚，他们都是围着这几亩地转，看见棚里一茬茬的菜长势好，老两口的心底就踏实。

夫妻俩来鹤城区杨村乡租地种菜已有10多年，靠着地里的收入和省吃俭用，将3个小孩拉扯大，如今儿女都已成家立业，孩子们劝老两口不要再外出租地种菜，回老家过日子。原本夫妻俩打算再种一年菜就回老家，但是李景生夫妻俩在这里种菜种习惯了，也就一直坚持着。

“在花桥老家，我们的田在山里，缺水，离城也远，种啥也不赚钱。在杨村种地，附近就有小溪，又在城边上，菜成熟了直接坐8路公交车10多分钟就到市场了。我在市场上有摊位，每次都是直接挑到市场上卖。”老李说。

吃完早餐，老李带着记者参观他的大棚。“刚来的时候，这里的租金是每亩500元一年，前两年涨到了每亩1000元一年。搭个大棚要3000元，除去肥料和劳动成本，一年下来每亩地能赚10000多元钱。以前租了七八亩，现在65岁了，爱人也上了60岁，力气精力都没有以前大了，这两年只租了三四亩地。每年下来，也能挣个三四万元，儿女们在外创业也不容易，自己只要搞得起，就要坚持下去，不成为他们的拖累就好。”边走边聊，老李掰着手指给记者算着地里的收入。

这些年来城郊租地种菜，老李夫妻俩也遇到过不开心，碰到过难处，但再苦再累，他们都默默忍受，坚持了过来。“以前刚来的时候，这里治安不是很好，抽水用的水泵经常丢，从老家带来的腊肉也经常不见，有一次连家里刚买的米也丢了，口袋里一下又没有钱，我们只能煮了几天南瓜当饭吃。这几年，治安强多了，家里很少掉过东西，我们在这里租地种菜也踏实多了。”老李说。

“上半年种辣椒、白菜、丝瓜、南瓜、茄子、苦瓜，下半年种萝卜、白菜、胡萝卜、四季豆……肥料都是在中方县新建乡、中方镇拖来的鸡粪和桐枯，这些都是种蔬菜最佳的天然有机肥料，种花种菜其实和人一样，吃得好就长得好。现在天气渐渐热了，白天要揭棚，不揭棚棚内温度太高会烧苗。再过一段时间，就可以撤大棚了。”说话间，老李和老伴麻利地将3个大棚的薄膜一一揭开。

老李告诉记者，对于他们这些城市里的菜农来说，种菜基本上不愁销路。春夏秋冬，他们一般愁冬天，因为大棚怕大雪压。去年下大雪，一个晚上大棚上就积起了很厚的雪，早上起来，也找不到人帮忙，老两口拿木板赶雪，但还是没搞赢手脚，薄膜都被雪压垮了，损失不少。

走进棚里，辣椒、白菜、丝瓜、南瓜，各种菜苗郁郁葱葱。老李指着茄子苗说："这是以前放的苗，根没长扎实，还要再种一次，到时苗根系多，成活率才高。"

"说起种菜，我还是半路出家，种菜种得好的，是来自辰溪黄溪口、中方县铜湾和铜鼎的菜农。他们以前就住在河边，种菜有经验，再加上人年轻，头脑活，来这里租地有上千亩的规模，不但盖大棚，现在他们还搞地热，厉害得很。"说起附近租地种菜的同行，老李啧啧称赞。

来怀化10多年，在这里他们仍还是外乡人，或许是平时来的朋友太少，告别时，老两口一直送我到马路上，记者搭乘公交车返回城区时，他们仍然还站在田坎上远远挥手。

日出而作，日落而息。没有电视，没有朋友，一两年回老家一次，与亲戚乡邻匆匆相聚后又回到了这熟悉而又陌生的地方，围绕这几亩大棚，开始一年的营生。这就是这些菜农，这些挑着菜在城市间行走者的日子，辛苦而充实着。

祝福他们，这些背井离乡来城市打拼的菜农。

（原载2016年4月18日《怀化日报》）

《百姓故事》栏目作品二：

初冬花儿似春艳

——一位手机摄影爱好者的周末时光

取景、找准角度、按下快门，"咔嚓、咔嚓。"草如茵、雨如丝，初冬花儿似春艳，一张张赏心悦目的图片分享在朋友圈，引来诸多点赞。"只要善于发现，善于捕捉，大自然的美景不仅仅在春天，冬天也可以如此美丽。"手机摄影爱好者李慧说。

李慧是一家公司的职员，从事财会工作。"以前孩子还小的时候，自己基本上是两点一线的工作和生活，忙完工作就赶紧回家给孩子做饭，周末也基本上是围着孩子转。现在孩子长大了，懂事了，学习基本上不用操心。周末自己的空闲时间也就多了起来，忙碌惯了，刚空闲那会儿还真不适应，一到周末，不知道干啥。”李慧说，周末时光，朋友相邀，打牌、搓麻将，一坐就是一整天，几次下来，腰酸背痛，也就没有了兴致。

李慧告诉记者，她和手机摄影结缘是一次单位组织妇女节活动，单位请了几位专家讲课，其中就有一位老师讲了手机摄影课。看着老师用手机拍出的一张张精美绝伦的图片，李慧先是惊叹，再是羡慕，最后也摆弄起了自己的手机研究起拍摄来。“老师给我们下载了一套浅显易懂的手机摄影教程，单位感兴趣的人还不少，我们建了一个手机摄影朋友圈，开始了周末微拍。”李慧笑盈盈地说。

“最难忘的是自己第一次走上街头实拍，第一次拍陌生人，害羞，担心会遇到斥责，还好一切都很友善。”李慧回忆说。那是一个周末的清晨，李慧去菜市场买菜时，开始了实拍体验，当时看到一个女孩抿着嘴认真地整理自家的卤菜时，李慧快速打开手机拍摄模式，对着女孩连拍了好几张，因为菜市场内光线较暗，李慧就将画面中周围的人群调黑，通过灯的光线突出女孩认真勤快的模样，画面效果还不错。来到市场入口处，光线好了很多，因为菜市场很多是老年人，李慧突然看到一对小夫妻在挑选胡萝卜，感觉很温馨，很中国式的爱情，平淡而温暖，李慧又接着拍了几张。这几组图片朋友圈后，朋友们都说好。

“不仅仅是晴天，雾天、雨天，只要善于观察、善于捕捉，也能拍出美感的图片。”李慧指着手机中一张雨钓的图片说。当时城区雾加雨，她在河边看见几个垂钓的人专心致志在钓鱼，选好角度，拍了下来，整个画面很有意境。

因为爱上手机摄影，不仅仅是周末，平时有空，李慧就会拿出手机，捕捉城市中美丽的风景，温暖的画面。

从手机摄影爱好者到发烧友，李慧觉得自己的周末时光越来越充实，越来越快乐。这不，随着手机摄影爱好者微信朋友圈圈友的增加，李慧也为自己喜欢的手机摄影添置了手机广角镜头和微距镜头。“有了这些行头，手机拍摄的图片就会更清晰漂亮。”李慧说。

“爱上手机摄影，你就会发现身边很多以前未曾发现的美好，小到一株小草、一只蜗牛，大到一条河流、一座城市，拍下它们的美丽瞬间，欣赏它们的美，在更多的朋友间分享这种美，自然而然，我们大家的心情会越来越美。”点开分享在朋友圈一张张美丽的图片，李慧感觉特棒。

从宅在家里，到打牌、搓麻将，再到广场舞、登山、手机拍摄，时代在变，人们的生活方式也悄然发生着变化，和李慧一样，越来越多的人正加入丰富多彩的周末活动中，发现美，感受美，传递美。

（原载2016年11月30日《怀化日报》，
此专栏获2016年度湖南新闻奖市州好新闻名栏目奖）

聚焦基层干部　反映重大主题
——新闻好专栏这样策划选题

在深入学习宣传贯彻党的十九大精神中，2017年，《怀化日报》在头版推出《支书故事》大型专栏报道，以基层党支部书记为报道对象，讲述他们在抗洪救灾、脱贫攻坚、服务群众和美丽乡村建设最前线发生的感人故事。

报道综合运用融媒体手段集中发力、立体宣传、全面覆盖，除了在《怀化日报》头版报道外，还在怀化日报社旗下的《边城晚报》、怀化新闻网、“掌上怀化”手机客户端同步推出，受到广大干部群众的广泛关注和热烈好评，并先后被湖南省委宣传部的《湖南宣传》、新闻阅评简报点赞推介。

作为该栏目的主创人员，我有以下几点感悟。

一、小报道体现大策划

在2017年6月底和7月初的抗洪救灾工作中，基层干部特别是农村党支部书记和城镇社区党支部书记，他们用实际行动作答，交出了满意答卷。《怀化日报》决定以此次抗洪救灾报道为契机，将镜头和笔聚焦基层党支部书记群体，并通过这个群体全方位、立体式展示基层干部常年扎根基层，不忘初心，做好本职的可爱可敬的精神风貌。

《怀化日报》在怀化市委宣传部和怀化市委组织部的高度重视下，慎重选取报道对象，主动设置议题，精心策划推出《支书故事》大型专栏报道。报道对象都是政治素质强、群众威信高，事迹突出、感人至深、特点鲜明、新闻性故事性强的农村和社区党支部书记。报道对象的确定，是由组织部门层层推选，并征求纪检、综治、卫计等部门意见，再由怀化市委宣传部召集市直新闻单位负责人会议进一步筛选确定。整个专栏报道共分为 4 季，每季均有一个统一的主题：第一季为坚守抗洪一线，自觉做防汛救灾的主心骨；第二季为抓好产业发展，自觉做脱贫致富的带头人；第三季为办好民生实事，自觉做服务群众的贴心人；第四季为树立新风正气，自觉做社会主义核心价值观的引领者。报道用纪实的手法，真实再现基层党支部书记平凡而感人的事迹，报纸、网站和手机客户端报道时都采用图文并茂的方式报道，并配发短评。通过讲好身边故事，充分展现广大基层干部的精神风貌，发挥先进典型的示范带动作用，引导广大党员干部守信念、讲奉献、重品行。

二、小角度折射大视野

自 2017 年 7 月 3 日《怀化日报》头版推出《支书故事》大型专栏报道以来，在干部群众中产生了持久而又热烈的反响。为何这些平凡人物的通讯报道能深深地打动人、感染人和鼓舞人？答案正如很多读者在网上的留帖所言：报道紧扣时代脉搏，接地气，让人感动。

怀化日报社以高度的政治敏锐，认识到推出《支书故事》大型专栏报道的时代价值，抽调业务骨干组成专栏报道组，奔赴基层各地展开采访。《支书故事》大型专栏以小角度折射大视野，通过聚焦村（社区）支书这个群体，讲述基层平凡而真实的故事，诠释了基层党组织战斗堡垒作用。一个个支书的小故事折射出基层抗洪救灾、脱贫攻坚、服务民生、美丽乡村建设的生动画卷，凝聚起全面建成小康社会的磅礴力量。

三、小点评突出大意义

对典型人物通讯报道来说，写作上抓住人物的“精气神”是成功之基。而在新闻报道写作实践中，人物通讯写作很多时候因为受版面篇幅的影响，人物的“精气神”不能言得透、道得明，如何弥补这个不足，加配文短评受到越来越多新闻记者的青睐。

为了让故事更精彩，人物形象更丰满、更立体，《怀化日报》推出的《支书故事》大型专栏对每一篇人物报道都配有画龙点睛的精练点评，起到了更好地发挥凝聚共识、激励人心的作用。

每篇短评虽只有300来字，但字里行间积极向上的情感跃然纸上。因为每篇短评都是来自新闻记者在一线采访中遇到的感动，来自新闻记者对基层人物的敬佩之情。当这种感动、这种敬佩之情在心中沉淀升华，并融入写作中，既打动了自己，也打动了读者。就如《支书故事》专栏首篇反映沅陵清浪乡胜平村村支书余启儒带领村民抗灾救灾的《暴雨夜，老支书就是一面旗》人物报道，我配的短评《当支书就得为老百姓着想》，这样的论述不是高高在上的说教，而是作者发自内心的敬佩和称赞，给人鼓舞，让人感动。

四、小栏目推进大融合

面对新媒体冲击，传统纸媒有了好的故事和内容，如何才能赢得最佳传播效果，《怀化日报》在《支书故事》大型专栏报道中进行了积极探索和创新。一方面，在传统纸媒报道上求新，在图文并茂的基础上，坚持短评和主文报道相互呼应；另一方面，立足传统媒体与新型媒体的各自优势，坚持走融合之路，拓展传播渠道，丰富传播手段，获取更好传播效果。

《支书故事》系列报道采用的是报、网、微、端融媒体矩阵传播方式，报纸报道后，网站、微博、微信、客户端等新媒体跟进推送，多渠道、多频次刊播，并且市县互动，形成立体传播效果。每一篇报道经过传统纸媒精心制作并首先刊播，怀化日报社的“掌上怀化”手机客户端、怀化新闻网及微信公众号等新媒体结合自身特点再编辑、再传播，放大报道效果。

《支书故事》的立体式传播收获颇丰，大量专栏报道被人民网、光明网、搜狐、新浪、网易、“今日头条”、“新湖南”等媒体转载，点击量过百万，受到广大读者称赞。其中微信报道文章《李婷香，这一刻哭了》，2天之内阅读量就达10万以上。

五、小文章彰显大作风

没有对党和人民的事业百倍的热情，没有对人民群众的深厚感情，没有对生活细致入微的观察，没有实事求是、精益求精的职业操守，就没有新闻工作者的工作责任感。

为采写出有温度、有人情味的报道，《怀化日报》记者深入社区弄堂、田间地头，走进人物内心，通过心与心的交流，找准诠释小故事中的闪光点。在第一季抗洪救灾稿件采写中，为让人物更鲜活、故事更真实、情节更动人，栏目组记者克服路途被洪水所阻、通讯不畅等实际困难，深入抗洪一线，不顾辛劳，连续作战，深入挖掘抗洪抢险救灾中涌现出的感人故事和先进典型，用镜头、用笔、用心记录着抗洪抢险中一幕幕惊心动魄、温暖感人的画面。一篇篇用心采写的报道，向广大读者展示了这些基层干部的责任担当、爱岗敬业、默默付出。

◆ **附作品**

《支书故事》栏目作品一：

暴雨夜，老支书就是一面旗

开栏语：他们与群众距离最近、联系最紧、交往最密。在危急时刻，在艰难环境，在抗洪救灾、脱贫攻坚、维护社会稳定、带领村民致富的特殊“考场”，他们用实际行动作答、用过硬作风作答，交出了满意答卷，极大地巩固了党在基层的执政基础。他们就是长期在一线辛勤工作、默默奉献的基层党支部书记。

为充分展现广大农村党支部书记的精神风貌，发挥先进典型的示范带动作用，引导广大党员干部守信念、讲奉献、重品行，本报即日起推出《支书故事》专栏，敬请关注。

“当支书就得为老百姓着想！”6月27日晚，沅陵清浪乡胜平村支书余启儒说，抗洪抢险是他作为一名党员干部的应尽义务，不用报道。

对这个回答，记者好奇，而老余却显得平平静静。

6月23日下午，胜平村境内大雨倾盆，晚上9点开始，雨量持续增大，落得村民心里慌。

余启儒也不例外，他最担心的是村头蒋家冲水库和溪边几十户村民。几年前，一场洪水，让村民谈水色变。

“水库好比安在我头上一把‘刀’！”余启儒介绍，水库将近40亩水面，下游住着4个组，由于溢洪道不畅，长年派人值守。

9点40分，老余的手机响起一阵急促铃声，电话是安全员打来的，报告水库临近警戒水位。余启儒从板凳上一跃而起，抓起电筒，消失在大雨中。

水库在2里地外，63岁的老余，一路小跑。与安全员会合后，俩人立马沿水库四周巡查，看见溢洪道有堵塞物，二话没说，他直接下水，徒手一把一把全部清掉。

之后，俩人又赶去附近，查看一处地质灾害点，交代村民注意安全，做好转移准备。

这一趟，余启儒花了3个多小时，从头到脚被淋透。雨情和危险如何发展，他心里没数，更不敢合眼。

时间靠近凌晨2点半，暴雨继续“放肆”，一道电光闪过，余启儒发现洪水已经翻堤，挨近水库20多户人家的房子开始进水。

“马上组织转移！”余启儒一声令下，4个组安全员敲响预警锣，声音回荡在午夜山谷，分外刺耳。

7个村干部，加上党员和村民小组长，分头包组负责上门，按照平时演练路线，引导村民转移。一时间，灯火通亮，一条长长的人龙在蜿蜒的山路上蠕动。

村民李永秀，人老力弱，家有残疾儿子，转移不方便，加上顾虑财产，不肯动身。余启儒金讲银讲，花了十几分钟，最后做通思想工作，安全离开。

转移的地点距村民居住地近远不一，有的只要十几步，有的要走1刻钟，由于大多是老人，加之深更半夜，行走缓慢，余启儒和在场党员干部用尽办法，抬的抬，扶的扶，背的背。

经过清点，这次共转移100多村民，凡是水库低洼住户没丢下一人。安顿好灾民后，余启儒和另外几名干部返回去，帮助2户被淹户抢运物资，争取降低损失。

5点多钟，天慢慢放亮，灾民发现，老支书不见了。原来两小时前，他放心不下水库，拖着疲惫的身体又去巡堤……

点评：

当支书就得为老百姓着想

“当支书就得为老百姓着想。”沅陵清浪乡胜平村村支书余启儒知道这句誓言的分量，这句誓言更多的时候不是停留在嘴边，而是印刻在脑海，铭记在心头，融入血液，落实到行动。

因为脑海印刻着“当支书就得为老百姓着想”的誓言。水库就好比安在老余头上的一把“刀”，让他时刻绷紧着安全弦，听到水库临警戒水位，他毫不犹豫从板凳上一跃而起，冒着大雨，奔向水库。

因为心中铭记着“当支书就得为老百姓着想”的誓言。风雨大作的深夜，老余与安全员巡查水库，查看地质灾害点，连续3个多小时，从头到脚被淋透，也不放过一处隐患。

因为血液融入着“当支书就得为老百姓着想”的誓言。老余和党员干部通宵达旦用尽办法，转移安顿好100多名灾民后，他还不回家休息，而是拖着疲惫的身体又去巡堤。

洪灾是一面镜子，亦是一场考试，他考验着余启儒，考验着我们各级党员干部的为民情怀，执政能力。无疑，老余为人民群众交了一份满意答卷。

（原载2017年7月3日《怀化日报》）

《支书故事》栏目作品二

周南金：党徽在抗灾中闪耀

“书记，能不能弄点禾种来哟。”

“在想办法，正跟县农业局对接联系嘞。”

“那就好，有你这句话就放心多了。”7月2日上午，明晃晃的太阳照在沅江边的中方县铜湾镇麻溪江村上，受灾村民杨元兴想着家里绝收的水稻，看能不能再抓紧种一季晚稻，听了村支书的话就像吃了一颗定心丸。

麻溪江村农田边上的淤泥是洪水的痕迹，还有些稻田鱼塘依然浸泡在水里。洪水来临后已经是第4天了，村支书周南金一早就来检查灾情，组织村民生产自救。记者看到他时，他正在帮村民家的猪圈浇水，胸前的党徽在阳光下熠熠闪光。他说已经习惯佩戴党徽了，多年的支部书记生涯，作为老党员，他时时佩戴党徽，一来是让村民监督自己，二来是让村民有困难找到自己。“别看这小小的党徽，戴在胸前，硬是觉得做么子事都有劲，都马虎不得，因为我是共产党员。”周南金说。

“你现在看到我，总算是没被臭到，昨天还是一身的猪粪味呢！”抗洪救灾这几天，老周已连续有3个晚上没睡安稳觉了，累了就打一会儿盹。29日下午5点开始，他落实镇里的防汛应急响应，当时的雨量有80～90毫米，河水上涨快。

手机微信里时时有中方县防汛指挥部发布的信息，镇党委书记每隔1小时就来电话询问，他每隔30分钟通报一次汛情。因为长住江边，村里老早就有预案，村组干部到指定的地点，确保群众不伤一人。70 多岁的周汝江，觉得水不会涨进家门，不肯撤离，周南金带领党员干部紧急将老人带走转移，半小时后，洪水淹没了老人的房屋。在此次洪灾面前，麻溪江村成功转移了 114 人，整村群众安全。

“感谢村支书，感谢村里组里的党员同志，要不是他们，我的猪场就亏大了，几十万打水漂。”麻溪江村的养殖大户杨勇激动地说。

他告诉记者，30 日晚 8 点时，村支书周南金来到他家，告诉他洪水可能会淹了他的猪场，赶紧准备赶猪撤离。他心想，太麻烦了，猪场有 260 多头猪，按理说也不会涨到猪场的位置吧，就不为所动。大约晚 9 点时，村支书还不放心又来告诉他河水要涨上来，并带领村里的党员、防汛抗洪的先锋队一道帮忙赶猪，村支书还和党员一起抬几百斤重的大猪、母猪，天黑还下着雨，大家一直忙到 7 月 1 日凌晨三四点钟，终于将猪场所有的猪和饲料全部转移到安全地带，此时猪舍已经浸水了。

“看，那些猪正在晒太阳了！”杨勇笑了。不仅杨勇家的猪安全了，全村共有 1000 多头猪全部安全转移。

“这次洪灾考验了我们村党组织队伍，特别是一些年轻党员冲锋在前，不讲价钱！”周南金说起村里的党员队伍特别自豪。这不，洪灾之后，他们又商量着如何搞好生产自救呢。

点评：

党徽的底色

“党徽戴在胸前做么子事都有劲，都马虎不得，因为我是一个共产党员。”这是周南金对党徽的朴实情感。

作为老党员，作为多年的支部书记，老周走到哪里，都不忘佩戴党徽，这已然成了一种习惯。

佩戴党徽的初衷，用老周的话说，一来是让村民监督自己，二来是让村民有困难找到自己。这种初衷久而久之也潜移默化为老周的一种习惯，一种行事准则。

不怕村民监督，做事就能更光明磊落；心系群众冷暖，发展就能更凝心聚力。洪灾中，转移群众；洪灾后，生产自救。老周的匆匆步伐，让群众切身感受到一名共产党员的先进性。

党徽的底色，是红色的，像一团火，它是成千上万共产党人为国为民的精神和热血沉淀而成。

党徽的底色，是红色的，像一团火，它激励着我们不忘初心，在为国为民的路途上踏实前行。

如老周一样！

（原载2017年7月5日《怀化日报》，
此专栏获2017年度湖南新闻奖市州好新闻名栏目奖）

第六章　文艺副刊

情景交融　打动读者

——副刊散文优稿这样写就

据有关机构随机抽查，读者对报纸感兴趣 80% 左右是因为新闻，但同时，也有接近 60% 的人对报纸知识性、趣味性浓厚的副刊作品感兴趣，尤其是报纸副刊散文比较受读者喜欢。相对于其他刊物刊登的散文，报纸散文在取材上更贴近实际、贴近生活、贴近群众，时代气息更为浓郁、篇幅更为精短，因而更显得活泼自然，更容易被读者所接受。

我采写的《守望城市》这篇副刊散文，就是一篇贴近实际、贴近生活、贴近群众，时代感强的散文，刊发后产生了一定反响，得到了读者的肯定。现在再来分析这篇散文，主要有以下几点体会。

一、时代感强

新闻界有一句格言：记者是站在时代航船最前端的瞭望者。因为站在时代最前端，记者写出的新闻作品要具备时代性，反映出强烈的时代特色。副刊作品，包括散文、随笔、文艺评论等，虽然属于文艺作品，不是新闻，但它们仍属于报纸内容的一部分，要发挥正确的舆论导向作用，达到教育人、启发人、激励人、鼓舞人的效果。从副刊散文来说，要达到教育人、启发人、激励人、鼓舞人的效果，首先从题材选择上要紧扣时代脉搏、反映火热生活，要围绕宣传党的方针政策，多挖掘反映时代精神的典型事例和故事，反映人民群众普遍关注的热点难点问题。

以《守望城市》为例，当时写这篇文章的背景是我刚大学毕业参加工作不久，那时正好是大学生毕业不再分配工作，要自主择业，从大学生一下子转换成社会人，这个过程有积极进取也有迷茫，有快乐也有烦恼。在城市里找工作难，回农村找工作更难。为了能留在城市，大家拿着简历到单位、企业、民办学校四处奔波应聘，即使月薪几百元的工作，大家也乐于接受。有很多人留在了城市，也有很多人没有找到工作，只能远走他乡打工。留在同一座城市的年轻人，平时在自己的岗位上忙碌着做好自己的事，只有周末的时候，才有时间聚一聚。小聚的时候，一人凑一二十块钱，吃顿火锅喝点啤酒，聊聊天，聊天最多的内容就是如何融入城市。从大学毕业生到外来务工人员，城市包含了太多人的梦想，而在实现这个梦想的路途上，大家有哪些所思所想所惑？通过对身边人物的观察，对生活的观察，我在散文《守望城市》中生动描绘了这一社会现象，具有很强的时代感。由于描写了群众关心的问题而受到读者的欢迎，这说明了报纸副刊散文有着较强的新闻性、时代性的特色。

二、生活气息浓

贴近实际、贴近生活、贴近群众是报业人一向奉行的办报宗旨。报纸是办给人民群众看的，报纸副刊无疑也要适应人民群众的阅读需要，反映人民群众的实际生活。就副刊散文来说，它的素材来源应该与作者的生活经历、人生经历有着密切的关系，无论是记叙性散文、抒情性散文，还是议论性散文，都离不开作者对现实生活的观察、思考，都是作者生活阅历的一种沉淀。散文不同于小说，小说可以凭借天马行空的想象来虚构情节、故事和人物；

散文则不然，散文更多是作者对生活经历或人生经历中触动自己的某件事情、某个过程进行采撷创作，它更多的是对现实生活的一种记录和感悟，是作者真情实感的一种流露。正因为这样，副刊散文洋溢着浓郁的生活气息，从而容易引发读者的共鸣，激起读者的情感。

我创作的散文《守望城市》就是一篇生活气息极为浓郁的散文。作品前半部分描写了城市中年轻人的打拼过程，后半部分则通过农村年轻人的工作生活状态，反映了他们的内心世界。如我在文中写道："乡村的夜静得愁人，只有田野的蛙们整晚躁动不安地鸣叫着。没有卫星电视节目，乡政府的年轻人就只好看看报纸打打牌。因为乡村离县城太远，报纸一个星期才来一次，报夹上那仅有的几张报纸，不知不觉中也被大家翻来覆去弄得皱巴泛黄，于是只好去打牌。牌打到后来，也没了趣味，就又来到银杏树下，看着远处的大山发呆。当兵出身的奇军就说着在部队的种种好处，农大毕业的丁秘书则回忆大学时代梦一般的美好时光，闭上眼睛，车水马龙、流光溢彩，城市繁华依旧。'城市就是好！'不知是谁感叹一声。一天又匆匆而过。"通过这些细节描写，生活气息扑面而来，而这些工作生活片段也从侧面反映了农村年轻人对文化精神生活的渴望。

三、短小精干

随着生活节奏的加快，受众的阅读方式也在悄然发生着改变，人们希望在最短的阅读时间内获取最大化的信息量。如何适应读者阅读习惯的变化，在媒体竞争中赢得主动，越来越多的地市报加大了对新闻作品短、快、新的要求，以有限的版面让读者了解更多的新闻信息。

副刊散文在写作上也应适应这个变化，与书籍、杂志的散文相比，报纸副刊的散文应讲究短小精干，通过千字散文或数百字散文，反映丰富多彩的生活内容。

我创作的散文《守望城市》全文仅 1400 字，内容却较为丰富，从城市年轻人的追梦到农村年轻人的追梦，描绘这个追梦过程中的所得所失、所盼所想，让读者看后有所触动。这篇文章发表已有10多个年头，我至今还记得，当时文章刊发后，一位乡镇工作的同志专程打电话到报社，称赞这篇文章。我想，对新闻工作者来说，如果自己创作的作品能够打动读者、激励读者，这是对自己辛勤劳动的最大鼓励和褒奖。

◆ **附作品**

守望城市

在城市中，你常常会想许多的问题，回忆许多的往事。城市包含了我们太多的梦想与色彩，在岁月的流淌中，我们不由会对城市生出太多的热爱。

在城市中谋生也挺不容易的，杂志上看见一个新鲜词“飘一族”，也即城市边缘人，包括外地涌进城市的打工仔，他们背井离乡，拖亲带友来城市淘金。金子是日趋难觅，但他们还是寄居在城市中，想着法儿糊弄他们那张嘴，于是在平凡的日子中也会产生、酝酿出一些悲悲切切的故事。聚散皆是缘，离合总关情，他们成了城市中一道别致的风景。

在城市，“飘一族”中更多的是一些年轻人。他们刚踏出校门，习惯了城市的豪华与迷人。他们不愿意离开现代气息浓厚的城市，不愿回那荒凉贫穷的乡下。于是他们一头扎进城市的人流中，深一脚、浅一脚地在城市中走着。他们无固定的工作，亦无固定的落脚之处。或许上个月他们还在一家公司踏实工作，囊中不见羞涩，然而这个月他们也许在城市的某个角落中，寻找下一个栖身之处。工作的不稳定，使他们只得在城市中飘着。

在时间流逝中打拼，一些外来者也融入了城市，成了所谓的城市人，习惯了城市快节奏的生活。然而城市人对金钱、名利、情欲、成功的追求，使他们变得浮躁、功利和现实。他们一方面积极进取，努力把握一切机会，另一方面则是顾此失彼。寂寞而缺乏关怀的城市人渴望爱情，然而在他们追求成功、获取名利的时候最先放弃的也是爱情。面对巨大的生存压力，功名利禄、声色犬马、情感蠢动招之即来，挥之即去。两个陌生男女很快走到一起，又很快互不相干。他们没有家的感觉，每当华灯初上，拖着疲惫的身体回到栖身之所，他们会茫然失措，不知自己身在何处。于是酒吧、网吧也成了他们的第二个家。

城市有炎热的气候、有冰冷的人情，同样也有它的自由自在，有它的美丽繁华。它是许多人实现梦想的地方。城市怎么不好呢？走在去乡下采访的路上，看着远处连绵起伏的苍山，碧绿流淌的河水，就会想起在乡下生活的朋友们。他们渴望走进城市，但由于种种条件的限制，对城市的向往，只能是他们遥远的梦想。

2002年，我在一个偏僻穷乡搞扶贫工作，那里到市区有六七个小时的路程，我们从市里、省里要来扶贫资金，帮助村里搞建设。暇余，就坐在乡政府门前的银杏树下。乡村的夜静得愁人，只有田野的蛙们整晚躁动不安地鸣叫着。没有卫星电视节目，乡政府的年轻人就只好看看报纸打打牌。因为乡村离县城太远，报纸一个星期才来一次，报夹上那仅有的几张报纸，不知不觉中也被大家翻来覆去弄得皱巴泛黄，于是只好去打牌。牌打到后来，也没了趣味，就又来到银杏树下，看着远处的大山发呆。当兵出身的奇军就说着在部队的种种好处，农大毕业的丁秘书则回忆大学时代梦一般的美好时光，闭上眼睛，车水马龙、流光溢彩，城市繁华依旧。“城市就是好！”不知是谁感叹一声。一天又匆匆而过。乡财政所的女孩小罗成了年轻人追逐的目标。每次回城，就会有人托我给小罗带东西。奇军虽然是心仪小罗，却囊中羞涩，最后还是落了单，于是在我结束扶贫工作时，他也去了南方城市。

不觉一年过去，给乡政府去了个电话，竟是奇军的声音。奇军说，外面好是好，不过城市的气候还是让他不能适应，就回来了。这时，电话里有人催奇军出牌，电话断了。

车流在灯火辉煌的城市中行驶，我又想起了银杏树下蛙鸣的夜，静寂的夜，乡下田野的风吹得有些愁人。

守望城市，可城市的夜迷人吗？

（原载2004年10月28日《怀化日报》，
2004年度湖南省报纸系统好新闻副刊作品银奖）

质朴平凡见精神

——副刊报告文学优稿的写作特色

报告文学是新闻记者经常接触到的新闻性文学。报告文学简单地说就是运用文学艺术形式真实、及时地反映社会生活事件和人物活动的一种文学体裁。写好报告文学，是我们新闻记者需要掌握的一项基本技能。

我创作的报告文学《责任铸就丰碑》写的是一位平民英雄，一位铁路民警。在一次大雨中，辖区铁路出现险情，这位铁路民警不顾个人安危，一心想着铁路运行和旅客的安全，最终不幸倒在排险途中。

报告文学《责任铸就丰碑》通过丰富的事例和生动的文学性描述向读者展现了这位平民英雄，他在平凡的岗位上默默无闻地耕耘着、奉献着，努力践行共产党员先进性，用年轻而宝贵的生命诠释着一名共产党员的责任，用责任和奉献铸就了一座永恒的丰碑。文章发表后，产生了一定反响，《广州铁道报》等报刊转载了文章。现我就这篇文章，和读者分享一下报纸副刊报告文学的写作体会。

一、真实是首要品格

和其他新闻文体一样，报告文学的生命在于真实，如果报告文学的内容不真实将直接失去读者的信任。说到报告文学的真实性，在很多关于报告文学的写作教材中会经常引用到下面这个例子：苏联作家波列伏依到莫斯科“狄纳莫”工厂去采访，那儿正在开群众大会，作者对在会上发言的钳工组长很感兴趣，回来后把他作为中心人物写了一篇报告文学。作品发表后，老钳工来找他，一副愁眉苦脸的模样。波列伏依问他为何这样？他说：“您写我回家，刮了脸，换上衣服，梳好头发，可是我怎么梳头发的呢？”他脱下帽子，在工厂里他总是戴着帽子的，原来他是秃顶，一根头发也没有。现在工厂里工人都在取笑他，那些小学徒老远就喊：“库兹米奇叔叔，你是怎么梳头发的呀？”弄得他哭笑不得。

记者如何才能创作出既真实可信又富有感染力和影响力的报告文学，我认为最重要的是以下三点，一是掌握确凿可信的新闻素材。二是写作态度要客观公正。三是作品中倾注着作者的真情实感。确凿可信的新闻素材，就是在取材上，一定要是作者目击耳闻的第一手素材，而不是通过道听途说得来的。客观公正的写作态度，就是作者在报告文学写作时要坚持实事求是，用事实说话，既不拔高也不贬低，一切都合乎情理、合乎实际。用真情实感去写作，就是作者在报告文学写作时要将自己的情感融入写作的主题上去，要坚持真诚写作，只要真诚写作，报告文学才会朴实感人，赢得读者的信任。

就《责任铸就丰碑》这篇报告文学的写作来说，当时报社的领导获知了这个线索后，认为是歌颂真善美、弘扬社会正能量的好内容，安排我去采写。为了确保内容素材的真实性，我采访了英雄人物的家人、同事和朋友。通过深入采访，我了解到：滂沱大雨中，这位铁路民警为了铁路运行和旅客的安全，不顾个人安危，倒在排险途中的英勇壮举；在不同的岗位，不论寒冬酷暑，刮风下雨，这位铁路民警用忠诚和责任将党徽擦得很亮很亮的不平凡事迹；为了事业和肩负的责任，这位铁路民警舍小家为大家的感人故事。写作中，我带着真情实感，坚持客观公正的写作态度，向读者讲述了这位平凡英雄的不平凡事迹。文章刊发后，得到了读者的认可，文章主人公的英雄壮举受到了读者高度赞扬。

二、体现时代精神

作为时代文体的报告文学，其主要特征就是以文学的形式迅速反映时代脉搏和及时弘扬时代精神，它既具有新闻的真实性、准确性，又具有文学的吸引力和穿透力。

如获第二十五届中国新闻奖的报告文学《那山　那树　那人》写的是一位乡村教师带动村民保护珍稀树种红豆杉的故事，文章紧扣当今生态保护这个时代主题，充分发挥报纸副刊报告文学的特点，既有新闻要素的提炼，又有文化视角的洞察，通过作者娓娓道来，把一个偏远山区乡村教师的环保意识，通过一件件动人心弦的平凡却又伟大的小事，生动地展现在读者面前。又如获第二十六届中国新闻奖的报告文学《戈壁红柳》是一篇时代特色浓郁，集新闻性和文学性俱佳的报告文学，展现了江西援疆干部的精神风貌，讴歌了他们兢兢业业为新疆人民谋福祉，满腔热情和民族干部群众交朋友，促进各民族之间交往、交流、交融的动人事迹。

我采写的报告文学《责任铸就丰碑》也是通过纪宗岳这个平凡的民警形象，展示了我们这个时代的精神风貌，给读者留下了深刻的印象。比如，在文中，通过纪宗岳的同事肖建国的回忆，描述了纪宗岳身为铁路民警，维护铁路安全，保一方平安的责任感。文中我这样写道：“在工作上，纪宗岳是属于那种不甘落后，追求进步的人。去年 10 月从乘警支队来到派出所警务区，他全身心地投入新的岗位中，管内 10 公里的线路上留下了他深深的足迹。每一座桥梁、每一条隧道、每一盏信号灯他都一一熟记于心。虽然来警务区时间不长，但他广泛走访职工群众。公坪车站的职工、工区巡道工、义务护路队员及铁路附近群众都认识了这位谦虚、随和、责任心极强的‘纪公安’。”

又比如，通过纪宗岳儿子的回忆，描述了纪宗岳在儿子眼中的好爸爸形象。文中这些写道：“一年暑假，纪舟与同学乘爸爸所在的列车外出旅游，爸爸汗水淋淋在车厢里忙上忙下维持秩序，一天到晚饭都顾不了吃。看着爸爸疲倦的模样，看着乘客对爸爸敬佩的目光，纪舟打心底理解了父亲，在家里，他需要一个好爸爸，而在外面，更多的人需要爸爸这样的好警察。”

在《责任铸就丰碑》这篇报告文学中，我采用了叙述、描写、抒情、议论等手法，通过这些手法进一步深化了主题，体现了这位英雄民警爱岗敬业、默默奉献的时代精神。

◆ 附作品

责任铸就丰碑

——记冒雨排险因公牺牲的怀化火车站派出所民警纪宗岳

他，没有豪言壮语，也没有惊天动地的业绩，一切都显得很平凡，很普通，但平凡之中见真诚，普通之中见伟大。

41 岁，41 个短暂而辉煌的春秋。他在平凡的岗位上默默无闻地耕耘着、奉献着，努力践行着共产党员先进性，用年轻而宝贵的生命诠释着一名共产党员的责任，用责任和奉献铸就了一座永恒的丰碑。

他，就是怀化火车站派出所公坪警务区民警纪宗岳。

滂沱大雨中，他不顾个人安危，一心想着的是铁路运行和旅客的安全，不幸一去不回，倒在排险途中……

2006年6月25日，又是一个星期天，雨水一直下个不停。与平日一样，身为怀化火车站派出所公坪警务区民警的纪宗岳，一大早就来到他的警务区管内，认真检查线路安全情况，全力维护公坪道口过往车辆的秩序。

上午 11 时 22 分，冒雨值勤的纪宗岳突然发现通过道口由杭州开往贵阳的 1515 次旅客列车中部下行方同右侧车厢底部拖着一根黑色物体，击打着路基石“啪啪”作响。石渣四处飞溅，险情时刻威胁着铁路边的行人和列车运行安全。纪宗岳立即电话通知前方公坪车站拦车检查，却未发现拖带的异物。纪宗岳估计异物可能中途脱落或者被高速行驶的列车拖断在线路上，如果不及时清除隐患，后果不堪设想（后来民警与巡道工在 448 公里 +820 米处的路基边，找到了那根脱落的 15.2 米长的胶管）。出于高度的工作责任感，纪宗岳立即穿上雨衣，独自冲入暴雨中，沿着 1515 次列车前进方向右侧线路（上下行线的中间）开展巡查排险。他一米一米地进行搜索，一根枕木一根枕木地仔细检查，寻找车体遗落的物品。当巡查至448公里+380米弯道处时，因暴雨滂沱，能见度极差导致避让不及，纪宗岳被重庆开往上海的K72次旅客列车撞成重伤，由于伤势过重，经全力抢救无效，于当天13时20分因公牺牲。

纪宗岳忠于职守，冒雨舍身排险保安全的英勇事迹震撼了铁路机关和三湘大地。广州铁路公安局、铁道部公安局发来了唁电；广州铁路集团公司怀化办事处、广州铁路公安局、怀化市委政法委等156个单位敬献花圈寄托深深的哀思。怀铁公安处领导号召全处干部向他学习，并为他申报记功。

身为铁路民警，维护铁路安全，保一方平安的责任时刻铭记在他的心中……

与纪宗岳同在警务区共事的民警肖建国，将纪宗岳遭遇不幸的消息告诉了爱人，两人都悲痛地落了泪，他们深为纪宗岳英年牺牲而痛惜。肖建国深有感慨地说："我虽与纪宗岳共事才半年多时间，但他的为人和品性对我的影响实在太深刻了。他为人正直，待人宽宏大量，工作积极、主动。"回忆起纪宗岳爱岗敬业的点点滴滴，肖建国声音哽咽了。

在工作上，纪宗岳是属于那种不甘落后，追求进步的人。去年10月从乘警支队来到派出所警务区，他全身心地投入新的岗位中，管内10公里的线路上留下了他深深的足迹。每一座桥梁、每一条隧道、每一盏信号灯他都一一熟记于心。虽然来警务区时间不长，但他广泛走访职工群众，公坪车站的职工、工区巡道工、义务护路队员及铁路附近群众都认识了这位谦虚、随和、责任心极强的"纪公安"。

今年3月，纪宗岳发现公坪道口两侧100米的公路路面凹凸不平，每逢下雨道路积水，过往机动车辆在途经道口时会出现熄火现象，存在安全隐患。他迅速与警务区民警冒着寒风，锄挖肩挑，整整干了4个多小时，终于将道口两侧50米的路面全部用土石填平，方便车辆安全通行，消除了安全隐患。

连通大西南铁路的公坪道口日均汽车流量达16000余辆，加上铁路正在道口改建立交桥，纪宗岳的日常工作更为繁忙。为确保辖内的安全，6月份以来，他没有休过一天假，一直坚守在岗位上。所领导看他辛苦，安排他轮休，但纪宗岳考虑所里警力紧张，又是防洪重点季节，便主动放弃了休息。在车辆过道的高峰时段，遇到道口附近线路施工，纪宗岳都坚持在现场组织疏导交通，防止车辆堵塞。值勤中，从清晨6点到深夜10点，他每天都要不厌其烦地向司机和行人讲规章、讲安全，一天下来，嗓子又肿又痛，说话的声音都沙哑了。在因公牺牲的前一天，纪宗岳更是通宵没休息，现场处理在公坪警务区管内发生的一起治安案件。

得知纪宗岳因公牺牲的消息，周围许多群众流着泪水说："星期天，下那么大的雨还在坚持工作，纪公安真是个好民警啊！"

在不同的岗位，不论寒冬酷暑，刮风下雨，他用忠诚和责任将党徽擦得很亮很亮……

纪宗岳因公牺牲的消息传到他曾经工作过的怀京、怀深、怀无等车队，从乘警到车班列车工作人员，没有一个不为之痛惜，大家为失去这样一个好民警而惋惜，许多列车员痛哭失声……

1987年1月，纪宗岳从部队复员，被招入怀化铁路公安处当民警。近20年的从警生涯中，从派出所到乘警队，无论在哪个岗位他都干得很出色。纪宗岳的为人和品行给同事们留下了良好的印象。

铁路上有句行话：当乘警威在其表苦在其心。一名乘警要在旅客列车这个"流动的社会里"干出个样子来，不是一件容易的事。20世纪80年代，怀化开出的旅客列车还没有空调设备，加上缺少应有的通信设备，整个列车的治安防范几乎全靠乘警不停地在车厢里流动巡视做好宣传，常常伴随的是夏天燥热难安，冬天寒冷异常。纪宗岳跑过队里的各趟旅客列车，无论列车南下北上、东出西进，他都坚守着一个原则：工作上一定要尽到自己的一份责任。在这种思想的支配下，他当班的岗位发案最少，他相处的旅客反映最好，他与所在的车班关系最融洽。在当乘警不长的时间，他的工作得到充分肯定，很快被队里作为一批年轻的警长提拔使用。

从乘警到乘警长，职位变了，纪宗岳吃苦精神和严于律己的责任心却始终没有变。曾与纪宗岳跑一个警组的乘警贾春甫回忆说：1990 年 8 月 19 日晚 12 时许，怀化至广州的 303 次旅客列车即将到达郴州车站的时候，13 号硬卧车厢旅客尹铁强忽然醒来，发现自己枕边的一个皮包被盗，内有现金 2 万余元，由于事情突然，加上心情焦急，失主大声痛哭起来。时任该次列车乘警长的纪宗岳闻声立即赶来受理报案，并迅速开展调查访问，在分析判断犯罪嫌疑人尚未下车的情况下，组织乘警对硬卧车厢进行逐一清查。走投无路的犯罪嫌疑人见查堵严密，最后从 15 号车厢跳窗逃跑。危急时刻，纪宗岳不顿自身安危，打开列车边门，从运行的列车上飞身跳下，在腿部摔伤鲜血直流的情况下，强忍剧痛奋起直追，最终将逃跑的犯罪嫌疑人抓获，追回了被盗巨款。当获悉纪宗岳跳车抓获犯罪嫌疑人，如数为旅客挽回经济损失的消息后，失主和全列车的旅客肃然起敬，有的竟然喊出了“乘警万岁！”

纪宗岳常说：“我是一个共产党员，就是要勇挑重担，组织的安排是对我的最好考验。”2001 年八九月间，怀化至无锡的 1608 次列车在浙赣线和长石线时有发案，严重扰乱列车治安。怀铁公安处指派纪宗岳带队在浙赣线、长石线开展专项整治。为迅速扭转被动局面，实现整治目标，纪宗岳带领队员跟车防范，把工作重点放在阵地控制上。整治行动正处盛夏季节，1608 次列车是一趟没有空调的“绿皮车”，平日车厢内温度高达 45 度，蒸笼般的酷热，纪宗岳与队员们昼伏夜出，蹲车厢、坐散座、抓现行，浑身的汗水常常把身上的衣服浸出了白色的盐斑。长期无规律的乘警生活，纪宗岳吃睡不好，使他的职业胃病反复发作，每天只能靠吃点稀饭硬挺着。

1 个多月的时间里，纪宗岳与队友冒着酷暑转战江西、湖南两省，往返行程达 10000 余公里，共破获各类刑事案件 12 起，其中重大案件 6 起，抓获犯罪嫌疑人 8 名，狠狠打击了列车违法犯罪活动，怀化至无锡的旅客列车治安秩序有了明显好转。

列车乘警长期流动在外，经常与形形色色的人物打交道，时刻面临着各种考验。纪宗岳的战友、现怀化乘警支队支队长郭纯说："不论是做民警还是当乘警长，纪宗岳都清清白白，他是我们公安队伍中的楷模。"从当乘警开始，纪宗岳就时刻保持着清醒的头脑，不染邪风一寸，不松砝码一厘，一身正气光明磊落，赢得了"示范乘警"的美誉。当上警长，他从严自律，处处树立好的风范，一心放在安全保卫上，用执法的责任牢固着思想的防线。1998年5月，纪宗岳跑怀化至上海的1528次旅客列车。在海宁至金华区间，一伙身份不明的男子，采取行贿和威胁的手段，找到担任乘警长的纪宗岳，以求网开一面，为他们留条路。纪宗岳正气凛然，坚决抵制了腐蚀，并将他们"轰"下了列车。那些心怀叵测的不法人员，遇到纪宗岳这个铁锁一把的乘警长，只好自认倒霉，再也不敢上他的车作案了。

哪有父亲不爱自己的孩子、自己的家？为了事业和肩负的责任，只有舍小家为大家……

纪宗岳是个至情至性的汉子，他爱自己的工作，也爱自己的家人，爱自己温馨的家，但是因为工作的缘故，他与家人在一起的时间比常人少了许多，也给自己留下了很多遗憾和愧疚……

儿子小学升初中，初中升高中考试，他都没能在家陪伴。

2002年9月间，父亲病重去世，正在外地参加公安处暑期专项整治行动的纪宗岳，没能及时见上父亲最后一面……

纪宗岳爱岗敬业，乐于助人，而在个人困难上，他从未向组织提过半句要求。妻子龙思红在地方工作，1996年因单位不景气而下岗在家，儿子读书不能缺少学费，妻子患有严重的腰椎病和糖尿病需要治疗，家庭的经济来源全靠纪宗岳每月一千多元的收入支撑，他默默地承担压力支撑着这个家。多年来，他从没买过一件高档的衣服，逢年过节，妻子劝他添置几件像样一点的衣服，他总说单位发有警服，这一辈子也穿不完。他牺牲时警服上的一颗纽扣还是前一天妻子亲手为他缝上去的。结婚10多年，纪宗岳与妻子始终住在一套60多平方米的旧房子里。

然而在儿子的眼里，在妻子的心中，纪宗岳是称职的好父亲，好丈夫。

小时候，看见同龄人经常有父母陪伴，而自己的爸爸却总是出差在外，很少陪伴自己，儿子纪舟很羡慕别人有一个好爸爸。为此，一段日子，纪舟还和爸爸闹起来小别扭。一年暑假，纪舟与同学乘爸爸所在的列车外出旅游，爸爸汗水淋淋在车厢里忙上忙下维持秩序，一天到晚饭都顾不了吃。看着爸爸疲倦的模样，看着乘客对爸爸敬佩的目光，纪舟打心底理解了父亲，在家里，他需要一个好爸爸，而在外面，更多的人需要爸爸这样的好警察。从那时起，小纪舟变得格外的懂事，爸爸出差了，他学着照顾妈妈，学着照顾这个家，知道爸爸要出差深夜才回来，他会烧好开水凉在那里，让爸爸回来润润嗓子。

想起丈夫对自己的一往情深，妻子龙思红眼泪涟涟。夫妻二人从相知到相爱，结婚16年感情深厚，从未争过嘴、红过脸。为工作，纪宗岳早出晚归很少在家，但只要回了家，再累他都会争着做家务活，将家里收拾得干干净净；再倦，他都要为患有腰椎病的妻子揉肩捶背，那可是一双多么温暖的手啊！然而，现在她再也感受不到这双温暖的手给家里带来的温馨了……

是一颗星，就要把光和热留给人间。纪宗岳匆匆地走了，但他执法为民，爱岗敬业的身影永远辉映着人民警察的荣耀；纪宗岳匆匆地走了，但他舍身排险的英雄事迹誉满三湘大地，他用责任和热血在万里铁道线上筑起了一道永恒的丰碑；纪宗岳匆匆地走了，他的精神激励着千万铁路民警奋斗不息，为保卫铁路运输安全尽职尽责！

（原载2006年7月12日《怀化日报》，
2006年度湖南省好新闻奖副刊作品三等奖）

散文笔法　丹青写意

——副刊文艺特写优稿这样出彩

特写是指抓住最能反映人物、事件特征的精彩片段，生动形象地再现典型事件、人物和场景并以此表现作者意图的新闻文体。

特写根据内容可分为新闻特写和文艺特写。我创作的《大师邂逅古商城》就是一篇文艺特写。该文发表后产生了一定的反响，受到了读者的好评。现结合这篇作品，谈谈自己对写好文艺特写的感悟。

一、要细致采访

文艺特写要把文艺人物、文艺事件、文艺场景活灵活现地表现出来，让读者有身临其境的感觉，认真细致采访至关重要。只有认真细致采访才能更准确地反映新闻事实，增强报道生动性和形象性，这也要求我们在采访中要具有敏锐的观察力，去捕捉现场细节。

在采写《大师邂逅古商城》这篇文艺特写时，报社安排了我和摄影记者陆晓鹏参加。我负责文字写作，陆晓鹏老师负责摄影配图。陆老师当时是怀化市摄影家协会主席，我们报社摄影部主任，在新闻采访和新闻摄影上经验很丰富。在接到这个选题时，我们都觉得是个好题材，关键是要细致采访，多抓细节。采访中，陆老师一直握着照相机，随时捕捉有看点的镜头，这次采访，他为《大师邂逅古商城》这篇特写配发的图片后来也获得了湖南新闻奖市州好新闻摄影作品奖。当时在现场，陆老师严谨的工作作风也深深感染了我。我拿着笔记本，一直紧随其后，用心观察黄永玉的言行举止，观察现场的一景一物。当时，有一个细节，我记忆犹新：黄永玉在考察古商城时，一些外地游客认出了黄永玉，他们很是兴奋，纷纷拍照留念。面对游客的热情，黄永玉和蔼幽默地说："你们都照我，我都不好照这些古城古巷了。只好等你们先照，我再照了。"在后来的文章写作中，我将这一细节用了上去，展现了艺术家谦和为人的形象。通过细致的采访，我掌握了大量的生动细节，以及黄永玉和市领导、游客、导游的一些精彩对话。这些细节和对话，都生动形象地展示了古商城的历史底蕴、黄永玉的谦虚幽默、市领导对文化建设的重视。

二、要选准"镜头"

谈到消息、通讯和特写的写作区别时，曾有人用摄影来形象作类比，如果说消息、通讯抓的是中景、全景、远景，那特写更多的是聚焦近景，通过巧妙"截取"一个个有特色的局部镜头来适当"放大"，烘托主题，从而达到"以小见大"的传播效果。会不会捕捉特写镜头，在一定意义上讲，是检验一个记者新闻敏感度、新闻洞察力以及观察力的重要方面。

在《大师邂逅古商城》这篇文艺特写中，我捕捉了一系列特写镜头，如在文章开头，我写道："一顶绒帽，一只大烟斗，一台相机，一脸孩子般天真笑容，11 月 21 日下午，黄永玉从凤凰去长沙，取道怀化高速，来到洪江古商城，将镜头对准青瓦灰墙之中的历史人文，古商城进入他的艺术世界，他融进了古商城的风景。"一顶绒帽，一只大烟斗，一台相机，一脸孩子般天真笑容。这些镜头式的描写，将黄永玉热爱艺术的形象刻画得栩栩如生。在接下来的文章里，我又写道："进入巷口，黄永玉衔着烟斗踏着蜿蜒纵深的青石板路拾级而上，举手投足间那份天然的潇洒挥之不去。当一律按井字排列，错落有致，具有'七冲、八巷、九条街'独特格局的古窨屋建筑群出现在眼前，自小闯荡社会走遍大江南北的黄永玉也按捺不住内心的兴奋，脱下外套，举起相机，眯起眼，调准焦距，按下快门。"这一连串的镜头式描写，让读者对现场场景有如身临其境之感。而在文中，当外地游客发现了黄永玉的身影后"追星般"的举动，我也用了一组镜头式描写："来自广州、长沙的游客在古商城与黄永玉不期而遇。这位精通国画、油画、版画、漫画、木刻、雕塑、散文、小说、诗歌、杂文等十八般武艺，几乎无所不能，无所不精的大师的出现让他们兴奋不已。他们将镜头对准大师，对准他童真却又无比睿智的面孔，咔咔的闪光灯交相响起。”通过这组镜头着力刻画，新奇制胜、以小见大，突出表现了人民群众对艺术家的崇敬之情。

三、要用文学语言

刘勰在《文心雕龙·情采》中讲:“圣贤书辞，总称‘文章’，非采而何？”这句话意思是：说话要动听，就得讲究辞令；文章要耐看，就得讲究文采。孔子说:“言之无文，行而不远。”也有异曲同工之意，说的是：倘若文章没有文采，怎么能吸引人看，又怎么能传之久远呢？实践证明，副刊作品优稿不仅要主题好，还应写得精彩。

新闻与文学的语言有很多相同之处，不同之处是文学语言更讲究形象性、生动性、个性化。我在文艺特写创作时，语言凝练、优美、幽默，多用散文化语言写作。在注重语言形象性、生动性的同时，注意语言的通俗化、大众化，使普通读者易于接受。

例如，我在文章中介绍古商城时，用散文式的笔调写道:“地处湘西雪峰山边陲的古城洪江，明末清初曾以集散桐油、木材、鸦片、白蜡而名扬一时，是滇、黔、桂、湘、蜀五省地区的物资集散地，享有‘小南京’‘西南大都会’之美誉。绵延几百年至今，往日繁华之地因水运的衰落掩上了厚重的大门，沉默了喧哗，却留下了一个明清古建筑群落，当地人谓之为古商城。”

在黄永玉匆匆结束古商城的游览时，我用白描手法，描述了黄永玉意犹未尽神情:“‘我一定再来，住上三天三晚，来这里写生、创作。’匆匆结束一个小时的游览，黄永玉意犹未尽，站在阶梯上，他再次举起相机，将镜头对准古商城，对准青瓦灰墙、斑驳古巷，对准历史长河、百年风霜，在他脸上有阅尽沧桑的世故，也有孩子气的天真，那一刹那，他与古商城融为一体，成了美丽的风景，文化的风景。”

这些文字优美生动，让整篇特写既有新闻性又有文学性，给读者愉悦的阅读感受。

◆ **附作品**

大师邂逅古商城

一顶绒帽，一只大烟斗，一台相机，一脸孩子般天真笑容，11月21日下午，黄永玉从凤凰去长沙，取道怀化高速，来到洪江古商城，将镜头对准青瓦灰墙之中的历史人文，古商城进入他的艺术世界，他融进了古商城的风景。

地处湘西雪峰山边陲的古城洪江，明末清初曾以集散桐油、木材、鸦片、白蜡而名扬一时，是滇、黔、桂、湘、蜀五省地区的物资集散地，享有“小南京”“西南大都会”之美誉。绵延几百年至今，往日繁华之地因水运的衰落掩上了厚重的大门，沉默了喧哗，却留下了一个明清古建筑群落，当地人谓之为古商城。

进入巷口，黄永玉衔着烟斗踏着蜿蜒纵深的青石板路拾级而上，举手投足间那份天然的潇洒挥之不去。当一律按井字排列，错落有致，具有“七冲、八巷、九条街”独特格局的古窨屋建筑群出现在眼前，自小闯荡社会走遍大江南北的黄永玉也按捺不住内心的兴奋，脱下外套，举起相机，眯起眼，调准焦距，按下快门。或许是这青瓦灰墙、飞檐翘角、雕龙画凤触动了他创作的灵感，如获至宝的孩子般的笑容浮现在他脸上，“这里的确是个了不起的地方，与苏杭比毫不逊色。”他转过身对陪同的市委常委、市纪委书记刘志信说。

穿行在形若网织的“七冲八巷九条街”里，明朝的寺庙、墟场，清朝的会馆、行台衙门、钱庄、客栈，民国的烟馆、学堂、报社等遗址一家连着一家。古窨屋群巷内，青石板路和码头蜿蜒迂回、高深莫测。康熙、乾隆、道光、同治、光绪、民国时期的门匾、门联、石雕、石刻、题字等，随处可见。摆放在天井里用于防火的太平缸图案精美、雕工精湛、风格各异。

黄永玉干脆将大烟斗别进口袋，横照、竖照、特写、远景，相机俨然就如手中的画笔般运用自如。“真是做梦都没做到的地方，我要把它都照进去”。“您老是怎么知道古商城的，你喜欢这里吗？”年轻的导游问。“我知道古商城时你应该还没出生呢。我的爷爷、父亲都在洪江住过，在我年少时候就知道洪江，‘小南京’名副其实。哈哈…”爽朗的笑声在古商城里荡漾。

来自广州、长沙的游客在古商城与黄永玉不期而遇。这位精通国画、油画、版画、漫画、木刻、雕塑、散文、小说、诗歌、杂文等十八般武艺，几乎无所不能，无所不精的大师的出现让他们兴奋不已。他们将镜头对准大师，对准他童真却又无比睿智的面孔，咔咔的闪光灯交相闪起。“你们都照我，我都不好照这些古城古巷了。只好等你们先照，我再照了。”在古商城，黄永玉用镜头端详、揣摩、品味着历史沧桑，在端详、揣摩、品味中，黄永玉也成了游客镜头里捕捉的风景。

在潘存德堂，听完导游介绍“福”字的象形构造，黄永玉指着“福”字里的红五星呵呵地笑了，“红五星代表共产党，洪江古人厉害呢，早就预言了共产党要进北京，要解放全中国，带领穷苦百姓翻身做主人享福过好日子呀。”一番风趣的言语把大家都逗乐了。

来到汛把总署、镖局忠义堂，身边亲属再三催促时间紧，还要赶路，不看节目。黄永玉摆摆手，将“把总断案”“镖局押镖”表演一一看完，每看完一个节目，他都微笑鼓掌，给表演者赞扬与鼓励，他说古商城用最好的节目来接待游客，我们应该尊重他们的劳动。沿着财神巷89级台阶下来，黄永玉不用人搀扶，年过八旬的他依然鹤发童颜，依然才思敏捷，依然侃侃而谈。

得知黄永玉来洪江古商城，在溆浦参加屈原文化节的市委书记刘莲玉与市委常委、市委秘书长石希欣专程赶来。刘莲玉热情邀请黄永玉有空再到怀化走一走、看一看，她说“怀化与凤凰都属于大湘西，属于一家人，您是湖南、是中国的品牌，我们怀化等您来，沾沾您的光，借您的名，把怀化的好山、好水、好景点推介出去。”

“我一定再来，住上三天三晚，来这里写生、创作。”匆匆结束一个小时的游览，黄永玉意犹未尽，站在阶梯上，他再次举起相机，将镜头对准古商城，对准青瓦灰墙、斑驳古巷，对准历史长河、百年风霜，在他脸上有阅尽沧桑的世故，也有孩子气的天真，那一刹那，他与古商城融为一体，成了美丽的风景，文化的风景。

（原载 2007 年 11 月 4 日《怀化日报》，
2007 年度湖南省报纸副刊年赛银奖）

一篇意境优美的书评
——副刊书评优稿的写作技巧

书评是报纸副刊常用的一种写作文体，是评论并介绍书籍的文章，是以“书”为对象，实事求是地、有见识地分析书籍的形式和内容，探求创作的思想性、学术性、知识性和艺术性，从而在作者、读者和出版商之间构建信息交流的渠道。一篇精彩的书评可以引领读者领略书的精髓所在，引起更多读者的关注；而一篇点评不到位的书评则有可能误导读者。

《网络文学十年回顾：花开巷陌香亦浓》，是我从 1998 年至 2008 年 10 年间曾经风靡一时的网络小说中挑选出的 5 本写成的书评。通过这篇书评，折射出这个时期网络文学的写作特色和成功因素。这篇作品刊发后，在读者群里产生了一定的反响，作品中的部分观念还被一些研究网络文学的文章所引用。下面，我结合《网络文学十年回顾：花开巷陌香亦浓》这篇作品，谈谈书评写作应注意的几个问题。

一、熟读原著

在书评写作实践中，一位书评作家曾分享过自己的故事，在写书评之前首先要从书店买回好多的书籍，一本本看完以后，从中挑选几本可评的。对这些选定可评的书籍再细读。第一遍，凭感觉采撷初步印象。第二遍，用批评的眼光去分析评判做好读书笔记。第三遍，确定自己对所评书籍的思想及艺术的价值判断；最后才动笔写文章。这个例子告诉我们，要写好一篇书评，必须首先熟读原著。因为写书评是无套路可循的，只有把书读懂了，读透了，深刻了解了书的内涵，才知道如何动笔，才知道怎么评、评什么。在《网络文学十年回顾：花开巷陌香亦浓》这篇书评写作之前，我熟读了《第一次亲密接触》《成都，今夜请将我遗忘》《悟空传》《诛仙》《明朝那些事》这5本小说。这里面除《诛仙》《明朝那些事》是大部头外，其他3部篇幅不是很长。从文字来说，《悟空传》和《明朝那些事》比较新颖；从结构来说，《诛仙》比较独具一格；从故事性来说，《第一次亲密接触》和《成都，今夜请将我遗忘》都市感比较强，年轻读者比较喜欢。

二、阐明主旨

一篇书评因为篇幅所限制，不可能面面俱到，但要尽可能将一本书的主旨，以及书中的精彩之处介绍给读者。所谓主旨，也即主题，是一本书或一篇文章所要表现的中心思想，它也能反映出作者的创作思想和观点。

在《网络文学十年回顾：花开巷陌香亦浓》这篇书评中，我在文章开头首先阐明了我写这篇书评的主旨："从1998年台湾作家蔡智恒的《第一次亲密接触》拉开网络文学创作的帷幕，网络文学发展已有10个年头。虽然略显稚嫩粗浅，但网络文学生于民间、长于民间，以其文风活泼、观点率直、贴近生活，赢得了读者喜爱。回首而望，总有一些网络小说会让我们难以忘怀。它们有着网络写作时代的鲜明痕迹，有着曾经留在我们心中的感动和震撼。"

在接下来的文章中，我分5个部分向读者介绍了5本网络小说。在分析介绍每本网络小说时，我都在小标题上阐明了每一本书的主旨。例如"《第一次亲密接触》——青涩年华的记忆""《成都，今夜请将我遗忘》——都市生活的底色""《悟空传》——生存哲学的沉重""《诛仙》——玄幻世界的奇葩""《明朝那些事》——读史明智的愉悦"。

三、抒发感悟

一篇书评，想要吸引读者，在介绍书的主旨之外，还要有自己的阅读感受，抒发了自己所“得”，即自己的心得体会，这个体会既包括对作品内容的感受，也包括由作品反映的主题所延伸开来的感想和看法。通过抒发自己的所“得”以引发读者的共鸣，激发读者阅读的欲望。

在《网络文学十年回顾：花开巷陌香亦浓》这篇书评中，我共评了5本书。每一本书，我都抒发了自己所“得”，对每本书的精华做了提炼介绍给读者。

《第一次亲密接触》的感悟：“青涩的故事，简单的情节，却让‘痞子蔡’与‘青春飞扬’成了网络年代青春的美好记忆。不可否认，后来有更多更精彩的网络小说出现，但今天，回顾起网络文学来，《第一次亲密接触》总被人挂在嘴边，或许正是行文的细腻真挚、故事的简单青涩，湿润了人心最柔弱的地方，青春的记忆方能永不褪色。”

《成都，今夜请将我遗忘》的感悟：“同样是爱情的话题，如果说《第一次亲密接触》是青春年少，是明快的柠檬黄，到了《成都，今夜请将我遗忘》则是少年老成，是低沉的葫芦箫。网络缺点在包容，优点亦在包容。在包容的环境下，既有杂草丛生，又有鲜花盛开。正是有了网络的摇篮，才有了《成都，今夜请将我遗忘》的出现。”

《悟空传》的感悟：“怎样对待现实与理想、个性与共性？作者没有给出答案，答案在我们每个人心中。读完《悟空传》，凝神而思，除了叹息，只能叹息，是为悟空、为唐僧、为八戒、为沙僧、为小白龙叹息，还是其他，我们无从知晓……”

《诛仙》的感悟：“有人说，从小而平凡到大而不凡，一路走来，小凡的路，其实就是一个愤青对人生的感悟，从觉醒到反思再到探索，最终认清自我的过程。这个过程，看似山重水复，却又柳暗花明。或许，这就是《诛仙》价值和意义所在。”

《明朝那些事》的感悟：“历史功底、幽默文笔、精辟见解，在《明朝那些事》中，人物不再是一个个刻板的名字和符号，而是一个个活生生的人，跌宕起伏的事件就在我们眼前上演。”

这些感悟来自我对作品的深入研读，对时代背景的把握，对生活工作的体会，既有书本所感知，又有现实所体验，从而拉近读者距离，让读者从书评中有所收获。

◆ 附作品

网络文学十年回顾：花开巷陌香亦浓

从1998年台湾作家蔡智恒的《第一次亲密接触》拉开网络文学创作的帷幕，网络文学发展已有10个年头。

虽然略显稚嫩粗浅，但网络文学生于民间、长于民间，以其文风活泼、观点率直、贴近生活，赢得了读者喜爱。

回首而望，总有一些网络小说会让我们难以忘怀。它们有着网络写作时代的鲜明痕迹，有着曾经留在我们心中的感动和震撼。

《第一次亲密接触》——青涩年华的记忆

“如果我还有一天寿命，那天我要做你女友。我还有一天的命吗？没有。所以，很可惜。我今生仍然不是你的女友。

如果我有翅膀，我要从天堂飞下来看你。我有翅膀吗？没有。所以，很遗憾。我从此无法再看到你。

如果把整个浴缸的水倒出，也浇不熄我对你爱情的火焰。整个浴缸的水全部倒得出吗？可以。所以，是的。我爱你。”

如今，可能还有很多人能记起《第一次亲密接触》结尾的这首感伤的小诗。

“痞子蔡”“轻舞飞扬”在网上相遇，互寄电子邮件，每天凌晨3点15分到网上聊天室谈话，后来开始约会，一起去看《泰坦尼克号》。两人坠入爱河。最后得重病的“轻舞飞扬”悄悄离开“痞子蔡”，而“痞子蔡”设法赶到医院陪她度过了最后的时光。这是《第一次亲密接触》讲述的故事。

青涩的故事，简单的情节，却让“痞子蔡”与“青春飞扬”成了网络年代春春的美好记忆。不可否认，后来有更多更精彩的网络小说出现，但今天，回顾起网络文学来，《第一次亲密接触》总被人挂在嘴边，或许正是行文的细腻真挚、故事的简单青涩，湿润了人心最柔弱的地方，青春的记忆方能永不褪色。

《第一次亲密接触》不仅仅让人记住了“痞子蔡”“轻舞飞扬”和他们的网络爱情故事，更重要的是，它开创了网络文学的先河。只要会上网，会敲键盘，讲故事的人和故事中的人都有可能在网络中留下色彩。于是，一时间，网络江湖风云四起，一大批文学爱好者加入了网络写手队伍，汇集成军，一天几部、十几部，成百部的网络小说撞入人的视野，你方唱罢我登场，网络文学从一抹涟漪进入到五彩斑斓。

《成都，今夜请将我遗忘》——都市生活的底色

“走在成都的大街上，每个人都似曾相识，每一个微笑似乎都含有深意。一个眼神，一次不经意的回首，都会使记忆的闸门汹涌打开，往事滔滔泻落。我想一定是我的记忆出了问题，从某个时间起，生活开始大段大段删除，我曾经偷过谁的书包吗？我曾经在府南河边跟谁牵手同行吗？我曾经在某一天，为谁的微笑如痴如醉吗？”——《成都，今夜请将我遗忘》。

同样是爱情的话题，如果说《第一次亲密接触》是春春年少，是明快的柠檬黄，到了《成都，今夜请将我遗忘》则是少年老成，是低沉的葫芦箫。网络缺点在包容，优点亦在包容。在包容的环境下，既有杂草丛生，又有鲜花盛开。正是有了网络的摇篮，才有了《成都，今夜请将我遗忘》的出现。

男主角陈重和女主角赵悦结婚七年了，赵悦依然不倦地从生活的各个细节求证婚姻的安全程度，她需要的是细致的关心和绝对的忠贞。但陈重渴望的仍是火一样的爱情，就好像他大学毕业时为了赵悦从北京一路追到成都，放弃了父母和前途。一次意外撞车，陈重结识了叶梅，从此开始了“遗忘”故事……

一群生于20世纪70年代的成都青年，他们的青春既缺失60后的激昂又少了80后的自我，他们在事业、情感、婚姻之间迷惘、挣扎。《成都，今夜请将我遗忘》打动人的不仅仅是故事，更是真实，生活底色的真实。它给那个年代过来的人带来的共鸣效果可想而知。

而这扑面而来的真实，也让很多人感到有些难以适从。于是，有人说，这是一部都市人的反爱情小说，是一部颓废之作，里面充斥着太多的尔虞我诈、灯红酒绿、声色低迷，主人公陈重“沉重”得不真实。

谁是陈重？在茫茫人海中，你叫一声，没有人应答，可是分明又有很多人回头冲你微笑。他们为生活、为情感、为城市的钢筋水泥奔走着，他们的行囊很重，他们的步伐匆匆。

在《成都，今夜请将我遗忘》之后，《____，今夜请将我遗忘》如花落成溪，一时间热闹之极，网络写手们大有将中国大城市都来忘记一把之势。然而，风过尘落，多年过去，仍只有“成都”，无法让人遗忘。

《悟空传》——生存哲学的沉重

“我要这天，再遮不住我眼，我要这地，再埋不了我心，要这众生，都明白我意，要那诸佛，都烟消云散！”——玄奘

“我有一个梦，我想我飞起时，那天也让开路，我入海时，水也分成两边，众仙诸神，见我也称兄弟，无忧无虑，天下再无可拘我之物，再无可管我之人，再无我到不了之处，再无我做不成之事，再无……”——悟空

读《悟空传》，有如读《平凡的世界》那般累，那般夜不能寐。

但凡是中国人，对四大名著总是了解的，虽然了解的程度有深浅不同。从《西游记》到《大话西游》再到《悟空传》，这个取经四人组的故事，被用不同的版本演绎着。《西游记》，九九八十一难，让人记住了孙悟空降妖除魔的神勇。《大话西游》，搞笑经典对白，让人记住了周星驰语言风格的诙谐。《悟空传》，心灵语境书写，让人怅然生存哲学的沉重。

“解读《悟空传》是个仁者见仁，智者见智的过程。所以究竟怎样，

一定要看了才知道。”新浪网如是说。

《悟空传》刚在网络上流行时，其跳跃式情节、周氏语言风格，抱怨看不懂有之，看作纯搞笑作品有之。但更多人谈起这部作品的感受，其实是“感动”。

《悟空传》在不背离原著经典的同时，大胆吸收《大话西游》语言风格，并将对人性和生存哲学的思考贯穿于作品的始终。对待爱情，对待自由，对待个性，对待社会，对待成功，我们应该用什么样的态度和行为。是悟空的率性、唐僧的自我，还是八戒的圆滑、沙僧的顺从？为了自由，悟空挣扎在无法自我突破的精神世界；为了理想，唐僧打了一个永远不能赢的赌；为了爱情，八戒在时间的轮回里扮演着憨傻；为了天庭，沙僧捡着没人在意的碎片。在通往成功的路上，师徒四人，四种不同的对待方式，然而结局却都是悲剧。

怎样对待现实与理想、个性与共性？作者没有给出答案，答案在我们每个人心中。读完《悟空传》，凝神而思，除了叹息，只能叹息，是为悟空、为唐僧、为八戒、为沙僧、为小白龙叹息，还是其他，我们无从知晓……

《诛仙》——玄幻世界的奇葩

一个人，一根烧火棍，面对了整个世界。万物如蝼蚁，人生本寂寞。——《诛仙》

武侠小说是成年人的童话，童话可以洗涤人的心灵。

古龙的武侠以情为浓，梁羽生的武侠以义为重，金庸的武侠兼得情义，而又登高望远，唱出了“侠之大者，为国为民”之豪迈。三位大师问鼎武林之后，武侠世界沉静了多年，直到网络的出现，一些散打选手懵懵懂懂闯入武林，将沉静打破。在南拳北腿、刀光剑影间，有了玄幻武侠《诛仙》的横空出世。

雪琪的痴恋，碧瑶的深情，小凡的入魔。正魔之间，魔教各大派系之间的激烈而又钩心斗角的战争。恢宏的场面描写，细腻的心理刻画，让很多《诛仙》的读者，动之其真“情”，叹息其曲折。

文言志，词咏情。好的小说不仅仅是给读者讲述一个动人的故事，更在于文字间留给人的思考。

《悟空传》中，玄奘喊出经典的：“我要这天，再遮不住我眼，要这地，再埋不了我心，要这众生，都明白我意，要那诸佛，都烟消云散！”将理想与追求掷之与博弈时，其实，他已心明如镜。

《诛仙》中，对信念的追求和不肯妥协的个性，小凡从一个名门正派的小弟子，变成了强大残忍令人闻声色变的鬼厉。然而，强大的背后却是一路的落寞，对碧瑶的思恋也只能成为一个美好的寄托。

“天地不仁，以万物为刍狗”。《诛仙》将老子言作为开篇寄语，并以这句话作为全书的基调。有人说，这句话的意思是“天地无所谓仁慈，任凭万物自生自灭”，言下之意就是人类生而平等，在于自己怎么奋斗。有人说，从小而平凡到大而不凡，一路走来，小凡的路，其实就是一个愤青对人生的感悟，从觉醒到反思再到探索，最终认清自我的过程。这个过程，看似山重水复，却又柳暗花明。或许，这就是《诛仙》价值和意义所在。

值得一提的是，随着网络的推进，从图书市场到电子游戏，从宠物产品到广告代言，《诛仙》开辟的系列产品也是红红火火。至此，网络文学已成了商家的宠儿，不断书写着市场经济下的财富传奇。

《明朝那些事》——读史明智的愉悦

“万历十三年（1585），经万历皇帝亲自批示，海瑞被任命为南京都察院佥都御史，赶赴南京上任。这一年，海瑞七十二岁。海先生是天字第一号职业官僚，接到命令即刻上路，连东西都不怎么收拾（当然，他也没多少东西），就去了南京。而当他来到南京郊外的时候，才发现原来进城是一件极其困难的事情——太挤。海先生要来了！南京城轰动了，官员们激动了，商人激动了，农民也激动了，于是大家集体放了假，不做生意，不种地，凌晨就带着被子，跑到城外占地方，想抢一个靠前的位置，一睹海先生的风采。”

“中国的老百姓历来都怕妖魔鬼怪，所以有贴门神的习惯，几乎家家都贴，款式也不一而同，但门神的主要人物是固定的，也就是关羽、秦叔宝那一拨人。上千年来也就这么几个，毕竟要成为形象代言人要求太高，不但要能打，长得还得有特点（想把鬼吓跑，没特点不行）。而现在，海瑞先生终于加入了这个光辉的队伍，成为门神部队的最后一名成员（此后再无编制）。在当时的南京，作为正义与公道的象征，海瑞先生的画像被贴得满街都是，除了门上，客厅、卧室里也有人挂。据说每天看一眼，可以百病不侵，而且具有良好的辟邪作用。”

这是《明朝那些事》中描写海瑞的两段文字。透过风趣的文字，原本模糊在历史背影下的海瑞老爷子的形象霎时又清晰起来，那般鲜活、那般生动。

“滚滚长江东逝水，浪花淘尽英雄。是非成败转头空，青山依旧在，几度夕阳红。

白发渔樵江渚上，惯看秋月春风。一壶浊酒喜相逢，古今多少事，都付笑谈中。”

说起历史，我们总会想起这首词，风起云涌、岁月沧桑的气息不由扑面而来。然而，读史中，太过厚重的苍穹，太过生硬的文字，总让我们在触摸历史的斑驳时会有距离感。

随着社会发展车轮的滚滚前行，芸芸众生都在费力抛汗唯恐跟不上车轮。于是，闲暇对轻松氛围的需求日益渐浓，不论是物质的还是精神的。于是，有了电视媒体的易中天品三国、于丹品论语，有了网络媒体的《明朝那些事》《民国多少事》。

历史功底、幽默文笔、精辟见解，在《明朝那些事》中，人物不再是一个个刻板的名字和符号，而是一个个活生生的人，跌宕起伏的事件就在我们眼前上演。

在轻松中，走近历史；在愉悦中，读史明智。

……

十年流水去亦匆。花开巷陌香亦浓。

从青涩爱情到都市生活，从名著改编到笑谈历史，从传统武侠到玄幻传奇，网络文学正朝着多元化方向发展，我们期待有更多更好的网络作品出现。

（原载 2008 年 11 月 9 日《怀化日报》，
2008 年度全国少数民族地区报纸好新闻副刊作品二等奖）

构思巧妙　富有真情实感

——副刊散文优稿这样构思

我创作的散文《那些年，我们一起听 Beyond》发表后，得到了读者称赞，在《怀化日报》旗下的怀化新闻网“五溪论坛”很多读者在这篇文章下留言，称赞文章情感真挚，读来感人。

现在分析这篇作品，我觉得这篇散文读者会喜欢，关键在于文章构思巧妙、富有真情实感。

一、精心构思

报刊散文讲究“形散”而“神不散”，这是散文写作的重要特点。所谓“形散”，主要指散文写作时材料的选取、材料的组织、结构的安排都比较自由，不强求人物情节的完整和人物故事的具体发展。所谓“神不散”，主要指文章表述的中心思想要明确而集中，谋篇布局时，要有一根贯穿全文的主题线路。“神”是文章的灵魂、统帅，是构思一篇散文的关键。在现实生活中，散文题材不可胜数，取材广泛，要想散文出彩，关键在于构思上巧妙地提炼出主题思想，并根据这个主题思想精选素材。

以我写的散文《那些年，我们一起听 Beyond》为例，整篇文章，我的主题线路就是 Beyond 乐队音乐的精神，那就是“追求理想、不言放弃”。在芸芸大众中，虽然很多人不是追星族，但他们也喜欢在工作之余，读书、看电影、听音乐，并从书中、电影中、音乐里收获动力，收获知识。如果一本书、一部电影、一首歌曲，能带给受众精神上的愉悦，能激发人上进，这本书、这部电影、这首歌曲就有值得肯定的地方。

我不是追星族，但和很多同龄人一样，平时也喜欢听音乐、看电影、读书。《那些年，我们一起听 Beyond》就是选择 Beyond 乐队的音乐写的一篇散文。在确定了主题线路后，我选择了 5 个场景来表现这个主题线路，第 1 个场景是读初中第一次听 Beyond 的歌曲《真的爱你》的感触：或许是因为这首歌是写给母亲的，或许是我们那时正好处于叛逆的年纪，这首歌让我们学会了感恩。第 2 个场景是读高中第一次欣赏 Beyond 的演唱会碟子，对《海阔天空》这首歌的感触：当时正是高考前夕，大家备战高考非常辛苦，然而学业的起色缓慢，让焦虑情绪在大家身上游走，而听完歌曲让我们心中那种焦虑的情绪洗涤一空，剩下的都是激昂上进。第 3 个场景是参加高中同学的婚礼，听歌曲《喜欢你》的感触：黄家驹的歌声犹如泛红的枫叶在珠江上飘荡，婉约美丽，湿湿的江风拂过脸庞，让人的心情格外柔软，大家停下言语，静静地享受着这歌声，记忆中的心湖似乎在这歌声中荡起了涟漪，那一刻，每个人都找到了自己记忆中的那个女孩，那动人的双眼，那迷人的笑声，那青涩唯美的年少时光。第 4 个场景是去深圳看望老兄听 Beyond 的歌曲《不再犹豫》的感触：当时老兄的工作环境不是很理想，大家坐在公交车上听这首歌，由这首歌而联系到下一步的打算。第 5 个场景是大学同学毕业多年后聚会听 Beyond 的歌曲《再见理想》《岁月无声》的感触：通过歌曲致敬同窗情谊。而结尾处则点出主题思想："追求理想、不言放弃，这就是 Beyond 精神。30 年，为何 Beyond 的歌声从没寂寞过，我想这可能就是原因所在。"

二、富有真情实感

很多读者看报不单单是为了增长知识，还带有释放情感和陶冶情操的成分。一些反映现实生活、文字轻松活泼、情感细腻真实的副刊文章，因为生活气息浓厚，更容易吸引读者。没有情感的作品是空乏的，是激发不起读者情感共鸣的，也是容易被遗忘的。因此，追求真实情感是写好副刊文章所必需的。

以我写的散文《那些年，我们一起听 Beyond》为例，比如写第一次听

Beyond 音乐的场景:“因为大家都还没有 MP3 之类的东西，用的是大块头大声音的老式录音机，下晚自习回到家，怕声音太大吵到父母，我就窝在被子里将录音机声音调到最小，一个通宵来回听，到了天亮，录音机已是热热地发烫，几对新电池也全部罢工。”这些文字清新质朴，充满亲情。通过心理活动的描写，写出青春年少时的少年心。又如文中写参加同学婚礼听 Beyond 音乐的场景:“2004 年秋天，随父母到广州办厂的高中同学曹华春结婚，我和怀化还有在长沙工作的几个同学去参加他的婚礼。在广州白云区竹料镇，我们参观了曹华春的企业厂房，虽然老板家办喜宴，给工人们放了假，但发货车还在进进出出忙个不停。见到我们，伯父伯母非常开心，曹华春的兴奋就更不用说了。吃过喜宴，已是黄昏，曹华春小两口邀上我们一行坐游轮赏珠江夜景。”这些细节描写，突出了同学之间的美好友情，这种情感通过文字自然而然地流露，这也使文章富有真情实感。再比如文中通过 Beyond 音乐的描写烘托兄弟亲情的文字:“深圳，我们一起散心，他说想离开工作 7 个年头的中日合资企业，重新开始。我没有过多问什么，作为每个家庭的老大，从小到大，责任就让他们比同年龄人成熟，看准的事，哪怕困难再大，他们也会努力去拼去闯。夜色中，我们坐在深圳的公交车上，车流形成了一道流动的灯河，路旁的椰树摇曳着盐湿的海风，城市中是炫目的高楼大厦和步履匆匆的时尚男女。车上 DVD 播放机放着一张久违的 Beyond 的歌碟,《不再犹豫》《长城》《大地》，一首首熟悉的歌曲在耳边响起，夜色中的深圳格外美丽动人，Beyond 的歌声在夜色中悠扬纯净。”

感人心者莫先乎情，在报纸的散文写作中，只要融入作者的感情，作者用自己的真情实意去创作，当然，这种真情实感应该是积极向上的，就会打动读者、感染读者。

◆ 附作品

那些年，我们一起听 Beyond

今年是香港摇滚乐队 Beyond 成立 30 周年，也是主唱黄家驹离世 20 周年的日子，这些天，网上相关纪念帖子特别多，Beyond 的很多经典歌曲点击率也居高不下。听着这些熟悉的歌曲，想起了那些年，我们一起听 Beyond 的青春岁月。

“无法可修饰的一对手 / 带出温暖永远在背后 / 总是啰唆始终关注 / 不懂珍惜太内疚 / 沉醉于音阶她不赞赏 / 母亲的爱却永远未退让。”第一次听 Beyond 的歌，就是这首《真的爱你》。好像是 1990 年，那时候正在县城上初中，同学张建国拿着一盒《1989 年香港十大中文金曲》的磁带，给我们这些懵懂少年上了一堂流行音乐启蒙课。旋律、歌词、粤语，一切都是那么新奇，大家轮流借回去听，传到我手上时，磁带上印着歌词的夹页已经皱巴得不行。因为大家都还没有 MP3 之类的东西，用的是大块头大声音的老式录音机，下晚自习回到家，怕声音太大吵到父母，我就窝在被子里将录音机声音调到最小，一个通宵来回听，到了天亮，录音机已是热热地发烫，几对新电池也全部罢工。至今还记得这盒磁带上有李克勤的《一生不变》、王杰的《谁明浪子心》、陈慧娴的《千千阙歌》、陈百强的《一生何求》、梅艳芳的《夕阳之歌》，每首歌曲，都感觉经典，而最喜欢的就是 Beyond 的这首《真的爱你》。或许是因为这首歌是写给母亲的，或许是我们那时正好处于叛逆的年纪，这首歌让我们学会了感恩。歌词的温馨，鼓声、吉他、贝斯声的清脆嘹亮，加上黄家驹浑厚嘶哑的呐喊，那种冲击力、吸引力可想而知。那个时候，同学们都喜欢做手工音乐本，贴些明星剪影，抄些喜欢的歌。因为这盒磁带，我也做了一个这样的本子，工工整整将这些歌词都抄了上去，《真的爱你》就放在了首页。

“多少次 / 迎着冷眼与嘲笑 / 从没有放弃过心中的理想 / 一刹那恍惚 / 若有所失的感觉 / 不知不觉已变淡心里爱。”第一次看 Beyond 演唱会的碟子，是 1996 年在市区读高中，同学陈华过生日。脑海中还清晰记得，我们几个同学喝着啤酒，高歌这首《海阔天空》时，陈华爸爸和蔼可亲的笑容。那一年的夏天好像来得格外早些，阳光也甚是刺眼，走在街上，能感受到灼人的热浪。班上的讲台旁也早早挂起了高考倒计时牌，然而学业的起色缓慢，让焦虑情绪在大家身上游走，焦虑时间长了就变成了躁动不安，或许正是这种躁动不安，让安静的校园时有拳脚戏的上演。就是在那个燥热的周末，陈华约我们说，生日到了，父母叫他约同学一起去家里玩。那天，陈华的妈妈忙了一整天，给我们做了满满当当一大桌可口的菜；陈华的爸爸陪我们喝啤酒，说了很多他身边生意朋友滚爬商场、坚持不懈的故事；陈华给我们放了一天 Beyond 的 1991 年香港红勘体育馆“生命接触演唱会”的碟子。那天，我们将生日蛋糕互相涂抹，一起喝着冰镇瓶酒，一起高歌《海阔天空》《谁伴我闯荡》《光辉岁月》，歌曲将我们心中那种焦虑的情绪洗涤一空，剩下的全是激昂上进。傍晚，我们从陈华家出来，从迎丰路东头走到西头，月上树梢，晚风吹在身上，感觉无比的凉爽惬意。

“愿你此刻可会知 / 是我衷心地说声 / 喜欢你 / 那双眼动人 / 笑声更迷人。”其实 Beyond 的情歌也很好听，就如这首《喜欢你》，很是感叹黄家驹这样磁性沧桑的声音竟能将情歌诠释得如此款款如水。很多场合听过《喜欢你》，但最拨动心弦的是在夜色珠江的游船上。2004 年秋天，随父母到广州办厂的高中同学曹华春结婚，我和怀化还有在长沙工作的几个同学去参加他的婚礼。在广州白云区竹料镇，我们参观了曹华春的企业厂房，虽然老板家办喜宴，给工人们放了假，但发货车还在进进出出忙个不停。见到我们，伯父伯母非常开心，曹华春的兴奋就更不用说了。吃过喜宴，已是黄昏，曹华春小两口邀上我们一行坐游轮赏珠江夜景。在灯光璀璨的船上，看珠江两岸，高楼林立、夜色如画；人民桥、解放大桥、海珠桥，每座桥彩灯闪烁，颇为绚丽。闲谈中得知，曹华春的爱人竟然是我们一个同学爱人的发小，看着小两口牵手依偎的甜蜜，大家不由感叹缘分的神奇。在船上，CD播放了很多舒缓的音乐和歌曲，其中就有一首Beyond的《喜欢你》。“喜欢你/那双眼动人/笑声更迷人。”黄家驹的歌声犹如泛红的枫叶在珠江上飘荡，婉约美丽，湿湿的江风拂过脸庞，让人的心情格外柔软。大家停下言语，静静地享受着这歌声，记忆中的心湖似乎在这歌声中荡起了涟漪，那一刻，每个人都找到了自己记忆中的那个女孩，那动人的双眼，那迷人的笑声，那青涩唯美的年少时光。

“无聊望见了犹豫/达到理想不太易/即使有信心/斗志却抑止/谁人定我去或留/定我心中的宇宙/只想靠两手向理想挥手。”喜欢Beyond的人，会觉得乐队每首歌都是经典，确实，Beyond的歌每首都有嚼头，但就个人而言，更喜欢这首《不再犹豫》。听歌需要心境，不同的心境，歌曲给人是不同的感受。2005年，去深圳看望老兄。从1997年大学毕业，老兄只身到沿海打拼，国营老厂、地方私企、中日合资，一步一个台阶，站稳了脚跟。然而，那几年，电话里他往日的幽默少了，多了些沉默。在深圳，我们一起散心，他说想离开工作7个年头的中日合资企业，重新开始。我没有过多问什么，作为每个家庭的老大，从小到大，责任就让他们比同年龄人成熟，看准的事，哪怕困难再大，他们也会努力去拼去闯。夜色中，我们坐在深圳的公交车上，车流形成了一道流动的灯河，路旁的椰树摇曳着盐湿的海风，城市中是炫目的高楼大厦和步履匆匆的时尚男女。车上DVD播放机放着一张久违的Beyond的歌碟，《不再犹豫》《长城》《大地》，一首首熟悉的歌曲在耳边响起，夜色中的深圳格外美丽动人，Beyond的歌声在夜色中悠扬纯净。“真是很久很久没听歌了。”老兄说，他跟着旋律轻轻吟唱起来。“跳槽有方向吗？”借着这歌声，我问老兄。“去中企。在外企做得越久，越能感觉外企老板对我们前进步伐的轻视，那种感觉比较压抑。真希望我们的民族企业都早日崛起。”老兄说。后来，老兄去了一家世界500强中企，如今，电话中的他言谈笑声朗朗。

“几许将烈酒斟满那空杯中 / 借着那酒洗去悲伤 / 旧日的知心好友何日再会 / 但愿共聚互诉往事。”最近一次重温 Beyond，是去年和大学同学聚会。吃过晚饭，大家去 KTV 唱歌，虽然同学们都过了而立之年，在养家糊口中，习惯了打理平淡，但《再见理想》《岁月无声》的旋律响起时，话筒在同学之间传递的速度开始热烈起来，高亢的吆喝又回到了我们身边，我们的视线也在这高亢的吆喝中变得模糊，我们用这吆喝，向如水的岁月、向我们的青春年少、向我们的同窗情谊致敬。

追求理想、不言放弃，这就是 Beyond 精神。30 年，为何 Beyond 的歌声从没寂寞过，我想这可能就是原因所在。

……

浮躁的时下，精神信仰或许渐行渐远，如果一首歌或者一本书、一部电影、一个故事，能让我们感怀，能带给我们美好回忆，能激励我们奋进，那就值得我们去赞扬一声，感谢一声。

（原载 2013 年 7 月 4 日《怀化日报》，
2013 年度湖南新闻奖副刊作品三等奖）

一篇内涵丰富的剧评

——副刊影视评论优稿这样选角度

影视评论是艺术评论中的一个重要组成部分，是根据某种思想原则和审美标准对影视作品进行理性分析和科学评价的一种艺术研究活动。影视评论一方面可以帮助观众更好地理解和欣赏影视作品，另一方面也可以帮助影视创作者得到有效信息、提高创作水平。

《我们迷失了什么——韩剧〈你笑了〉赏析》是我在央视电视剧频道看了韩国电视剧《你笑了》后创作的一篇剧评。当时，这篇剧评在《怀化日报》刊发后并通过《怀化日报》旗下的怀化新闻网转发后，产生了一定的影响。作为新闻记者，如何写好一篇影视评论，我觉得最关键是把握好以下三点。

一、要有独到见解

影视评论是一种带有浓厚感情色彩的思想表达。作者如果没有带着真实感受，应付式地去评论影视作品，只能是泛泛而谈，缺乏思想性。作者只有真正融入所评作品的故事氛围中，认真琢磨和品味所评作品，才能挖掘和发现所评作品与其他作品之间的异同，也才能根据自己的审美感受进行多层次、多角度的分析与评判。这样的评论文章，才能体现出作者的思想观念、文化水准和艺术素养，也才能形成与众不同的独到见解。

当时，《你笑了》这部韩国电视剧在央视电视剧频道的海外剧场播出后，产生了一定反响，网上也有一些剧评出现。但看了这些剧评总觉得意犹未尽，于是自己动笔写了《我们迷失了什么——韩剧〈你笑了〉赏析》这篇剧评。

在这篇剧评中，我不仅仅想向读者和我们的影视剧创作者传达《你笑了》

这部电视剧本身可圈可点的地方，而且通过这部电视剧点明，韩剧创作者在创作作品时的坦诚，我觉得正是因为这份坦诚才成就了韩流今日的气候。在文中我这样分析：“看韩剧时，为何我们会感动，因为它的情感真挚，不论是民族也好、国家也好、社会也好、个人也好，自身的不足，它会自嘲但不自卑，自身的优势，它会发扬但不自大，在剧情中传递着自己的道德观、价值观，在自然而然中感动观众，给人力量。看国剧时，为何我们会好笑，因为很多时候，我们的电视荧屏都被钩心斗角的宫廷剧、飞檐走壁的武侠剧、荒诞离奇的谍战剧所充斥。”通过对比分析，我在文中指出：“虽说一本书也好，一个剧本也好，都是艺术再造，来源于生活而‘高’于生活，但这个‘高’的度怎样把握，终归到底还是一个坦诚的问题。”

这些由影视剧而引申开来的观念见解，让整篇剧评内涵更为丰富。

二、要评得生动

对影视评论来说，要被读者所接受所喜欢，除了要有独到的见解外，还要评得生动，用自己的体会来形象地介绍所评作品的精彩之处。不难发现，一些不受读者欢迎的影视评论在写作上大多都是一个格式和套路，开头先是大篇幅地复述影视作品的主要内容，接下来就是粗线条介绍一下影视片的主题意义，最后对影视作品的艺术结构和表演技巧等不痛不痒、模糊抽象地评价几句。这样的影视评论，谈不上是对影视作品的艺术分析，更像是对影视作品主要内容的复述，这样的评论也是无法满足读者的阅读需求的。因此，要写出生动的影视评论，还是需要作者用心去感受影视作品，只有作者从内心深处被影视作品的艺术力量所感动，对影视作品产生了强烈的情感，才会写出内涵丰富、生动有力的影视评论。

因为受到《你笑了》这部电视剧的触动，我在创作《我们迷失了什么——韩剧〈你笑了〉赏析》这篇剧评时，觉得有内容写，文字运用也颇为生动有力。比如，我在提炼《你笑了》这部电视剧的看点时，这样写道：“看完《你笑了》，你会感慨，爱情不仅仅是一句承诺，更是一种担当，一种责任，一种能够给对方自己全部的勇气；亲情不仅仅是一句感恩，更是一种体贴，一种关怀，一种能够给家人温馨幸福的付出；友情不仅仅是一句招呼，更是一种理解，一种相知，一种能够给双方快乐笑声的豁达。”

三、要实事求是

写影视评论也要讲究实事求是，作者要阐述的观念，要说明的道理都要立足于影视作品的主题基础。因此，写影视评论，必须先看，只有先看了才能知道写什么。对普通观众来说，看一部影视作品主要是为了娱乐或解闷；而对影视评论作者来说，是不能仅仅停留在对一般情节和故事上的欣赏，更需要注意影视作品通过人物的语言、行动和性格发展所反映的主题思想。为了真正看懂影视作品，使写作更有把握，有时需要影视评论作者对所评影视作品看上多遍。

我在写《我们迷失了什么——韩剧〈你笑了〉赏析》这篇剧评时，当时仅仅是偶尔在央视八套的海外剧场看了韩剧《你笑了》，看完后觉得不错，总想写点什么，说点什么。但真正下笔的时候，又觉得功课还没做到家。于是从网上找到了这部剧，利用周末时间，重新观看了一次。当静下心来看这部电视剧时，发现剧中的爱情、亲情、友情都自然而然如山涧清泉，清新纯净，动人心弦，不难看出电视剧制作者的坦诚匠心。

而通过对电视剧认真观看、认真品味，对整个电视剧有了更深层次的把握。如江万福的情义、江玄秀的担当、徐贞伊的倔强，整个电视剧故事并不复杂，但串起故事的枝枝蔓蔓却总能抓住人。通过这部电视剧，我发现韩剧的最大一个特点就是高度的文化自信和文化自觉。在这部电视剧中，韩国的饮食文化、服饰文化、消费文化、道德观、家庭伦理、生活方式都一览无余，不做作、不虚假。透过剧中很多镜头，我们可以看到这个国家民族的精神素质和优良传统。只要认真看剧，就会发现很多深邃的东西，也确保了剧评写作上的实事求是，而不是人云亦云。

◆ 附作品

我们迷失了什么
——韩剧《你笑了》赏析

工作之余，能找到一本好书、一部好电视剧看看，是很惬意的事。然而，或许是时风的浮躁，书店的书每天都在更新，电视里的电视剧也是层出不穷，但真正能打动人的却是少之又少。前些日子，偶尔在央视八套的海外剧场看了韩剧《你笑了》，意犹未尽，总想说点什么。

这是一部值得静下心来看的电视剧，剧中的爱情、亲情、友情都自然而然如山涧清泉，清新纯净，动人心弦，不难看出电视剧制作者的坦诚匠心。或许正是这份坦诚，才成就了韩流今日的气候。

《你笑了》讲述的是一个大富之家突然破产，一家人只得寄宿在司机爷爷家中，在司机爷爷的严厉要求下，过惯奢侈生活的富贵家庭成员们不得不依靠自己双手挣钱的故事，贯穿故事的主线则是富家子女的情感转变。

江万福的情义，江玄秀的担当，徐贞伊的倔强，整个电视剧故事并不复杂，但串起故事的枝枝蔓蔓却总能抓住人，让人浸染其中、颇多感怀。不论是爱情还是励志，韩剧以它一以贯之的坦诚赢得观众。韩国的饮食文化、服饰文化、消费文化、道德观、家庭伦理、生活方式都在剧中一览无余，不做作、不虚假。透过很多镜头，我们可以看到这个国家民族的精神素质和优良传统，不难发现，这些优良传统中很多都有中国文化的影子，然而，这些影子在韩国正绽放着美丽的花朵，在中国却已模糊遥远。

都说一个国家的进步需要一种精神的激励。而作为国人文化精神大餐的影视剧在传播精神上的主战场地位是不容忽视的。然而，仔细回味，又有多少能打动我们、激励我们的国产剧呢。很多时候，对工作也好，生活也好，我们会感觉浮躁、迷茫和无所适从。很多时候，我们需要一种力量，一种精神的力量，哪怕是一本书、一部电视剧、一个故事、一个镜头，能净化我们的心灵，能让我们有所感触，有所思索也好。可是很多时候，翻开一本书，看一部影视，虚幻的文字、喧闹的情节似乎让浮躁的气息更浓。众所周知，韩国经济崛起的历程，这种崛起或许有很多因素，但不容置疑，国民的精神是关键所在。这种精神是怎样锻造成的，从韩剧中我们可以找到答案。静极则明，躁极则昏。韩剧最大的特点就是不骄不躁，如潺潺清泉娓娓道来，画面纯净如水，故事清新动人，哪怕是少得可怜的亲吻镜头都是那么的纯美而不露骨。

一个勇于直视自己的民族才是成熟的民族。看韩剧时，为何我们会感动？因为它的情感真挚，不论是民族也好、国家也好、社会也好、个人也好，自身的不足，它会自嘲但不自卑，自身的优势，它会发扬但不自大，在剧情中传递着自己的道德观、价值观，在自然而然中感动观众，给人力量。在《你笑了》中，李珉廷、郑京浩、崔佛岩用他们的精彩演出，再次诠释了韩剧的这种乐观向上和温馨怡人。看国产剧时，为何我们会好笑，因为很多时候，我们的电视荧屏都被钩心斗角的宫廷剧、飞檐走壁的武侠剧、荒诞离奇的谍战剧所充斥，很多时候，我们都知道它蒙上了太多虚假的色彩，就如皇帝的新装一样，看得多了，也就仿佛成了真了，在这种虚假的色彩中，国人在迷失的道路上渐行渐远。

虽说一本书也好，一个剧本也好，都是艺术再造，来源于生活而高于生活，但这个“高”的度怎样把握，终归到底还是一个坦诚的问题。

想起10多年前，在一个偏僻的农村扶贫，周末时光，乡政府的年轻人百无聊赖时，就会租来韩剧打发时光。一部《蓝色生死恋》可以来回放上10多遍，可以让年轻男女泪眼婆娑，可以陪伴他们度过寒冷的冬日和寂寥的夏夜，可以让他们对美丽的爱情还有所憧憬。不能不对制作者们的坦诚说一声感谢。

同样，《你笑了》也是这样一部值得咀嚼品味的坦诚作品。看完《你笑了》，你会感慨，爱情不仅仅是一句承诺，更是一种担当、一种责任，一种能够给对方自己全部的勇气；亲情不仅仅是一句感恩，更是一种体贴、一种关怀，一种能够给家人温馨幸福的付出；友情不仅仅是一句招呼，更是一种理解、一种相知，一种能够给双方快乐笑声的豁达。

很多时候，不能抱怨这个时代让我们迷失了什么，而要仔细问问我们让这个时代迷失了什么。其实，只要用心，你也会发现《你笑了》这样坦诚的作品，而且被作品中的坦诚所打动，并在你周围传递着这种坦诚，在这种坦诚的氛围中，哪怕只是一瞬间，你也是美丽的。

时光变迁，坦诚如一，谢谢韩剧的坦诚带给我们的美好时光。

（原载 2014 年 7 月 14 日《怀化日报》，2014 年度湖南新闻奖副刊作品三等奖，2014 年度全国少数民族地区报纸好新闻副刊作品一等奖）

生动　传神　感人

——副刊报告文学优稿在调查研究中诞生

报告文学是从新闻报道和纪实散文中生成并独立出来的一种新闻与文学结合的散文体裁，是一种以文学手法及时反映和评论现实生活的真人真事的新闻文体。报告文学因其兼顾新闻性和文学性，而受到群众喜欢。

但是，不难发现，在我们的记者队伍中，采写报告文学的却很少。究其原因，主要有两点：其一是没有题材可写，其二是有了题材不知怎么去写。其实，从职业性质来看，记者是具备条件采写报告文学的。记者接触面广、信息源多、有一定的文字功底，能够及时发现适合报告文学创作的题材线索，并根据线索展开采访挖掘典型素材，进行精心创作。

下面，我结合自己的获奖报告文学作品《梨园春秋追梦人》，谈一下报告文学的题材挖掘和写作上应该把握的问题。

一、要深入调查研究

要写好报告文学首要的前提工作就是开展调查研究。报告文学可以写人、写事，也可以写问题，但不论写什么内容，在写作之前都要做好调查研究这门功课，要挖掘丰富的新闻素材。材料越丰富，报告文学创作的内容空间就越大，也就更有利于主题思想的开拓。

我在创作《梨园春秋追梦人》这篇报告文学时，就经历了一个长期的调查研究过程。这个题材的发现是一次偶然的机会，那是在2014年11月份，我参加宣传文化工作会议，在翻阅会议材料时，发现了一份怀化阳戏剧团的汇报材料，主要是说剧团主动走向市场这些年取得的成绩，材料虽然只有短短的几百字，但我觉得里面很有看点。2014 年 10 月 15 日，习近平总书记在文艺工作座谈会上指出，文艺工作者要创作无愧于时代的优秀作品，坚持以人民为中心的创作导向。而怀化阳戏剧团正是坚持以人民为中心的创作导向，在市场上才闯出一片精彩天地。于是在完成常规报道后，我又来到怀化阳戏剧团进行深入细致的采访。采访中我发现，虽然我们的剧团演员在舞台上能跳能唱能演，但面对记者的采访，她们却很拘谨，有话说不出，有故事不会讲。如何打消剧团演员们的陌生感，如何挖掘出剧团发展中的感人故事。我开始换角度和演员们交谈，观看她们的排练演出，和她们探讨每一场演出的出彩之处、动人之处。从聊节目，聊演出的准备过程，聊她们每一次下乡演出的经历，聊她们自己演的角色。就这样，从剧团团长到剧团演员，从不熟悉到熟悉，从一个故事到一串故事。从 2014 年 11 月到 2015 年 4 月，半年多时间里，我深入剧团，挖掘了大量的感人事迹。为塑造好人物形象，突出表现人物思想性格特征打下了坚实基础。

二、报告文学要有新闻性

世界著名报告文学评论家巴克在《基希及其报告文学》一文中说过，报告文学的物质基础就是报纸，它的存在是为了要给读者以新闻。这句话形象地说明了新闻性是报告文学最基本要素点这个特点。随着信息化、全媒体、自媒体时代的到来，对报告文学的时效性和新闻性提出了更高的要求，因此，报告文学写作时要特别注意时效性和新闻性，要及时将最新发生的具有新闻价值的典型人物和事件，以群众喜闻乐见的形式呈现给读者。

我在创作《梨园春秋追梦人》这篇报告文学时，首先敏锐捕捉到这个素材的新闻性。这个新闻性表现在四个方面：一是阳戏剧团的演员们他们长年累月工作在基层，为了让古老的戏曲焕发出新的生命力，演员们舍弃了照顾老人、看护孩子、与家人共享天伦之乐的人生内容。二是他们励精图治主动走向市场。三是他们紧扣时代脉搏改编老戏创作新戏。四是他们让上河阳戏这个地方剧种不仅唱红三湘大地，还唱到了大洋彼岸。这些新闻元素，读者感兴趣，而新闻元素背后的故事，读者更想知道。

三、报告文学要有文学性

报告文学除了是“报告”，同时还是“文学”，这就要求报告文学在写作时在遵循真实性的基础上，还应兼顾艺术性的体现。一篇成功的报告文学不仅要具有新闻的真实性、实效性、准确性、简明性，还要有文学的形象、气韵、氛围、意境。人物形象是否鲜明生动，是影响报告文学质量的重要环节。报告文学的主角是人，写作的笔墨要多倾注于人物的刻画，通过多种文学手法对人物进行描写，突出人物的性格和心灵，使人物形象更为丰满。

如我在《梨园春秋追梦人》里写剧团演员下乡送戏的经历：“黄琼是1996年进剧团的，到他们送戏下乡时已经不用挑担走夜路了，当时剧团有了一台演出中巴车，每次下乡30多个演员就都挤了上去。‘车上没有空调，冬天还好，夏天热得像蚂蚁咬。’黄琼说。每次下乡，黄琼印象最深的就是沿路找小溪小河，只要发现潺潺溪流，就都会嚷着停车，扑进河里洗个澡解暑。‘夏天的太阳烤得人头皮发麻，泡在溪流中那种清凉透心，真是人生最幸福的事。’黄琼说。”这些心理描写，让人物生动真实，更贴近读者。

语言要讲究文学性。报告文学的写作需要优美恰当的语言。语言的文学性也成了它与新闻通讯有区别的一个标志。报告文学的语言要求传神形象，达到呼之欲出的效果。如《梨园春秋追梦人》这篇报告文学里我写演员们练功这一段：“‘90后’唐小兰，属于目前剧团最年轻的一代，说起练功，她深有感触地说，坚持过来了也就不觉得苦了。其实说不苦，那是假话。她记得刚来剧团时，第一次练功练得太狠，大腿拉伤，宿舍在7楼，她都是扶着墙爬上楼的。很多时候，从早上到深夜，一个动作都要练上百遍，实在苦，她很想放弃，但想想已经坚持了那么多日子，再坚持几天吧。就这样，一天天、一月月、一年年，她坚持了下来，并成为剧团年轻一辈中的佼佼者。”

通过“扶着墙爬上楼”这些话语，绘声绘色地将演员们平日里训练的艰苦表现出来了。

◆ 附作品

梨园春秋追梦人

传统文化是中华民族内在的灵魂和血脉，是中华民族生生不息的动力。——题记

在不少地方剧种及剧团陷入生存危机时，他们励精图治主动走向市场，实现了一个地方剧种到一种文化产业的蝶变。

面对人民群众日益增长的精神文化需求，他们紧扣时代脉搏改编老戏、创作新戏，让古老的戏曲焕发出新的生命力。

不论身处低谷还是高峰，他们始终坚持从群众中来到群众中去，将地方戏不仅唱红三湘大地，还唱到了大洋彼岸。

今天，让我们走近怀化市鹤城区阳戏保护传承中心，走近这些扎根梨园的追梦人，倾听他们的感人故事……

练功：白天也懂夜的黑

3月28日，正值周末，笔者来到怀化市鹤城区阳戏保护传承中心排练厅，只闻排练大厅锣鼓铿锵、二胡悠扬，演员们正在排练上河阳戏经典剧目《哑女告状》。生、旦、净、丑，台步、云手、圆场，他们的表演惟妙惟肖，引人入胜。

“这出戏春节期间剧院公开售票演出过，观众反映还不错。”鹤城区阳戏保护传承中心主任、原团长丁丽芬说。“已经公开演出过，怎么还要排练呢？”笔者不解地问。“阳戏已流传几百年，为国家级非物质文化遗产，唱腔、表演、念白颇有讲究，演员的每个动作都要严格规范、熟练精准，唯有多练才能出效果。排练通宵达旦，演出不分周末，在我们

这里已是极平常的事。”丁丽芬解释说。

都说戏曲表演是“台上一分钟，台下十年功”，实不为过。瞅着排戏空隙，我和演员们进行了攀谈。

1959年出生的李良能，进剧团已有40年，算得上剧团的老人。说起练功，他深有体会：“练腿，坐老虎凳，腿上再垫三块砖头，痛得眼泪直流。练小翻，一天翻几百个跟头，累得爬不起来。第一个角色是饰演《柜中缘》中的‘淘气’，从扮相、表演到唱腔，观众挺认可。后来年纪大了，翻不动跟头，又先后改行学打鼓、学调音。剧团基本上都是这种模式，活到老学到老，角色换着来，一辈顶一辈。”

被大家称为台柱子的张爱菊练功能吃苦也是闻名的，她1974年出生于怀化一个梨园世家，父亲是阳戏剧团的老演员，耳濡目染，让她从小就爱上了阳戏。20世纪90年代初从湖南省艺校阳戏科毕业进剧团，一晃就是20多年，当时和她一起分配到剧团的年轻人大部分离开了，而她坚持了下来。怀孕时，剧团正在恢复一出传统大戏，一排就是两个月，为了不影响排练，张爱菊用布条将肚子裹了个严实，戏服一穿又上了戏台。剧团的演员们说，正是耐得住这份寂寞，吃得了这份苦，《梁祝》里的小生、《借女冲喜》中的白小姐，无论哪一出戏哪一个角，只要张爱菊扮上总能出彩。

“90后”唐小兰，属于目前剧团最年轻的一代，说起练功，她深有感触地说，坚持过来了也就不觉得苦了。其实说不苦，那是假话。她记得刚来剧团时，第一次练功练得太狠，大腿拉伤，宿舍在7楼，她都是扶着墙爬上楼的。很多时候，从早上到深夜，一个动作都要练上百遍，实在苦，她很想放弃，但想想已经坚持了那么多日子，再坚持几天吧。就这样，一天天、一月月、一年年，她坚持了下来，并成为剧团年轻一辈中的佼佼者，《五女拜寿》中的丫鬟夏莲、《哑女告状》中的长夫人、《柜中缘》中的玉莲妈，她饰演的角色越来越多，分量也越来越重。

“十五六岁，青春年少，哪个不爱玩；二三十岁，为人父母，哪个不爱自己的孩子；50多岁，正是享受天伦之乐的时候，哪个不爱自己的家。

但我们的演员都知道，一个钉子一个眼儿，少了谁都不行。不管是训练还是演出，都是舍小家为大家，没有任何怨言。”丁丽芬说。

“青年演员吴明，头天结婚，第二天就赶来参加新编大戏《满朝荐》下县巡演；剧团专职丑角蒋小虎，母亲过世时，剧团正在送戏下乡，直到演出结束，他才回家。还有演员陈为长、罗小芹、李亚文、黄琼、武小芳、潘佳伦，等等，每个人身上都有感人肺腑的故事。”在丁丽芬眼里，剧团的演员个个都是她的骄傲。

在剧团演员眼中，团长丁丽芬是他们的榜样。张爱菊说，团长最让人佩服的是记性好，台上所有角色说什么台词，她都记得住，这不下苦功夫是做不到的。武小芬说，团长什么角色都能演，而且演什么都出彩。《郑小娇》中的郑小娇、《哑女告状》中的哑女，她哭，观众也跟着伤心地哭，她笑，观众也跟着开心地笑，这没有扎实的功底可不行。

下海：一半是汗水，一半是泪水

“我们是2011年年底，按照省里对国有文艺院团改企转制的要求，剧团实行改企转制，成立怀化市鹤城区阳戏保护传承中心和楚丰演艺公司的。其实，早在2006年，我接手剧团时，就砸烂了‘铁饭碗’，带领剧团下海闯市场了。那个时候，剧团人均每月只有300元工资，单位欠医保金、养老金达80多万元，不改革闯市场，义无反顾地走出去，政府的包袱只会越来越重，剧团只能被困死在艰难与绝境之中。”丁丽芬说。

丁丽芬至今难忘2006年5月接的第一次商演。当时是为一家房地产企业庆祝楼盘开业准备的一台戏，时间是两个半小时，演出开始不久，下起了倾盆大雨，演员们脸上的妆、眼睑上的假睫毛都被雨水冲掉了，衣服也湿透了，舞台淋雨湿滑，几个舞狮的男演员几次摔倒，几次又爬起来继续表演。因为雨太大，观众都陆续走了，但企业老板没叫停，演出还得继续。看着演员们在大雨中坚持，丁丽芬泪水夺眶而出，哪个小孩没有爸妈疼，哪个爸妈舍得自己孩子吃这个苦，丁丽芬淋着大雨跑到药店买来一大包感冒药，演出结束，演员们把姜汤热茶连同感冒药一并咽下，脸上已分不清是汗水、雨水还是泪水。

“其实累一点还不算什么，很多时候在商演中被人看不起，那才委屈。”张爱菊说。那是2006年9月，剧团到鹤城区黄岩景区参加一次商演，中午演出结束，被主办方邀请的一两百宾客都发了餐票，凭票到景区食堂就餐，而剧团参加演出的30多个演员没人问没人管。平时风风火火的张爱菊坐不住了，跑到主办方询问，得到的答复是演出费已给，餐饮自理。那里前不着村、后不着店，去哪里找吃的？演员们心凉了半截，只好饿着肚子回到戏台准备下午的演出，食堂飘来的饭菜香格外诱人，也只有吞咽口水的份。“挺憋屈的，当时感觉自己就是讨饭的。”张爱菊说。

说起闯市场的经历，大家你一言我一语，故事一串串，三天三夜也说不完，酸甜苦辣、五味杂陈。

2007年冬天，溆浦县黄茅园镇一户人家办喜事请人唱戏，演出费只有几千元，丁丽芬拉起队伍就走，刚出来闯市场，没有挑肥拣瘦的底气，有活就得接。白天歌舞、晚上戏曲，新老演员，大家都争着上。晚上演出结束，演员们就挤在村子简陋的礼堂里睡，寒风呼呼直灌，冷得直哆嗦。两天一晚，除去开支，演出仅赚到五百多元钱，可都还是挺高兴的。

2012年夏天，靖州杨梅节，舞台搭在大山坳里，白天烈日当空，晚上蚊子成群。演员们白天演出，衣服被汗水浸泡能拧出水来。夜里休息，蚊子追着人叮咬，一巴掌下去个个见血。三天演出下来，不少演员浑身过敏，奇痒奇痛难忍，吊了几天水才好。

李亚文说，剧团刚下海那几年，演员们委屈没少受，眼泪没少流，很多时候也想过放弃，也想过离开，但选择了这一行，深爱着这一行，感情在这里，想走走不了。

“不过现在好了，在市场摸爬滚打这么多年，我们也逐渐闯出了自己的一番天地，从最初几百元到现在最高十几万一笔订单，从最初剧团演员人均300元月工资到现在3000—4000元月收入，剧团盘活了，演员也有奔头了。最可喜的是，通过这么多年打拼，我们建起了阳戏大剧院，有了属于自己的非遗展演的平台、演艺产业的舞台和艺术培训的基地。”丁丽芬很是欣慰地说。

送戏：风雨无阻万里路

如果说下海闯市场，是为了解决生存之计的话，那么送戏下乡、戏曲展演，将阳戏发扬光大则是怀化阳戏剧团的功能与职责，是他们的根。即使在发展处于最低谷的时候，只要接到送戏下乡或上级部门安排的演出，怀化阳戏人都会毫不犹豫推掉手头其他工作，圆满完成任务。

在李月良印象中，送戏下乡一直是剧团的优良传统。“20世纪七八十年代，我和剧团老师们下乡演出都是挑担子步行，一头挑演出行头，一头挑棉被，凌晨5点出发，走夜路照明全靠一盏马灯。那个时候，农村没有电视，也难得看一回电影，送戏下乡很受欢迎，十里八乡的群众争相来看演出，演出结束，老乡还会热情地把演员们接到家去做客。”李月良感慨地说。

黄琼是1996年进剧团的，到他们送戏下乡时已经不用挑担走夜路了，当时剧团有了一台演出中巴车，每次下乡30多个演员就都挤了上去。“车上没有空调，冬天还好，夏天热得像蚂蚁咬。”黄琼说。每次下乡，黄琼印象最深的就是沿路找小溪小河，只要发现潺潺溪流，就都会嚷着停车，扑进河里洗个澡解暑。“夏天的太阳烤得人头皮发麻，泡在溪流中那种清凉透心，真是人生最幸福的事。”黄琼说。

到了武小芳这一辈随剧团送戏下乡时，是2006年左右，剧团发展最困难的时期。“虽然工资都发不出，但送戏下乡的热情丝毫不减。”武小芳说。她至今记得2007年冬天去通道的那次送戏，当时剧团正在准备一台商演，上级部门临时通知去通道侗乡送戏，团长丁丽芬二话没说推掉商演带领剧团赶赴通道。送戏途中，雨雪交加，道路湿滑，车子一路颠簸，开了4个多小时才到通道县城，下了车，没有一个人叫苦叫累，灯具、舞美、服装、道具，大大小小的箱子有20多个，男同志搬东西，女同志布置剧场，里里外外忙了4个多小时，匆匆扒了几口饭，又开始了晚上的演出。那次演出很受欢迎，演出结束，侗乡群众久久不愿离去，虽然演员们都十分疲惫，面对观众对传统戏曲的喜爱和渴望，原本只安排两天演出，又临时加演了一天。

“只要群众有需求，再苦再累，我们也要把戏送到。其实每次送戏下乡，不仅仅是丰富群众的精神文化生活，我们剧团也从群众那里收获了很多。比如侗族苗族歌舞，比如流行乡村的时新风尚，我们都会融合到阳戏曲目创作中去，让阳戏更富鲜活生命力。这些年我们排演的突出家庭孝道的《五女拜寿》、弘扬反腐倡廉的《满朝荐》、赞美爱情忠贞的《柜中缘》，都是紧扣时代主题，对传统阳戏进行了大胆创新，既保存了传统阳戏的原汁原味，又有耳目一新的时代色彩，社会反响很好。”丁丽芬说。

正是凭着这种坚韧不拔和与时俱进的精神，正是长年累月走基层、接地气，吸吮泥土的芬芳，怀化阳戏剧团受到越来越多群众的欢迎和赞扬，他们的演出足迹遍及怀化的山山水水，遍及湖南、广东、广西、贵州，并走出国门，将中国的传统文化送向世界的大舞台。

“没想到第一次出国演出，我们就获得了‘安德罗斯荣誉勋章’和‘法国最佳演出奖’两项荣誉。”至今回忆剧团第一次走出国门的情景，丁丽芬还难掩心中的激动。

那是2009年6月，法国孚日省维特尔市为庆祝法中建交45周年，与法中文化交流协会联合举行大型文艺晚会。怀化阳戏剧团一行21人受法中文化交流协会的邀请，专程来到法国，在该市举行了首场演出。“演出前我们心里都没底，也不知外国观众喜欢不喜欢中国的传统戏曲和民族歌舞。但演出结束时，很多法国观众都站起来鼓掌，有些还伸出大拇指不停地喊着‘La Chine bravo’。我们知道成功了。当时，法中文化交流协会会长林品红女士哭了，我们所有的演职人员也都哭了，眼泪有辛酸、有不易，但更多的是自豪。”李丽芳说。随后18天，怀化阳戏剧团又受邀在法国9个城市进行9场大型演出，5000公里法国境内的路程，21名演职人员用精湛而完美的演出赢得了法国人民的尊重与赞赏，他们在宣传展示怀化地方民族特色和民间文化的同时，也为加深中法两国人民的友谊做出了贡献。

传承：花开巷陌香亦浓

坚持梦想，追求创新，不言放弃；市场越走越活，舞台越唱越大，戏曲越编越多。一路走来，怀化阳戏人看到了上河阳戏的魅力，看到了传统文化的魅力，一路向前，他们信心更强，劲头更足。

“今年我们剧团主要任务，一是制作好阳戏动漫教材；二是对戏曲《满朝荐》进一步打磨精琢，争取2017年在全省文艺汇演中拿个好名次。”丁丽芬说。

虽然今年下半年丁丽芬已到退休年龄，但她的那一股子拼劲仍在，老戏恢复、新剧创作、送戏下乡、商演洽谈，工作忙碌有序。而让她最上心的就是阳戏动漫教材的制作。丁丽芬告诉笔者，去年下半年来，她一直都在整理改编几部经典上河阳戏传统剧目，并寄给了湖南九天星文化传播有限公司，请他们制作成动漫教材。“争取这些宣传上河阳戏的动漫教材能普及到校园中去，让孩子们从小就了解阳戏，喜欢阳戏，爱上阳戏，我们就不用担心宝贵的传统文化会后继无人。”丁丽芬说。

“退休了准备做什么？”笔者问。

“肯定还是围着剧团转呀，只要剧团需要，随叫随到。”丁丽芬这话说得绵绵情深，她的眼角已然湿润。

顺着她的目光，我看见非遗展演大舞台上李良能、张爱菊、黄琼、唐小兰、郑佳能正在专心地排练，剧团退休老演员孙远道、冯兴利则在一旁拉着二胡伴奏。

这二胡声时而深沉悠长、时而高亢激扬，如歌如泣、动人心弦……

（原载2015年4月22日《怀化日报》，2015年度中国城市党报新闻奖副刊作品二等奖、全国少数民族地区报纸好新闻副刊作品二等奖）

一篇有品格的文艺评论

——副刊文艺评论优稿这样写就

文艺评论，是报纸副刊常用的一种文体，是评论者在文艺欣赏的基础上，在某些文艺理论的指导下，对文艺创作和文艺思潮等文艺现象、文艺实践活动进行阐述和评判的文章，是评论者科学理性认识的体现。

《莫让影视创作丢了文化自信》是我根据《中华诗词大会》和《朗读者》受到群众欢迎这一文艺现象而写的一篇文艺评论。评论发表后，产生了一定反响。现结合这篇文章，谈谈我对文艺评论写作的几点感悟。

一、独立思考、选题新颖

论题的新颖和恰当是文艺评论质量的关键。文艺评论如何抓住新颖的选题，这需要作者要坚持独立思考。面对各种文艺现象、文艺实践活动，评论作者只有坚持独立思考，才能形成自己的见解和观念，创作时胸有丘壑，有的放矢，而不是人云亦云，跟风创作。

《莫让影视创作丢了文化自信》就是我通过深入思考完成的文艺评论，也是我对影视行业发展长期观察积累和独立思考的结晶。2017 年央视一套推出《中华诗词大会》《朗读者》受群众盛赞，我觉得这是一个非常好的现象。因为消除社会浮躁风气、促进包括影视作品在内的文艺作品从高原走向高峰正是习近平同志在全国文艺座谈会上所倡导的。作为大众文化的主要传播者，影视作品在实现文化启蒙、树立文化自信、培养人文精神等方面有着不可推卸的责任和义务。然而，近年来的影视创作氛围正被功利和浮躁所套牢。荧屏上“泛娱乐化”倾向日益突出，弘扬优秀传统文化、引领时代文明风尚的优秀作品屈指可数。不难想象，如果那些文化内涵淡薄、思想品位不高、审美格调低下的影视作品成为荧屏的主流，持续作用于观众的鉴赏心理；这些通过急功近利的节目包装出来的一夜成名致富的明星“小鲜肉”成为引领青少年成长的偶像，这对于提升国民整体素质将带来怎样的负面影响。

我在文中评析了当前影视创作“泛娱乐化”倾向日益突出的成因和症结所在，道出了这个行业的软肋，并积极呼吁影视创作需重塑文化自信。文章见报后，引起了较大发响，许多读者在微信、QQ 等自媒体里转发此文，认为该文点了当下影视创作的“穴”，提出重塑影视创作文化自信情真意切、势在必行。

二、理性表达、树立品格

理性表达是对文艺评论的基本要求，理性表达要求文艺评论立场鲜明、思路清晰、条理分明；“品格”是文艺评论的精义所在，一篇文艺评论是不是有品格，最关键是要体现真、简、深、美四个字上。真，就是评论真实，这就要求我们写作的素材来源于真实的现实生活，而不是凭空想象出来的。简，就是行文简洁，作为报纸副刊的一种文体，文艺评论要求行文言简意赅，用最精练的语言阐明自己的观念和看法。深，就是内容有深度，作者对某一部文艺作品或某一种文艺现象研究得深而透，能提出自己独到的见解和建议。美，就是结构美，层次分明、段落清晰、详略得当、过渡自然。

我在《莫让影视创作丢了文化自信》这篇文艺评论创作中立场鲜明、思路清晰、条理分明。文中指出，《朗读者》收视率高居不下无疑彰显出国人对中华传统文化的充分认同和信服。这种洋溢着文化自信的电视节目并不像此前一些人预想的那样“曲高和寡”，事实证明，恰恰是因为节目制作精良、文化底蕴浓郁，让更多人爱上了诗词，爱上了朗读，爱上了中华传统文化。人类发展的历史，尤其是当代历史已经反复证明，在和平时期，国家与国家、地区与地区之间的竞争，归根到底是文化软实力的竞争。在文章中，我还用凝练的文字，条理分明地就影视剧创作如何实现文化自信提出了创作者要尊重艺术，吸收文化养分，耐得住寂寞才能创作出无愧于时代和人民的艺术精品的观点。

同时在写作上坚持求真、求简、求深、求美。素材上求真，从《中华诗词大会》《朗读者》和当前的影视创作的泛娱乐现象入手展开评论；行文上求简，全文不足两千字，分析问题环环相扣，紧密衔接；内容上求深，提出了重塑影视创作的文化自信是中国影视走向新生迫在眉睫的首要任务；写作上求美，整篇文章结构严谨，层次分明。

三、大众语言、增强贴近性

文艺评论的阅读对象是大众，所以大众化语言的运用可以增加文艺评论的贴近性。虽然文艺评论一直强调语言的严谨性，但在新媒体时代下，面对受众阅读需求的千差万别，语言的创新尤为重要，文艺评论作者要拓宽知识面，积极改善语言使用的形式，注重语言的大众化，让文风更清晰，读者更容易理解和接受。

在《莫让影视创作丢了文化自信》中我注重运用大众化的语言，获得了读者的肯定。我描写《中国诗词大会》到《朗读者》受到群众欢迎的景象时，我在文中这样写道："没有激烈的赛制，没有炫目的舞台，也没有引人注目的明星"小鲜肉"，仅凭一首首在书本中静寂多年的诗词、一个个朗读者用最平实情感朗读的文章，就能让观众为之倾倒、为之泪流，甚至引发全民大讨论，掀起一股诗词热潮，唤起人们对朗读的热爱和对中华文化的深情礼赞。这一现象让我们深刻地认识到，优秀的传统文化其实在大众心中依然有着重要的地位，文化自信的种子一直沉淀于国民心中，只需一泓甘泉、一缕春风，它就会不断生根发芽，发展壮大。"

◆ 附作品

莫让影视创作丢了文化自信

“腹有诗书气自华”“读书是一种情怀”，从《中国诗词大会》到《朗读者》，今年开春以来，央视精心打造的几档文化节目刷爆朋友圈，成为影视界的“一股清流”，受到网友盛赞。

没有激烈的赛制，没有炫目的舞台，也没有引人注目的明星小鲜肉，仅凭一首首在书本中静寂多年的诗词、一个个朗读者用最平实情感朗读的文章，就能让观众为之倾倒、为之泪流，甚至引发全民大讨论，掀起一股诗词热潮，唤起人们对朗读的热爱和对中华文化的深情礼赞。这一现象让我们深刻地认识到，优秀的传统文化其实在大众心中依然有着重要的地位，文化自信的种子一直沉淀于国民心中，只需一泓甘泉、一缕春风，它就会不断生根发芽，发展壮大。

何为文化自信？文化自信是一个民族、一个国家以及一个政党对自身文化价值的充分肯定和积极践行，并对其文化的生命力持有的坚定信心。当今时代，文化越来越成为一个民族增强凝聚力和创造力的重要源泉，文化自信越来越成为一个民族实现复兴伟业和成就伟大梦想的精神力量。

《中国诗词大会》和《朗读者》收视率高居不下无疑彰显出国人对中华传统文化的充分认同和信服。这种洋溢着文化自信的电视节目并不像此前一些人预想的那样“曲高和寡”，事实证明，恰恰是因为节目制作精良、文化底蕴浓郁，让更多人爱上了诗词，爱上了朗读，爱上了中华传统文化。人类发展的历史，尤其是当代历史已经反复证明，在和平时期，国家与国家、地区与地区之间的竞争，归根到底是文化软实力的竞争。

作为大众文化的主要传播者，影视作品在实现文化启蒙、树立文化自信、培养人文精神等方面有着不可推卸的责任和义务。

然而，近年来的影视创作氛围正被功利和浮躁所套牢。荧屏上“泛娱乐化”倾向日益突出，弘扬优秀传统文化、引领时代文明风尚的优秀作品屈指可数，一些只拼颜值不讲演技的影视剧和娱乐类、选秀类节目却风生水起、层出不穷。为了收视率、点击率和吸引粉丝，人为制造笑料、过滥戏说、雷人剧情已司空见惯，更有甚者，连一些新闻、社教类节目也掺进“娱乐”元素，用打情骂俏、大话“性感”、卖弄色相的情节和画面来取悦观众。而这种“泛娱乐化”作品，还被制作者们美其名曰为了满足广大人民群众的审美需要。不难想象，如果这种文化内涵淡薄、思想品位不高、审美格调低下的影视作品成为荧屏的主流，持续作用于观众的鉴赏心理，这些通过急功近利的节目包装出来的一夜成名致富的明星“小鲜肉”成为引领青少年成长的偶像，这对于提升国民整体素质将带来怎样的负面影响。

在影视中国梦的召唤之下，中国影视如何走向新生？笔者认为，重塑影视创作的文化自信是迫在眉睫的首要任务。

怎样重塑？首先是尊重艺术。“心存敬畏之心，方能行有所止。”从电影《庐山恋》《焦裕禄》《生死抉择》到电视剧《红楼梦》《渴望》《大宅门》，这些影视作品从导演到演员，从台词剧本到场景设计，无不认真打磨，精益求精。只有懂得尊重艺术，才能让流失的文化自信迷途知返。

其次是吸收文化养分。“只有民族的，才是世界的。”影视创作必须牢牢植根于民族文化和时代文化的土壤，这是提升文化自信的源泉和基石。唯有如此，创作出的影视作品才能富有文化内涵，才具有感染人、影响人、提升人和塑造人的功效，才能以无形的意识或观念，影响有形的现实和存在，为增强民族凝聚力和创造力提供精神动力与人文支撑。

再次是耐得住寂寞。“慢工出细活，文火煲靓汤。”一味追求票房必然导致粗制滥造、跟风克隆，影视作品“叫座不叫好”频现也就不足为怪。浮躁的时下，影视创作只有耐住寂寞、坚守本心，在生活里寻找和体会人民的情感，在创作中潜心探索优秀传统文化的新表达，才能讲好中国故事，创造出无愧于时代的好作品。

“欲人勿疑，必先自信。”一个国家、一个民族只有对自己的文化有坚定的信心，才能获得坚持坚守的从容，鼓起奋发进取的勇气，焕发创新创造的活力，才能自觉地去砥砺自我、奋力前行、实现理想。

从《中国诗词大会》到《朗读者》，成功并不是偶然。让我们为央视点赞，为那些和央视一样在娱乐快餐文化盛行的当下，仍坚守文化自信、传播文化自信的影视创作者们点赞。

（原载 2017 年 5 月 31 日《怀化日报》，
2017 年度湖南省副刊作品好新闻奖铜奖）

小题材画出大精神

——副刊随笔的写作手法

《他叫李叶多》是我写的一篇副刊随笔作品。了解到脑瘫小伙李叶多自强自立的故事后，我进行了两年多的跟踪采访，在推出一组李叶多自强不息的新闻报道后，我又推出了这篇随笔。

文章在《怀化日报》副刊版《百姓记事》栏目推出后，引起了一定的反响，让更多的读者熟悉了这位励志的“草根人物”。

下面，我结合《他叫李叶多》的创作，谈谈副刊随笔的写作。

一、生活之中巧选素材

何为随笔?《现代汉语词典》解释说:“随笔是一种散文体裁，篇幅短小，表现形式灵活自由，可以抒情、叙事或评论。”可以说，随笔具有幽默、轻快、生动之特点，是杂文化、知识化、趣味化的散文。这种体裁既有文学性，又有新闻性。随着新媒体的日益发展，读者的阅读要求日益提高，既有真知灼见又有情致趣味的文章越来越受读者喜欢，因此，报纸副刊随笔在纸媒的发展空间将越来越大。

如何写好副刊随笔，最重要的要学会选材。选材上要把握好两个原则，第一个是现实性原则。随笔的选材是非常广泛的，一般来说，人、事、情、景、物都可以成为随笔的素材。但我们要注意的一点就是，随笔与散文创作一样，都是源于生活的，与现实生活联系紧密，现实性是随笔的最基本的特点。基于这个特点，因此我们在选材时也要立足于现实性，聚焦当下，从身边和当地的人、事、情、景、物中捕捉和挖掘积极向上的素材。这样，在写作上才能做到文情并茂、以小见大。《他叫李叶多》这篇随笔的素材就是来自现实生活，在写作上以小见大。“小”体现在文章说的是凡人琐事，一个残疾小伙李叶多在城市中的闯荡故事；“大”体现在通过小人物的凡人琐事，反映出残疾小伙李叶多不等不靠，依靠自身奋斗实现梦想的大主题，这个大主题是切合当下的“中国梦”这个大的时代背景的。

第二个是真实性原则。随笔，是作者对外界事物观察之后的感想、感悟。外界事物可以是一景、一物、一事，也可以是某种现象，它们都是客观真实的存在，它引发作者产生的感想、感悟也是一种真实情感的流露，作者在创作时，实际上也是在记录自己的心路历程，一种主观对客观的认识。因此，我们在写作时，要遵循真实性，即通过第一人称“我”来结构文章，通过夹叙夹议来记录自己所见、所闻、所感、所想，这样容易使读者感到亲切，引起读者强烈的共鸣。《他叫李叶多》这篇随笔，我就是在坚持素材真实性的基础上，通过第一人称来叙述，通过自己的观察、感悟，来烘托出文中主人公的自立自强、乐观向上的精神风貌。

二、具备文学素养

新闻写作借随笔的优势，提高新闻价值，吸引读者的关注，这就给记者提出了新的要求：不仅要有一定的新闻写作功底，还要具备一定的文学修养；不仅要勤于思考，善于观察，还要深入一线，调查研究；只有到一线去体验，才能写出让读者感同身受的随笔。常言说：文无定法。这话一般来说是对的，但不可机械地理解。撰写文章，有时也有一定的方法可循。研究随笔写作上的技巧和方法，有助于我们提高写作的水平。

首先要捕捉细节，彰显人物特征。随笔要让读者有所触动、有所回味，就要捕捉生活的精彩瞬间、典型细节，通过细节描写突出亮点，渲染气氛，彰显人物特征。在《他叫李叶多》这篇随笔中，我采用了很多的细节描写，让读者读后有所触动。比如，我写自己通过买菜来接触李叶多的过程。我在文中写道：“于是，我以路人的身份去接近李叶多，每天去买他的菜，每次买菜时和他交流一两句。记得第一次买菜时，我夸他的白菜新鲜，他激动地比画着告诉我，他每天早上 4 点多就去批发，所有的菜都是最新鲜的。”通过这个细节，向读者传递了 3 个信息，即李叶多很勤劳，每天早上 4 点多就去批发摆摊；李叶多讲诚信，每天只卖新鲜的菜；李叶多珍惜自己的工作。

其次是融入情感，增强感染力。情景交融是随笔最大的特色。如何做到情景交融？这就要求作者通过现场体验，获取感动自己的第一手素材后，在写作中要将自己的感动、自己的情感融入写作中，不论是环境的描写还是气氛的渲染都跟人物思想感情的抒发紧密结合。在《他叫李叶多》这篇随笔中，我很好地把握了情景交融。例如我在文中介绍李叶多从农村到怀化的过程，我这样写道：“交流中，自强不息和懂得感恩是李叶多最打动我的地方。因为残疾做不了农活，李叶多不愿待在家里成为家里的累赘。18 岁那年，他从辰溪大水田老家出来闯荡。从辰溪县城到怀化城区，李叶多在餐馆打过工、守过象棋摊、捡过垃圾。一路走来，吃过多少苦、受过多少累，也只有他自己清楚。但再苦再累，他从不因自己身体残疾而吃‘嗟来之食’，他坚信只要自己努力，日子总会好起来。”通过情景交融的描写，李叶多自强不息的精神风貌跃然纸上。

第三是夹叙夹议，丰富内涵。“夹叙夹议”是写作中的一项基本技能，它既不是一味地记叙，也不是单纯的议论，而是记叙中有议论，议论中有记叙，将议论穿插于具体的叙述和形象的描写中。在随笔写作中，注重“叙”和“议”的有机结合，将起到枝繁叶茂的作用，使文章内涵更丰富，主题更突出。在《他叫李叶多》这篇随笔中描述李叶多时，我就采用夹叙夹议手法。例如，我写道：“在城市中，不仅仅是为生计奔波，很多时候，李叶多也会抽空参加爱心活动，去做义工，去帮助更多需要帮助的人。他说，这样在这座城市里他就不会觉得孤单，就会觉得日子过得有意义。”这些文字，让读者读后能有所感触和启示，让文章精神内涵更为丰富。

◆ 附作品

他叫李叶多

前些天在大学做新闻写作讲座，学生们问我最打动自己的采访对象是谁，我说，是一个自强不息的残疾小伙，他叫李叶多。

认识李叶多，还是前年秋天，《边城晚报》的易达兄告诉我，他结识了一个摆地摊的脑瘫小伙很坚强也很有礼貌，就是采访交流有些困难，希望我有空去看看。

在易达兄的指引下，我接触了当时正在街头摆地摊卖菜的残疾小伙李叶多。正如易达兄所言，因为从小脑瘫，李叶多走路一摇一摆很费劲，说话更是吃力，一句话要憋好久，才吐出几个含糊不清的词。和常人交谈尚且如此，我担心自己的记者身份会更影响和他的交流。于是，我以路人的身份去接近李叶多，每天去买他的菜，每次买菜时和他交流一两句。记得第一次买菜时，我夸他的白菜新鲜，他激动地比画着告诉我，他每天早上4点多就去批发，所有的菜都是最新鲜的。就这样，在李叶多的地摊上买了半个多月的菜，我成了李叶多的朋友，也较为顺利地完成了这次特殊的采访。

交流中，自强不息和懂得感恩是李叶多最打动我的地方。因为残疾做不了农活，李叶多不愿待在家里成为家里的累赘。18岁那年，他从辰溪大水田老家出来闯荡。从辰溪县城到怀化城区，李叶多在餐馆打过工、守过象棋摊、捡过垃圾。一路走来，吃过多少苦、受过多少累，也只有他自己清楚。但再苦再累，他从不因自己身体残疾而吃“嗟来之食”，他坚信只要自己努力，日子总会好起来。记得刚认识李叶多那会，有两个细节，至今难忘。一是当说起易达兄采访过他时，李叶多从挎包的最底层掏出易达兄的名片，小心翼翼地捏在手心，竖起大拇指憋足力气对我说：“这个人好！”还有就是，说起在怀化这几年，帮助过他的好心人的名字时，他一字一顿，非常认真，生怕将他们的名字说错。

在李叶多眼中，怀化这座城市是包容与善良的。也确实如此，当我和易达兄写李叶多的《坚强小伙，好样的》《脑瘫小伙摆个地摊闯江湖》系列报道分别在日报和晚报刊发，并通过微信朋友圈转发后，李叶多成了很多市民心中的“自强不息坚持梦想的草根英雄”，更多心怀善意的市民加入关心李叶多的队伍中。在李叶多摆地摊时，总有好心的人会照顾他的生意；在李叶多主动配合城市创卫工作，不再摆地摊后，迎丰市场服务部又专门为李叶多安排了摊位；当李叶多在迎丰市场卖菜入不敷出想贷款自建报亭时，市城管部门、市残联又积极伸出援手。

李叶多的报亭不大，两三平方米的样子，报纸、杂志、饮料、水、槟榔，每件东西都摆放得整整齐齐。早上不到 7 点开张营业，晚上 9 点才下班，每一天，李叶多都将报亭的生意打理得井井有条。和以前摆地摊时一样，找零时，李叶多都会憋足力气说声谢谢。“现在我又开始做香烟批发，收入越来越好。”每次路过李叶多的报刊亭，我都会和李叶多聊上几句，每一次，李叶多脸上都洋溢着自信乐观的笑容。

在城市中，不仅仅是为生计奔波，很多时候，李叶多也会抽空参加爱心活动，去做义工，去帮助更多需要帮助的人。他说，这样，在这座城市里他就不会觉得孤单，就会觉得日子过得有意义。

或许，你在人才服务中心门口遇见过一个走路蹒跚发就业传单的小伙子，是的，是他，他叫李叶多。在最困难时，服务中心曾帮他找到了工作，现在每到服务中心最忙碌的时候，李叶多都会去帮忙，两年多了，风雨无阻。

或许，你在网上看到过“怀化身残志坚的好小伙”这个视频，视频中那个残疾小伙微微颤颤地将五元钱放进义演箱的镜头曾打动过无数人，是的，是他，他叫李叶多。怀化微光公益联盟在社区举办“关爱留守儿童”义演时，收到的第一份爱心捐款就是来自当时在路边摆地摊的李叶多。

是的，他叫李叶多。

（原载 2017 年 12 月 19 日《怀化日报》，
2017 年度湖南省副刊作品好新闻奖银奖）

后　记

确定这个论题，写这本专著之初，我的内心是忐忑的，不知道写这个是否有意义、有价值。随着写作的深入，我逐渐打消了这个疑虑。从实践出发，以实践为基础提炼采写优稿的方法、观念、思想，我想，这对地市报年轻记、通讯员，以及有志于或即将加入地市报新闻队伍的大学生读者来说，会有所收获。

如何写出人民群众喜闻乐见的新闻优稿，如何通过新闻优稿创作履行好新闻记者的职责，如何让新闻优稿感染人、打动人、影响人、激励人，以进一步彰显地方党报的传播力、引导力、公信力、影响力，这是一门大课程。要做好这门课程的舞台在社区弄堂、在田间地头、在广阔的实践天地、在一次一次的理论学习中。只有学习和实践，才是提高我们创作优稿能力的不变法宝。

写这本书的时候，翻阅自己以前写的每一篇作品，感觉还是那么亲切，那么有激情，因为每一篇稿件都凝聚了自己的心血，见证了自己追求新闻事业的执着。民生记者钟志宏、平民英雄徐建涛、行胜于言的怀化义工、“香蕉爷爷”彭福令、自强不息的李叶多、怀化阳戏剧团的梨园追梦人、空军老英雄朱以隆，等等，这一个个曾经打动读者的主人公，多年过去，他们的精神仍旧没有过时，也不会过时。

从新闻优稿写作概论，到消息、通讯、评论、系列报道、专栏、副刊的每一篇作品分析，我想和读者分享的不仅仅是每一次采访的经历，更是分享每一篇稿件从采访到写作这一系列过程的心理历程，包括如何发现优稿线索、如何确定主题思想、如何捕捉现场细节、如何构建结构、如何提炼素材、如何运用语言等。希望能对读者朋友有所帮助，有所裨益。

当然，写作的过程是枯燥的，也是愉快的。说枯燥，是因为静下心来写作，就要全神贯注投入，要思考、要构思，既分析作品的得与失，又要让读者有所借鉴，要从理论的角度去提升，去阐明道理，这个过程对于我这个不是新闻专业毕业的新闻人来说是一个锻炼。说愉快，是因为虽然这是创作一本专著，但就如同以往我创作每一篇优稿一样，看着这本书从材料准备、结构谋划，再到每一小节、每一部分、整部作品的完成，内心是愉快的。

同时，写作过程也是一个学习过程，为了准备这本书的写作，我在两年多的时间里，认真研读了大量相关专业书籍，包括《习近平新闻舆论思想要论》《中国新闻奖作品选》《中国名记者传略》《中国高级记者成名作透视》《优稿的背后》《标题的制作艺术》《新闻精品是这样采写成的》《新闻采访学》《新闻采写编评》《范长江·韬奋新闻奖全国“百佳”获奖者采写经验荟萃》《获奖评论赏析》《新闻战线》《中国记者》，等等。我上大学时读的是汉语言文学专业，参加工作从事新闻事业后，这些年基本上是在工作中向单位的前辈学习，向获奖的优秀作品学习，在实践中锻炼自己、提高自己。这次为了撰写这本著作，我像读大学时一样，认认真真沉下心来学习理论知识，做读书笔记。通过系统的自学，确实获益匪浅。在这里，向所有专注于中国新闻事业发展的前辈，道一声感谢。正是因为你们的努力，让更多的新闻战线的新兵们找到了方向感，在写出感染人、打动人、影响人、激励人的新闻作品道路上越走越通畅，为推动新时代党的新闻舆论工作实现新发展奠定了坚实的基础。

在本书付梓之时，我还要说明一点，由于本人学识有限，书中不足之处，恳请同行们不吝赐教。

衷心祝愿广大地市报新闻工作者在为党服务、为人民服务的路途上，不忘初心，努力前行，多出优稿，多出精品力作。

作　者

2018 年 6 月于怀化